出租车改革与发展

——基于宁波的实践

TAXI REFORM AND DEVELOPMENT
PRACTICE IN NINGBO

黄正锋　郑彭军　叶晓飞◎著

ZHEJIANG UNIVERSITY PRESS
浙江大学出版社

改革开放以来，我国居民出行方式发生了巨大变化，从主要依靠步行，到拥有第一辆自行车，到长时间排队只为搭上一辆公交车，到购买私家车或打的出行，到如今手机一开就能打网约车。40多年来中国人民出行方式的变迁史，勾勒出改革开放以来中国老百姓生活的巨大变化和社会发展的巨大成就！40多年来，随着人们对出行效率、出行舒适度、出行私人空间等需求的不断提高，出租车行业迎来了高速发展阶段，随着共享经济模式在出租车行业渗透，我国居民搭乘出租车出行的体验更加美好。40多年来，中国出租车发展为什么能够有效改善出租车短缺状态，做到便民出行？其改革发展变迁的逻辑是什么？

一是出租车运力规模管控得当

国内出租车经历了从自由发展到全面管控的两个时期。20世纪90年代，中国开始迈入市场经济，出租车作为一种新生事物，国家以包容的方式允许其自由发展，但造成了野蛮生长的乱象，一名司机加上一辆还能动的机动车，就可以以公共道路为经营场所自由接客拉活，乘客安全、服务质量等得不到保障。2004年，国务院办公厅发布《关于进一步规范出租车行业管理有关问题的通知》，提出合理确定本地区出租车发展的速度和规模，加强对出租车市场需求与运力供给的监测监控，严禁盲目投入运力，切实保障从业人员合法利益。

1

二是出租车运价得以有效指导和监测

巡游出租车长期遵循着政府指导的运价，政府则综合考虑出租车运营成本、居民和驾驶员收入水平、交通状况、服务质量等因素，科学制定、及时调整出租车运价水平和结构。在网约车介入之前，由于运力的控制，巡游出租车出行需求对价格的敏感程度不高，巡游出租车的供给一般不会出现过剩的情况，因此运价的抬高不会对其供需市场带来太大影响，在油价、其他物价等增加的情况下，政府可以通过召开听证会的形式适当提高出租车运价，稳定司机收入，而不会产生相关社会影响。然而网约车时代，出租车潜在出行需求基本都已被挖掘出来，出租车供需对运价的变化相当敏感，针对出租车运价的政府调价工作需要格外谨慎，如果缺少科学分析，可能会引起提价降量，导致司机收入不增反降。一方面，政府可以通过科学监测，采取特殊提价方法改善司机收入，比如，挖掘出租车需求旺盛的节假日，探索通过提高节假日的运价来提高司机收入，维持出租车行业景气程度。另一方面，政府积极监测网约车运价的变化，允许网约车运价实行市场调节，但要求事前备案，防止网约车通过随意调节运价扰乱出租车市场。

三是出租车行业运行监测能力持续提高

随着联网定位和平台开发技术的不断进步，出租车行业管理部门对出租车行业运行情况实现了从经验式判断到一站式监管的飞跃。信息时代之前，只有出租车企业等直接相关主体能够了解出租车的业务量、事故、出勤等情况，而且多数通过纸质统计、问询等非直接留痕的方式采集信息，在数据典型性、有效性方面难免存在问题。现如今，出租车行业管理部门可以针对多源出租车监测数据进行深度挖掘分析，实现行业运行监测和态势可视化，为出租车行业运行、安全、异动、调度、运营、供需、考评、约租车、报表等的监测、分析、决策提供数据支撑。

四是出租车传统管理模式的风险得以有序化解

中国出租车管理历史上，各地分别采用了承包制、挂靠制、公车公营制等模式，发挥各类模式的优点使出租车有效服务城市居民出行。但凡事具有两面性，数量管控使得部分模式下出租车经营权证具有稀缺性，社会资本介入炒作，扰乱了出租车市场的稳定秩序。自从网约车加入出租车队伍之后，出租车供给数量基本能够满足乘客出行需求，平台、租赁公司和司机三方形成了一种利益较为平衡的运营生态环境，出租车不再呈现稀缺性的投资价值，一定程度上解决了出租车运营权证炒作问题，但也让传统管理模式的风险得以发生暴露。出租车运营权证价格的下跌影响了经营者或者从业人员的部分利益，各地不乏罢工、诉讼等事件。好在各地政府通过政策引导、舆论支持等渠道积极有力地化解着这些风险，确实保障了企业、司机双方的合法权益不被剥夺，并让风险性逐渐减弱的传统出租车管理模式得以继续延用，推动出租车行业一直朝着稳定的方向发展。

五是出租车服务质量得以不断提升

在网约车时代之前，由于国内对出租车数量实施管控措施，各大城市出租车数量基本上以万人拥有率的下限作为投放标准，使得打车难问题非常突出。由于出租车供给往往不能满足实际打车需求，出租车司机即使降低服务质量也不会影响乘坐业务，因此，出租车服务质量长期饱受诟病，如出租车司机服务态度差、绕道多收费、拒载抛客等现象普遍存在。2014年至2018年，国家相继推出了《出租车经营服务管理规定》《网络预约出租车经营服务管理暂行办法》《出租车服务质量信誉考核办法》等文件，严格要求各地落实相关惩戒措施推动出租车服务质量向好向优发展，使得出租车服务质量得以提升，并使得其市场有望长期可持续健康发展。

目录

CONTENTS

第1章

概述

第一节　出租车行业框架

一、出租车客运相关概念

出租车是指充分满足乘客和用户意愿而被雇用的营业车辆。一般分为按照乘客和用户意愿提供客运服务与车辆租赁服务两大类，出租车客运服务是为乘客提供运送服务，并按照里程和时间或仅按里程收费的经营活动。车辆租赁服务是指在约定时间内经营人将租赁汽车交付承租人使用，收取租赁费用，不提供驾驶劳务的经营方式。

在移动互联网时代，出租车又可分为巡游出租车（简称巡游车）和网约出租车（简称网约车）。巡游车可在道路上巡游揽客、站点候客，也可提供预约运营服务；网约车不得巡游揽客，只能通过预约方式提供运营服务。

二、行业特点和性质

由于经济的发展和人民生活水平的提高，人们对出行的多样化需求及质量要求也越来越高。出租车能够充分根据乘客的需要，提供灵活、方便、直达的运输服务，这决定了它是城市客运系统中不可缺少的重要客运方式。出租车有各种不同的车型和类别，可以根据客流在时间和空间上的不同分布，提供灵活、及时的客运服务。它主要有以下几个特点：

1. 流动性

出租车的运营线路、起讫点以及运距都由乘客确定，其特点是可以实现"路到门"，甚至"门到门"服务。出租车乘客时空分布的随机性，使得出租车经营处于流动状态。这与同样是为乘客服务的公共汽车交通不一样，公共汽车有固定线路、营运时刻和车站，并且需要乘客两端步行（或用自行车接驳）、排队候车、多站停车、换乘等。

2. 持续性

这主要表现在营运时间上，它可以按照乘客的要求持续地提供服务。出租车营运时间比较长，在保证经营者必要休息的情况下，单辆出租车的持续工作时间往往比单辆定线定站运营的公共汽车长得多。

3. 独立性

出租车的驾驶、核收票款和提供的其他有关服务均由一人承担，而且根据乘客的需要非定点定线运行，具有"独立服务、独立运行"的特点。

4. 分散性

主要指旅客出行时间、方向、距离的多样性，决定了出租车经营在时间和空间上的分散性。

5. 服务快捷性

出租车没有中途停靠、没有上下客（除拼单外），而且可以选择行驶线路，避开拥堵路段，由熟悉线路的专业驾驶员服务，其行驶速度快、方便和快捷的特点，能够满足人们及时出行的需求，出租车出行也是机场、码头、车站等交通枢纽服务功能完善的重要标志。

6. 经营方式的灵活多样性

出租车可以在指定的站点或路边招手停车，也可以电话预约；可以提供一次性服务，也可以包车服务。

7. 经营管理的间接性

出租车行业是对驾驶员依赖性很强的劳动密集型行业，出租车的行业需求是不确定的，营业场所极其分散，且经常移动，经营管理者在通信系统不完善的条件下很难进行集中监控，因此，工作的定性化和定量化极为困难，很难集中进行劳务管理，因而不得不进行间接管理。

三、行业地位和作用

出租车是我国实行改革开放政策后的一个新兴行业，也是现代化城市赖以生存的重要行业之一，其管理水平和发达程度很大程度上反映着一个城市的文明程度和服务水平。出租车客运在满足人民群众随机出行需求、增加出行方式选择的多样性、塑造城市品牌形象、促进城乡经济发展和扩大再就业等方面发挥着重要作用，受到社会各界的普遍关注。出租车作为城市综合交通运输体系的组成部分，是城市公共交通的补充，在促进城市经济发展等方面发挥着越来越重要的作用，其作用主要有以下几个方面：

1. 完善城市公共交通的不足，使出行方式更加多元化

传统出租车存在的初衷就是为城市公共交通做补充，因为公共交通运输系统都是定时定线，有很多街道或偏远郊区由于经济的考量没有办法到达，且公共交通的运行时间也有限制。而随着人民生活水平的提高，出行需求也在不断增加，出行时间更加变化不定，公共交通提供的运输服务并不能很好地满足城市居民出行要求。出租车提供点到点的即时服务，则可以极大地弥补公共交通的不足，能在城市公共交通没有到达的地区以及公共交通运营时间外的时间给予顾客方便。特别是近几年网约车的兴起，能更好地满足人民即时出行的需求。

2. 优化资源配置，在一定程度上能缓解交通拥堵

共享经济是连接供需的最优化资源配置方式，其借助移动互联网迅速整合各类分散的闲置资源，发现多样化需求，促使供需方快速匹配，降低交易成本。网约车借助网络平台将用户需求与车辆供给进行精准的匹配，优化资源的配置，可以极大缓解高峰期打车难的问题，同时一部分网约车是由社会上闲置的车辆转化而成，一定程度上能提升车辆使用效率，达到盘活闲置资源、提高社会效率的目标，且网约车服务带来了一定的道路资源的释放，在一定程度上能缓解城市交通拥堵。

3. 一定程度上抑制城市小汽车的增长

随着人民生活水平不断提高，对于生活质量、出行质量的要求也在不断提高，而城市公共交通无法满足所有人的需求，会有很多人转向购买私家车来实现个性化出行。私家车的增加会加重城市交通系统的负担，加剧环境污染，并且私家车的使用率较低，不利于经济可持续发展。而出租车行业作为

3

公共交通的补充，结合互联网的发展能给人们出行带来极大便利，这在一定程度上能抑制人们购买私家车的冲动，节省道路资源，减轻城市交通负担，减少环境污染。

4. 满足特殊人群和高需人群的需求

城市公共交通需要等待，并且行驶时间较长，服务质量不高，对于有特殊需求的人群来说，出租车可能是其最优选择。例如，对于一些商务人士来说，他们可能更加注重节省时间以及高服务质量出行，而对价格不太敏感，因而也愿意选择舒适度较高的出租车出行；对一些比较注重隐私的人群来说，出租车则可以提供一个相对私密的出行环境。

5. 促进城市智能交通的发展

网约车借助互联网平台使人们可以随时随地获取信息和服务，信息的透明化使网约车平台可以收集道路、车辆、司机和乘客的实时信息，以便协助政府和交通管理部门根据大数据所得结果实行交通管控，优化城市交通状况，改善居民的出行质量，为我国城市发展智能交通提供真实有效的数据和平台支持。

四、行业定位

长期以来出租车被视为利用民营力量完成公共交通运输任务的方式之一，被定位为城市公共交通组成部分。如 1997 年出台的《城市出租车管理办法》第四条明确规定："出租车是城市公共交通的重要组成部分。出租车的发展，应当与城市建设和城市经济、社会发展水平相适应，并与其他公共交通客运方式相协调。"不过，该办法已于 2016 年 3 月废止。

在之后的相关管理办法中，出租车不再被认为有"公共交通"属性，如2016 年《国务院办公厅关于深化改革推进出租车行业健康发展的指导意见》第 2 条第 3 项和《巡游出租车经营服务管理规定（2016 年修正）》第 3 条均指出："出租车是城市综合交通运输体系的组成部分，是城市公共交通的补充，为社会公众提供个性化运输服务。"2016 年《网络预约出租车经营服务管理暂行办法》第 3 条也提出："坚持优先发展城市公共交通、适度发展出租车，按照高品质服务、差异化经营的原则，有序发展网约车。"一些地方出租车管理方案亦将出租车和公共交通分开。

在政策层面，出租车整体性质已悄然调整：从长期以来作为城市公共交通重要组成部分的定位，转为"公共交通"范畴之外，只是"城市综合交通"体系组成部分，仅作为"城市公共交通"补充的定位。

五、行业结构

传统意义的出租车是巡游出租车，即在公路上以巡游方式揽客的出租车。在新形势下，《国务院办公厅关于深化改革推进出租车行业健康发展的指导意见》对出租车做出进一步分类，其第2条第3项指出："出租车服务主要包括巡游、网络预约等方式。……要统筹发展巡游出租车（以下简称巡游车）和网络预约出租车（以下简称网约车），实行错位发展和差异化经营，为社会公众提供品质化、多样化的运输服务。"

其中，巡游车，全称巡游出租车，也就是传统意义上的出租车，巡游出租车喷涂、安装明显的巡游出租车专用标识，可在道路上巡游揽客、站点候客，其中巡游车电召服务是指通过电信、互联网等方式向乘客提供巡游出租车运营服务。网约车，全称网络预约出租车。《网络预约出租车经营服务管理暂行办法》第2条则明确："本办法所称网约车经营服务，是指以互联网技术为依托构建服务平台，整合供需信息，使用符合条件的车辆和驾驶员，提供非巡游的预约出租车服务的经营活动。"通俗来说，网约车就是指通过手机客户端等在线设备预约汽车的出租车，因其方便快捷等特点，自产生开始，只历经很短的时间便扩散至全国，普及甚广。

第二节　出租车行业的问题和理论演进

一、运力规模管理

出租车作为一种非定时定点定线的出行方式，以安全、方便、快捷、舒适等特点满足了居民私人化出行的需求，成为城市交通不可或缺的一部分。但由于出租车行业内部存在着信息不对称性、交易成本结构化、负外部性等市场失灵问题，使得市场竞争不能有效地发挥作用。从而，各国对出租车市场采取了不同程度的数量管制。数量管制属于营业许可制度，是对出租车市场中的供给数量进行限制，普遍表现为对投放到市场的出租车营运牌照的规模控制，是潜在投资者（包括企业开办者和司机）进入市场最直接的壁垒。人们把获得这种许可形象地称为获得"牌照"。当数量管制表现为固定数值时，相当于封锁了行业入口且管制部门就是左右市场的决定性因素。但是，直接或间接的数量管制都提高了进入市场的成本，一定程度上保护了现有出租车市场内的经营者。

我国出租车行业运力管制大致经历了从自由发展到严格控制再到合理调节这几个过程。出租车在其发展初期主要是为外宾服务，那时的出租车数量少，服务水平低。改革开放以后，我国出租车行业进入了快速发展的黄金时期，这一阶段，国内生产力大解放，人民生活水平有了很大的提高，出租车行业供需严重不平衡，政府开始放宽出租车管理，鼓励私企进入出租车行业，导致出租车经营者及车辆规模急速增加。而出租车的急剧增加导致恶性竞争、拒载、绕路等现象层出不穷，因而各地政府开始制定和发布一系列出租车准入和数量管制政策整顿出租车行业。1993年，各地开始将出租车作为城市公共资源按照特许经营方式进行管理，陆续采取了数量管制、经营权有偿使用和公司化运营等管理办法。2000年，国务院办公厅发布的《关于切实加强出租车行业管理有关问题的通知》中就提到："地方各级出租车管理机构要通过对出租车营运规模的总量控制，提高出租车营运效率，降低营运成本。"2002年，建设部、交通部等五部委联合发布《关于进一步加强城市出租车行业管理工作的意见》，该文件明确对出租车实行总量调控的基本原则，从此我国一直施行数量管制的政策。

我国运力管制的政策并非一成不变，而是一直在不断改进调整以与社会发展更加适应。从最初的"不得以任何形式向市场投放新的出租车运力"到"综合考虑人口数量、经济发展水平、城市交通拥堵状况、出租车里程利用率等因素，合理把握出租车运力规模及在城市综合交通运输体系中的分担比例，建立动态监测和调整机制，逐步实现市场调节"，再到"各城市交通运输主管部门要准确把握出租车在城市交通体系中的发展定位，原则上至少每3年开展一次出租车运力规模评估，建立运力动态调节机制，使运力规模与市场需求相适应。有条件的中、小城市，应更好发挥市场机制的作用，调节巡游车供需关系"。最开始的运力管制仅仅是政府调控，严格抓管，尽管这样的严格宏观调控能够暂时维持市场的基本平衡，但却违背了市场供求的客观规律，容易导致出租车供给不足，造成不同程度的打车难。因为市场供需关系并不是毫无变化的，而是随着经济社会发展以及人民生活水平的改善而不断改变的，尤其是网约车的兴起，新旧两态的融合发展要求出租车行业的运力规模管制应该更加灵活多变。因此，放松数量监管，让市场更好地发挥其作用，自然达成供求均衡，改变以往硬性管制、因地制宜地对出租车市场建立运力动态调整机制已经成为各国出租车行业规制的发展趋势。

2015 年，浙江省义乌市出台《出租车行业改革工作方案》，这份涉及出租车营运权使用费、出租车数量管控、车费定价等热点话题的改革方案一出台就受到社会广泛关注。按照该改革方案，在 2018 年完成出租车改革之后，义乌将全面放开出租车市场的准入和数量管制，建立由市场调节的出租车准入与退出机制，实现出租车市场化资源配置。改革方案提到，要适度降低门槛，逐步放开运营企业准入，鼓励新型服务方式创新，规范运营企业、从业人员、营运车辆监管。2016 年，北京和上海两市公布的出租车行业改革意见中也提出，将继续优先发展公共交通，适度发展出租车，综合考虑人口数量、经济发展水平、空气质量状况、城市交通拥堵状况、公共交通发展水平、出租车里程利用率等因素，合理把握出租车运力规模及在城市综合交通运输体系中的分担比例。2017 年，广东省人民政府发布的《广东省出租车经营管理办法》明确表示，全省各市"应当根据本行政区域社会公众出行需求、城市公共交通发展水平、道路资源承载能力等情况发展出租车，科学确定出租车运力规模"。

二、运价调整机制

出租车运价结构和水平严重影响出租车服务水平以及出租车行业的可持续发展，影响整个出租车行业的稳定性，因此有必要科学优化、完善出租车运价结构，合理调控运价。城市出租车完整的运价结构一般包括起步价、公里价、低速行驶费、返空费、夜间附加收费、行李费和过路过桥费等。传统出租车运价结构一开始仅设置起步价、里程价，随着城市区域范围的逐渐扩大，加上土地性质不均衡及城市交通拥堵加剧，出租车长途返空费、低速行驶费及夜间附加费应运而生。自《中华人民共和国价格法》颁布实施以来，出租车运价就纳入了政府定价目录，采用政府制定价格的方式。而网络预约出租车进入传统出租车市场，推动出租车行业发生变革，使得运价的制定需考虑更多因素、更加精准，以达到整个出租车行业的稳定。就目前出租车行业发展形势而言，传统出租车行业仍有必要实行政府制定价格的机制。限制价格主要是为了平衡出租车消费者和经营者两者之间的利益。价格定得太高会不利于消费者选择出租车出行，价格定得太低则会降低经营者的积极性，且网约车和巡游车的运价也得公平公正，才能稳定整个出租车行业秩序。

2000 年发布的《关于切实加强出租车行业管理有关问题的通知》中提到要合理调整出租车运价和收费标准，对于出租车行业因油价上涨等因素增加的营运成本，各地要在核定营运成本费用的基础上，采取由出租车经营企业、出租车司机和乘客合理分担的办法，逐步予以消化。2016 年发布的《国务院办公厅关于深化改革推进出租车行业健康发展的指导意见》中对巡游车的价格做了更加全面的规定，要求对巡游车运价实行政府定价或政府指导价，并依法纳入政府定价目录。综合考虑出租车运营成本、居民和驾驶员收入水平、交通状况、服务质量等因素，科学制定、及时调整出租车运价水平和结构。建立出租车运价动态调整机制，健全作价规则，完善运价与燃料价格联动办法，充分发挥运价调节出租车运输市场供求关系的杠杆作用。2019 年，交通运输部会同国家发展改革委发布《关于深化道路运输价格改革的意见》，要求充分发挥价格调节市场供求关系的杠杆作用，加快完善主要由市场决定价格的机制，激发市场活力，提高资源配置效率。对暂不具备放开条件的道路运输价格，建立健全科学反映成本、体现质量效率、灵活动态调整的政府定价机制。同时加快健全运价形成机制，建立完善运价动态调整机制，并定期评估完善。要根据本地实际情况，综合考虑出租车运营成本、居民和驾驶员收入水平、交通状况、服务质量等因素，按照规定程序，及时调整巡游出租车运价水平和结构。出租车运价的制定机制从完全由政府主导到逐步实现市场调节，从固定不变到动态监测调控，实现运价调整工作机制化、动态化，增强价格时效性、灵活性。

价格管制在各个市场经济国家中仍然大范围存在，但各国价格限制的措施也不尽相同。在英国，95% 的地区对出租车行业实行费率方面的价格规制。其中，大部分地区实行的是最高费率限制，由政府规定最高单位运营价格，出租车司机可以低于核定费率收费；在新西兰、瑞典和新加坡等国家，政府则取消了对于出租车行业的价格管制。瑞典和新加坡于20世纪90年代取消了出租车市场的价格管制，实行价格自由化，允许各出租车公司自行定价，同样只在价格信息公开或报备方面做出要求。这些国家之所以取消出租车价格限制，是因为这些国家的人口规模较小、家庭轿车保有量大，出租车市场的需求弹性较大，出租车市场更加适合自由竞争。在世界范围内，各国对出租车市场的价格管制是趋于放松的，基本发展方向是给予市场适当的竞争、充分发挥市场的价格机制的基础上，实行适当的运价管制。例如，在实行最高费率限制的基础上，逐步实现市场主体根据市场供求关系自主定价，行业管理部门根据实际情况实行价格指导，对运价进行及时合理调整以解决市场失灵问题。

三、行业信息监测

出租车行业的信息监测主要包括对出行特征、供需水平、运营效益以及服务质量这四个方面的监测。其中出行特征包括运营车数量、全天载客次数、车均载客次数、载客时间、空驶、停车等指标的监测统计。由于科学技术的进步，许多数据可以通过 GPS 等技术获取以便统计分析。供需水平则可以以乘客等车时间、有效里程利用率、城市道路拥堵状态等来研究巡游出租车行业的供需态势，也可以参考与价格、空驶率等的关系通过建立不同的数学模型求得。关于运营效益，大部分学者认为其与出租车价格有较大关系，还有从巡游车出租承包制度进行研究的。服务质量的评定范围则随着人民生活水平的提高越来越广泛，越来越全面，从考虑安全舒适性到经营服务质量、车辆仪容以及驾驶员服务等多个方面。随着"互联网＋"的兴起，网络约车这一新兴出租车出行方式吸引了一大批客流，这对传统出租车行业造成不小的冲击，加剧了新旧两种业态的竞争。而对出租车行业实行信息监测不仅能合理调整两者间的运力规模，为当地政府宏观调控提供依据，更能保证行业的公平公正，稳定行业秩序，有利于促进出租车行业的健康持续发展。

四、行业监管模式

出租车行业的监管主要包括价格管制、数量管制和准入管制。目前国际上价格管制的主要方式有固定运价制、最高运价制、最低运价制、备案制和运区制。固定运价制是指管制当局制定的适合于一定时期的运价标准和结构，固定运价常常是行业内部集体呼吁的结果，政府部门管制的主要依据为市场中业主提供的数据。最高运价制是指管制当局制定最高运价，司机向乘客索要的价格不得高于规定的价格。最低运价制是管制当局设定最低价格，即提供出租车服务的最低收费标准，成交价格不能低于这一价格。旨在保护经营者的利益，避免经营者之间的恶性价格竞争。备案制是指行业自行定价，只需将定价方案上报当地政府备案。运区制是将行政区域划分为若干子区域，同一子区域中，无论运行距离的远近，采用统一的价格，跨区时，按照跨区数目计价。这种制度下，无需安装计价器，但是需要配备运区划分地图。对出租车实行数量管制主要是为减少由交通阻塞引起的城市道路的租值消散，最大效率地利用现有的出租车而又能很好地满足城市居民出行需求。目前许多国家也在放松数量管制，逐步实现市场调控而不是完全由政府主导的监管机制，建立动态运力调整机制以更好地达到供需平衡要求。市场准入管制则主要是为保证安全和服务质量。公司必须达到一定的经营要求才能获得经营权，而个体经营通常不会被给予经营权。公司获得经营权后一般采取承包经营的模式，即公司并不出资购置车辆，而是将经营权出租给司机，定期收取"份子钱"。目前营运权证的投放方式主要包括审批、招标、拍卖三种方式。其中，北京、上海采取行政审批的方式，其他城市一般采取另外两种，且以招标形式居多。深圳开启了拍卖模式的先河。

没有有效的政府管理，就不能实现有效的公共治理。政府管制作为政府干预经济活动的一种方式，是政府管理经济所必需的。市场经济需要政府在市场不能有效发挥作用的领域，采用法律和经济干预的手段进行管制，以克服市场失灵，保障公平、公正和透明的市场竞争，防止市场垄断、价格共谋等行为，良好的政府管制是市场经济有序发展的必然要求。而对出租车行业实施政府管制，其出发点和落脚点是满足广大人民群众的出行需求，增强出租车市场竞争活力。政府通过恰当的管制，改善出租车市场失灵现象，激发市场竞争主体活力，构建一个乘坐方便、服务规范、公平竞争、进退有序、监管高效的出租车市场，这是出租车行业管理所要达到的理想目标。

五、服务质量管理

政府对出租车行业服务质量管理，其目的在于保障出租车服务的整体水平不低于某一水平，并符合最低的安全标准。服务质量管理涉及经营企业、司机素质和车辆情况等。从管制实施角度，服务质量安全管制包含入行最低标准和日常运营标准管制，入行最低标准是"质量"的把控。确保进入市场的车辆、经营者符合安全和最低服务质量的标准，是进入行业的壁垒。但服务安全管制会提高进入行业的成本和企业在运营中的成本，从这一角度上说，其又具有数量限制的作用。此外，入行标准只能在入行审核时期保证质量标准，入行之后的实际服务质量取决于出租车经营者自身的约束和质量评测、奖惩的督促等。我国历来重视出租车服务质量管理。1993 年交通部发布《出租车客运服务规范（试行）》首次规范出租车服务标准，对经营服务、车容仪容以及运行服务都做了细致具体规范。随后出台的各项规章制度也都对出租车服务质量做了相关规定。2011 年发布的《出租车服务质量信誉考核办法（试行）》就规定了出租车服务质量信誉考核，即对出租车企业和驾驶员进行服务质量信誉考核，将考核等级分为优良、合格、基本合格和不合格，分别用 AAA 级、AA 级、A 级和 B 级表示。2014 年提及鼓励通过服务质量招投标方式配置出租车的车辆经营权。2018 年发布《出租车服务质量信誉考核办法》将网约车新业态纳入考核，同时优化了考核分值分布，即对出租车企业和驾驶员考核分值的分布设定进行了调整，细化出租车企业考核等级，将出租车企业服务质量信誉考核等级分为 AAAAA 级、AAAA 级、AAA 级、AA 级、A 级和 B 级。相比之前增加了两个等级，其中，巡游出租车企业服务质量信誉考核指标包括企业管理指标、安全运营指标、运营服务指标和社会责任指标等加分项目，网络预约出租车经营者服务质量信誉考核指标除巡游车包括的五项指标外还增加了一个信息数据指标。信息数据指标是指数据接入、数据查阅等情况，由部级网约车监管信息交互平台在每年 1 月底前完成测评。设区的市级以上出租车行政主管部门登录部级网约车监管信息交互平台查看本辖区内有关测评结果。

第三节　出租车行业改革和发展的政策

一、自由发展期（1988—1997）

回顾我国出租车指导管理，最早国家层面的规定始于1988年。建设部、公安部、国家旅游局于1988年6月15日联合颁发施行《城市出租车管理暂行办法》，该部门规章首次明确了出租车管理机构及出租车开业、停业、车辆、经营者、驾驶员、站点、奖罚情况等管理要求。出租车行业由客运管理机构管理，出租车经营主体包括单位和个人，从事出租车营运服务需办理准运证，准运证无偿使用，需缴纳管理费。1989年12月18日，交通部颁布施行《出租车旅游汽车客运管理规定》，该部门规章架构与建设部、公安部、国家旅游局颁发实施的《城市出租车管理暂行办法》基本一致，延续了部分内容，但强调出租车行业由交通部门管理。

随着改革开放的深入，尤其是邓小平同志"南方谈话"后，出租车数量大大增加，但不成熟的市场经济及行业急速扩张逐渐衍生出司机宰客、拒载、乱收费等现象，为使出租车客运服务工作逐步向标准化、规范化发展，交通部于1993年6月21日颁发施行《出租车客运服务规范（试行）》，首次规范出租车服务标准。

事实上，当时国内对出租车的管理还比较分散，基于历史原因，交通部、建设部、公安部、国家旅游局都对出租车具有管理权，从管理职责范围层面看，交通部门占主导，如《出租车旅游汽车客运管理规定》中就曾提及"各级交通主管部门是出租车、旅游汽车客运行业的行政管理机关"。随着部委分工及职责调整，出租车管理主体发生了变化，行业管理由交通部门转向了建设部门、公安部门，如1997年12月23日，建设部联合公安部制定发布的部门规章《城市出租车管理办法》规定，全国出租车汽车行业管理由国务院建设主管部门承担，地方行政区域内出租车管理工作由地方政府建设主管部门承担，受建设主管部门委托，客运管理机构可以承担具体管理工作。还规定城市出租车经营权可以实行有偿出让或转让；出租车实行扬手招车、预约订车和站点租乘等客运服务方式。该部门规章的颁布施行（1998年2月1

日）塑造了全国以后近 20 年的出租车管理格局，对全国出租车行业发展意义深远、影响巨大。但随着社会经济的发展，该项规章中的部分具体规定已与出租车行业发展不相适应，引发社会不少争议。如"城市出租车经营权可以实行有偿出让或转让"使得经营权出让和转让不规范，深为社会所诟病；"出租车实行扬手招车、预约订车和站点租乘等客运服务方式"，也涵盖不了新近流行的网络约车出行方式；更重要的是依照该规章，城市出租车管理有多个主体，出租车管理权属不明晰，造成多头管理、多头投放的局面。

二、严格干预期（1998—2013）

为维护社会稳定，提高城市公共客运交通的服务质量和管理水平，清理收费项目，减轻经营者负担的同时规范营运秩序，改善经营环境，营造统一管理、多家经营、开放市场、有序竞争的城市公共客运交通市场。1999 年 11 月 23 日，国务院办公厅转发建设部、交通部、财政部、国家计委、公安部五部委《关于清理整顿城市出租车等公共客运交通的意见》，坚持"统筹考虑、远近结合、标本兼治、综合治理"的原则，实行公共交通优先发展的战略，形成以公共汽车、电车为主体，小公共汽车、出租车为补充的城市公共客运交通格局。2002 年 2 月 20 日，建设部、交通部、财政部、国家计委、公安部五部委联合发布《关于进一步加强城市出租车行业管理工作的意见》。上述文件明确，对出租车实行价格管制和总量调控的基本原则，实行统一的市场准入条件和管理标准，采取切实有效的措施解决地域分割、部门分割、多头投放、无序管理等方面问题，至此，出租车自由发展阶段结束。

自出租车管理体制改革以来，出租车行业发展较快，但一些地方在出租车行业管理方面还存在经营权有偿出让不合理、劳动用工不规范、出租车运营市场秩序混乱、司乘诚信缺失、执法粗暴低下、行业管理不得力等矛盾和问题，造成出租车司机群体性事件时有发生。为进一步规范管理，促进出租车行业稳定发展，2004 年，国务院办公厅发布《关于进一步规范出租车行业管理有关问题的通知》确定开展清理整顿工作，要求所有城市禁止盲目投入出租车运力，对出租车数量进行了严格控制；同时还要求所有城市一律不得新出台出租车经营权有偿出让政策，已经实行出租车经营权有偿出让的，可召开听证会，在充分听取有关专家、从业人员和乘客等社会各方面意见的基础上，对经营权出让数量、金额、期限、审批程序、出让金用途以及经营权转让、质押、权属关系等进行全面清理和规范；逐步推广采用以服务质量为主要竞标条件的经营权招投标方式，建立科学合理的出租车经营权配置机制，防止单纯追求提高经营权收益的行为。随后几年，国家层面又陆续下发了几个出租车专项治理的通知和意见，涉及临时补贴、打击非法营运、规范经济关系等政策，密集的"运动式治理"及文件颁发成为该阶段的典型特征。2006 年，政府明确禁止向市场投入出租车新运力并禁止经营权拍卖。2008 年，随着国务院大部制改革和部门职责调整，出租车管理权责逐步归口到交通运输部门。2011 年 1 月 26 日，住房和城乡建设部发布《住房和城乡建设部关于废止和修改部分规章的决定》，关于"出租车经营资格证、车辆运营证和驾驶员客运资格证"办理条件及出租车行业管理职责已经不再归属于住房和城乡建设部（原建设部）。因此由建设部、公安部 1998 年联合施行的《城市出租车管理办法》形同虚设，从此退出历史舞台。至此，政府所采取的规制政策围绕市场准入、经营权、价格、数量及服务质量全面扩展。但规制政策并未触及管理体制深层弊端，出租车群体性事件仍时有发生。

三、巨变期（2014 年至今）

2014 年 9 月 30 日，交通运输部颁发《出租车经营服务管理规定》，该规章首先针对出租车行业发展定位不科学、产业政策不明确等问题，明确出租车是城市交通的组成部分，要求各地按照出租车功能定位，制定出租车发展规划，科学确定运力规模，同时鼓励出租车实行规模化、集约化、公司化经营；提及"交通运输部负责指导全国出租车管理工作"，结束了多头管理体制，规范经营许可；鼓励通过服务质量招投标方式配置出租车车辆经营权，明确经营权期限制，以及申请从事出租车经营服务，应当先取得出租车车辆经营权，并具备相应的驾驶人员、管理制度、经营场所和停车场地等要求；鼓励发展电召及预约出租车服务，对出租车电召服务流程、平台建设、服务保障等做出了明确要求，以促进各类电召服务规范发展。从为市场提供多样化、差异性服务的角度出发，建立了只允许接受预约、不得在道路上巡游揽客的预约出租车服务模式，为人民群众提供更加便利的出行服务。

　　长期以来，出租车市场在经营权使用、数量配置、车型外观、价格等方面一直处于政府高度管控状态，随着城市常住人口的快速扩张和人民生活水平的提高，出租客运的各种矛盾日益凸显；打不到车的供需矛盾，拒载、绕道的服务矛盾，与油价相随的价格矛盾，涉及"份子钱"的利益矛盾等，各种矛盾累积造成的罢运事件在全国多次发生。与此同时，共享经济新模式逐渐渗透至各行各业，网络约车这一新兴出行方式以其方便快捷的优势迅速取得大众喜爱，在出租车市场蓬勃发展，实现了网约车信息平台与传统出租车的双赢。可是后期，基于追逐自身利益更大化的需要，网约车信息平台出现了传统出租车之外的其他车辆，也就是所谓的专车、快车、顺风车等，并通过较大的补贴强烈挤占了传统出租车的市场份额，造成很多的传统出租车空驶，对传统出租车行业形成重大冲击，引发了传统出租车的强烈不满，并爆发了数次大规模的群体性事件以示抗议。另外，伴随着行业发展，网约车自身负面问题也接踵而至，爆发了一系列恶性事件，例如：深圳女教师乘顺风车被害、人车不符、幽灵车等，给公众的出行安全带来了极大隐患，引起了社会各界的关注，尤其是政府部门的重视。原有的法律法规已经与新形势下的行业发展和管理需要不相适应，此时迫切需要制定新的出租车管理政策以保证整个出租车行业的健康发展。

　　为解决网络约车引发的新矛盾，加强对出租车行业的监管，2016 年 7 月，国务院办公厅分别发布了《国务院办公厅关于深化改革推进出租车行业健康发展的指导意见》（国办发〔2016〕58 号）（简称《指导意见》）和《网络预约出租车经营服务管理暂行办法》这两个文件，其中，《指导意见》主要内容包括：科学定位，适度发展，动态调整运力规模，即对出租车行业重新定位，将出租车认定为城市综合交通运输体系的组成部分，是城市公共交通的补充，综合考虑人口数量、经济发展水平、城市交通拥堵状况、出租车里程利用率等因素，建立运力规模动态监测和调整机制，逐步实现市场调节；明确出租车分为巡游出租车和网络预约出租车，分类管理，提供差异化服务；深化巡游出租车经营权管理改革。新增出租车经营权一律实行期限制，无偿使用，对于现有的出租车经营权未明确具体经营期限或已实行经营权有偿使用的，逐步取消有偿使用费。《网络预约出租车经营服务管理暂行办法》则主要是为了促进出租车行业和互联网融合发展，规范网络预约出租车经营服务行为。随后，2016 年 8 月 26 日，交通运输部发布《巡游出租车经营服务管理规定》，该文件对出租车行业定位、经营者与驾驶员利益分配等方面做出了一系列规定。明确出租车是城市综合交通运输体系的组成部分，是城市公共交通的补充，针对出租车经营权问题，要求巡游出租车经营者根据经营成本、运价变化等因素及时调整承包费标准或者定额任务等，更好地构建企业和驾驶员运营风险共担、利益合理分配的经营模式，加快推进传统行业转型升级。这三份重要文件，首次将出租车分为巡游车和网约车两大类，赋予网约车合法地位，从政策法规入手，推动了巡游车与网约车的制度融合，从而促进两种业态融合发展，为出租车行业发展和管理提供了重要的参考依据，全国各地也相继出台相关法律法规。巡游车与网约车之间的矛盾实质上是新旧业态之间的矛盾，只有充分实现新旧业态融合发展，顺应时代潮流，才能使整个出租车行业持续健康发展，也能使其更好地服务于人民。

2018 年 5 月 14 日，交通运输部发布了新修订的《出租车服务质量信誉考核办法》，该办法将网约车新业态纳入考核，同时优化了考核分值分布即对出租车企业和驾驶员考核分值的分布设定进行了调整，细化出租车企业考核等级，为出租车推行以服务质量为招投标投放方式奠定了制度基础。为进一步规范网络预约出租车管理，强化行业事中事后监管，维护市场公平竞争秩序，保障乘客合法权益，2018 年 5 月 30 日，交通运输部、中央网信办等七部门联合印发了《关于加强网络预约出租车行业事中事后联合监管有关工作的通知》，完善联合监管工作机制，明确联合监管工作事项和监管处置流程，加强联合监管应急机制的建立，该文件为促进网约车的规范健康发展奠定重要基础。

推动出租车行业改革取得显著成效，但也存在改革工作进展不平衡、改革力度不大、出租车行业服务质量没有很好提升、企业主体责任落实不到位、人民群众出行安全和合法权益未得到有效保障等问题。为进一步深化改革，加快推进行业健康发展，更好地满足人民群众多样化的出行需求，2018 年 12 月 12 日，交通运输部办公厅发布了《交通运输部办公厅关于进一步深化改革加快推进出租车行业健康发展有关工作的通知》，在巡游车方面，对巡游车经营权、运力规模、价格等做了更细致的规范，加快推进巡游车转型升级；在网约车方面，注重网约车合规化进程，落实网约车平台公司主体责任，督促网约车平台公司开展驾驶员背景核查，加强对驾驶员的管理教育，保障驾驶员合法权益，切实维护行业稳定，进一步规范网约车行业。

第 2 章

运力规模管理

第一节　出租车运力规模管制历史

一、未实行数量控制阶段

我国出租车运力规模管制历史上，未实行数量控制阶段可大致分为两个阶段：第一阶段为自然发展阶段（改革开放至 20 世纪 80 年代中期），第二阶段为鼓励发展阶段（20 世纪 80 年代中后期至 90 年代中期）。

我国近代车辆客运服务发展颇具规模的是人力车，多是轻便的两轮车或独轮车，靠车夫有限的体力为车辆提供动力。随着运输工具的发展，机动车进入人们的生活。1903 年，哈尔滨成为中国第一个有出租车的城市；民国期间，上海祥生公司是中国最有名的出租车公司。虽然早在 20 世纪初期，出租车就在我国出现了，但是我国的出租车行业正式起步于改革开放初期，我国经济模式开始由社会主义计划经济向社会主义市场经济转型，出租车首先是作为对外交往的配套基础设施而发展起来的，依托于国营交通运输企业和旅游公司，主要服务对象是境外商人和游客等。改革开放初期，中国汽车工业平稳发展，以年均 10% 左右的产销速度稳步上升，1986 年以前客车发展都较为缓慢。由于 20 世纪 80 年代车辆投入成本高，消费需求规模较小，出租车数量相对较少，整个行业处于自发发展阶段，运力基本不受控制，经营权主要经由行政审批获得，无需支付任何费用，经营主体被限制为国营、集体和合资企业。以北京为例，最初的出租车小轿车全部为进口车型，直到 20世纪 50 年代末才开始出现国产小轿车。在经营权方面，新中国成立初期北京的出租车全部由私营的车行经营。1951 年，北京市第一个国营出租车汽车公司——首都汽车公司成立，隶属于国务院机关事务管理局。此后，私营出租车逐渐减少，到 1956 年底，北京市共有出租车 569 辆，其中民用出租车 120 辆，到 1976 年，出租车增长到 1511 辆，仅仅增长了 1.66 倍。所以在我国出租车发展的初期，普遍面临的问题是出租车数量过少，无法满足乘客的出行需求，乘客等车时间过长，出租车服务水平低下，甚至导致不少非法"黑车"涌入市场，严重破坏出租车市场的秩序。

20 世纪 80 年代中后期到 90 年代中期为鼓励发展阶段，该时期中国汽车产业发展迅速。1990 年全国汽车工作会议提出，汽车行业的调整重点是从载货汽车转到轿车上来，要搞好统筹规划，中国载客汽车在 1991 年和 1992 年得到飞速发展。随着改革开放的深入，特别是 1992 年邓小平同志"南方谈话"之后，各地经济发展速度快速推进，人民生活水平不断提高，并且人们已不再满足于简单的空间位移的出行，而更加重视出行的方便快捷，对出行质量要求越来越高，因此出租车市场得到了非常迅猛的发展。各地政府为促进交通系统发展，也相应放宽行业准入政策，出台了一系列鼓励出租车行业发展的政策，放松了对出租车行业的限制，各种社会资本迅速进入。如各地政府相继规定，其他单位在具备经营出租车业务的情况下，经管理部门审批后即可经营。由此，许多国有企业和集体企业（包括政府机关等）纷纷进入该行业，这一阶段被称为"社会办出租"阶段。这种情况下各地出租车供给仍然不足。1992 年以后，对出租车牌照的审批并无限制，既允许公司又允许个人申请经营，并且经营年限一般没有明确规定，由此出租车主要服务的对象从境外商人和游客转移到城市普通居民。使出租车行业进入了"井喷式"发展阶段，出租车数量和种类迅速增加。以北京为例，从 1992 年开始，北京市放开了出租车业的准入限制，允许民间资本进入，出租车辆从 1991 年的 1.62 万辆迅速增加到 1995 年的 6.3 万辆。

二、实行数量控制阶段

实行数量控制阶段的时期为 20 世纪 90 年代中后期至今。在经历 90 年代初期迅速发展以后，各地都不同程度地出现了出租车总量过剩的问题。出租车数量过多，会导致出租车司机收入降低，并在一定程度上对常规公交造成冲击，违背了"公交优先"政策，大量空驶车辆容易加重城市交通系统的负担，而且对城市空气环境也存在一定的负面影响，由此导致乘客每次选择出租车出行的公共成本要大于通过其他方式出行所要支付的公共成本，而出租车司机为了增加利润空间，容易发生抢客现象，降低了出租车行业的安全性和稳定性。在这一背景下,我国管制机构明确提出总量控制、鼓励企业经营、限制个体经营的政策,百万人口以上的大城市以企业经营出租车业务为主,并鼓励大企业兼并小企业和个体经营者。

从1993年开始,各地将出租车作为城市公共资源按照特许经营方式进行管理,陆续采取了数量管制、经营权有偿使用和公司化运营等管理办法。经过多年的管理和发展,初步形成与我国城市化水平相适应、基本能够满足居民特殊出行需要的出租车服务体系。例如在面对出租车的大发展给城市交通带来诸多问题时,北京市出租车管理部门于1993年3月决定停止批准新的出租车运营企业。于1994年4月发布正式文件,宣布正式停止审批新的出租车运营企业和个体经营者,对出租车行业实行严格的数量规制。随着北京公共交通的发展,以"安全、准确、高效、服务"为运营宗旨的地铁进入人们的生活,在一定程度上缓解了出租车的需求量。上海市于1994年提出对出租车总量进行控制,并从国外引进数学模型对出租车的里程利用率进行测算,以此来判断是否增加出租车的供给。

为了加强对出租车行业的管理,规范出租车市场秩序和营运行为,国家出台了一系列法律法规。现行的《城市道路交通规划设计规范》(GB50220—95)规定:客运出租车大城市不少于每万人20辆,小城市不少于每万人5辆(万人拥有量=车量数/人口规模),中等城市可在其间取值,该规定对不同规模城市的出租车运力规模最低值提出了要求。建设部、公安部1998年实施的《城市出租车管理办法》(第63号文件)第4条规定:"出租车是城市公共交通的重要组成部分,出租车的发展,应当与城市建设和城市经济、社会发展水平相适应,并与其他公共交通客运方式相协调。出租车的发展规划和计划,由城市建设行政主管部门会同有关部门编制,纳入城市总体规划,报当地人民政府批准后实施。"国务院办公厅2000年在《关于切实加强出租车行业管理有关问题的通知》中明确规定,"地方各级出租车管理机构要通过对出租车营运规模的总量控制,提高出租车营运效率","要根据城市公共客运交通规划,调控行业发展规模,严格市场准入制度"。2002年出台的《关于进一步加强城市出租车行业管理工作的意见》(建城〔2002〕43号)中将里程利用率是否达到70%作为调整出租车运力的重要依据(里程利用率=载客营业里程/出租车总行驶里程×100%)。但是相关调查结果表明，大多数城市中心区出租车有效里程利用率全天平均值一般低于70%，但是高峰期间的利用率会高于70%，出租车供求关系在不同时间段上存在明显的不平衡现象。《国务院办公厅关于进一步规范出租车行业管理有关问题的通知》（国办发〔2004〕81号）明确要求加强对出租车市场需求与运力供给的监测监控，严禁盲目投入运力，防止过度增加出租车数量而导致供求关系失衡。2015年，交通运输部起草了《关于深化改革进一步推进出租车行业健康发展的指导意见》指出要建立运力规模的动态调整机制，及时调整运力规模，解决供需矛盾。从20世纪90年代初开始至今，各城市基本上都开始实行严格的数量管制，出租车数量都在严格的控制范围内。

三、两态融合阶段

随着智能手机及移动互联网快速发展，"互联网+"时代到来，衍生出了网约车这一新业态。网约车缩短了供需双方的信息互通距离，司机可以在最短时间内了解出行特定需求，同时乘客也能实时接收车辆信息，成功对接出租车市场与乘客最后一公里的需求，精准放大市场力量，弥补了传统巡游车市场信息交互不及时的缺陷，一定程度上缓解了"打车难"问题。

对于网约车的监管，中央出台的文件只具有指导性的意义，而地方政府则要明确标准、完善细节、平衡各方利益，进入实操环节，这对于各地政府监管而言是一个很大挑战，主要监管难点为：

（1）运营监管，目前网约车平台相关运营数据还未完全接入政府的监管系统中，未能对网约车建立完善的监测体系，无法掌握网约车市场的供需情况，对网约车运力规模的调控难度较大，且网约车的管理部门涉及较广，难以形成监管合力，增加了政府的监管难度和执法成本。

（2）市场准入，虽然网约车表面上确立了其合法地位，但是较高的市场准入门槛，使实际上合法营运的车辆和驾驶员占总体的比例较低，大量不合规车辆在市场运行，部分区域的网约车没有正式纳入部门监管中，还存在线上线下车辆人员不匹配情况，这对于行业安全发展构成严重隐患。

新旧业态交织、利益对立的局面，使得出租车行业持续健康发展面临严峻挑战，内外竞争加剧，必然倒逼传统出租车行业的改革。两态融合阶段，对出租车进行数量控制必然有利有弊。

实行数量调控的优势：

（1）充分考虑城市综合交通体系的建设和发展，长期坚持公共交通为主、出租车补充的顶层设计，坚持对出租车数量科学的总体管控。通过公共交通服务的提升，满足市民一般性的通勤出行需求，引导市民绿色出行；而出租车应侧重于满足紧急需求和特殊需求，回归其合理定位，适度发展。

（2）城市道路承载量有限，在道路交通资源日益紧张的情况下，出租车作为个体化交通方式不应无限制地发展，否则将加剧交通拥堵，也不利于环境保护。

（3）不"一刀切"、因地制宜地控制出租车的具体数量有利于不同地区行业发展。由各地综合考虑人口数量、经济发展水平、公共交通发展状况、出租车里程利用率、城市交通拥堵状况、环境容量等因素，科学确定出租车运力规模及在城市综合交通运输体系中的分担比例，并合理确定巡游出租车和网络预约出租车比例。

（4）国外城市已经有放开出租车数量管制导致出现市场运力过剩、无序竞争、服务质量下降、行业混乱，随后又恢复管制的失败案例，政策制定时应充分考虑。

（5）网约车在接载乘客前后也存在无效空驶，在运输过程中对道路交通资源的占用率并不比私家车低，与巡游车一样，实行数量调控，有利于提高交通资源使用率。

（6）网约车与巡游车应差异化发展，应统筹考虑巡游出租车及网约车运力的合理科学配比，否则将引起市场混乱和不公平竞争。

（7）城市规模、城市交通模式、交通出行结构都在不断发展中，出租车的数量和比例也应随之动态调整。政策制定要为将来的发展变化预留空间，如果简单地对数量一放了之可能会造成大量损失。

实行数量调控的劣势：

（1）数量管制与当今市场经济思维相违背，是计划经济思想。

（2）数量管制会减少出租车数量，消费者出行又会面临"打车难"的问题，给人民群众出行带来更大不便。

（3）巡游车、网约车数量管制会削减大量的就业机会，给社会增加更大负担。

（4）实行出租车数量调控，保护了既得利益者，增加了行业垄断和利益寻租的可能，抬高了行业准入门槛。

（5）网约车是"互联网＋"的产物，属于"共享经济"，数量控制会成为其发展障碍。

（6）网约车根据预约出车，比巡游车占用道路资源少、效率高，实施数量管制反而会削弱网约车相比于传统巡游车的优势。

第二节　国外出租车运力规模管制改革历程、效果与经验

一、总体经验

国外的出租车行业发展起步较早，但由于国外特定的交通环境和国情，其出租车行业市场机制和运作模式和我国不同，我国出租车的数量管制完全是由政府和管制机构控制，而国外则是通过政府主导、市场调节的模式进行。因此国外许多交通学者和经济学家主要是对出租车市场进行相关研究。市场是个复杂的概念，对出租车市场的研究包含了对出租车数量、准入、价格、管理模式等方面的研究，并且这几者之间有着不可分割的联系，如出租车的准入、价格和管理模式都影响着一个城市出租车拥有量，而拥有量也会反作用于其他几个方面，所以对市场的研究也是确定拥有量的前提。

对出租车市场实施管制的历史可以追溯到 17 世纪。1635 年，伦敦和威斯敏斯特的城市交通被出租马车堵塞了，因此这两个城市开始控制出租马车的数量以缓解城市交通拥堵的问题；随后西欧各国以及韩国、日本等陆续开始对出租车市场实行管制。从 19 世纪开始，国外城市的出租车就已经开始进入经营化阶段，美国则是于 20 世纪 20 年代末经济大萧条期间开始对出租车进行准入限制。

发达国家最早依据出租车千人拥有量这一指标来衡量出租车运力的供需水平，之后随着各国不断意识到运力规模的重要性，采用更多的方法用于衡量运力的供需关系，主要有等车时间判断法、预约叫车回应时间法等。

日本主要通过出租车里程利用率调整运力规模，但是并没有在全国范围内确定统一的标准，而是由各个城市根据实际的交通特点，来自行确定里程

利用率的调控阀值，东京等城市将调控阀值确定为 52% 左右，大阪等城市将调控阀值确定为 55% ～ 60%，这种方法已经被国外很多城市采用。

国外虽然对是否需要对出租车进行数量管制一直处于激烈的争论中，但政府管理部门都根据其城市的具体情况，不同程度地以不同形式进行了数量管制。纽约、洛杉矶、悉尼、多伦多、巴黎等城市实施特许经营或"牌照"拍卖制度，长期保持客运出租车数量基本不变。伦敦通过近乎苛刻的驾驶员资格考试间接调控客运出租车数量。由于上述城市基本上已经进入城市化稳定时期，城市内部交通结构也比较合理，所以其数量在很长时间内基本保持不变。

二、典型案例

本节将对美国纽约、英国伦敦、新西兰等地的出租车运力规模管理政策进行介绍和分析。从不同城市的案例中可以看到，随着经济社会的不断发展，城市出租车的运力规模管理方式也在不断地发生变化。

（一）美国纽约：直接数量控制

纽约市是美国第一大城市及第一大商港，也是世界经济中心，被人们誉为世界之都，位于纽约州东南部。截至 2010 年底，纽约市区人口为 918 万余人（纽约大都会区人口大约为 1988 万多人），城市面积为 790 平方千米。截至 2013 年，纽约市共有 13148 辆传统出租车，44816 名传统出租车驾驶员；40046 辆电召约租车，53036 名约租车驾驶员；2543 辆其余类型出租车，2155 名其余类型出租车驾驶员。传统出租车车身为黄色，可通过扬手招车、出租站点等候或接受预定提供服务，由数家规模较大的出租车公司经营，并且 90% 以上的车型为维多利亚皇冠。

纽约市出租车历史悠久。1907 年春，美国富家子弟艾伦同他的女友去纽约百老汇看歌剧。散场后，他去叫马车，问车夫要多少钱，车夫竟要了平时 10 倍的车钱。艾伦与车夫争执起来，结果被车夫打倒在地。艾伦伤好后，为报复车夫，就设想利用汽车来挤垮马车。他请一个修理钟表的朋友设计一个计程仪表，并且给出租车起名为"taxicar"，意思是"计程车"。1907 年 10 月 1 日，装有计程仪表的 65 辆出租车首次出现在纽约的街头，并很快风行全球。出租车很快淘汰了双轮双座马车，艾伦的出租车也迅速达到700辆。在以后的几十年里，这种新型交通方式不断发展壮大起来。

1923年，纽约市出租车由数家规模较大的出租车公司经营，总体数量已达1.5万辆。由于当时出租车行业进入门槛很低，造成了出租车数量增长过快，出现了供大于求的局面。特别是1929—1933年"经济大萧条"后，失业工人大量涌入出租车行业，使供给过剩的形势更加恶化。到1931年，纽约市出租车数量已增至2.1万辆。出租车数量过剩，导致出租车服务质量无法保证，并产生了大量社会稳定问题。1937年，纽约市政府通过立法对出租车数量实施管制，将出租车牌照总量控制为13595张。由于经济状况不佳，到20世纪40年代，纽约市实际运营的出租车只有不到1.2万辆。1971年，纽约市设立出租车和轿车委员会，负责制定纽约市出租车行业规范，颁发出租车运营执照，指定使用车型，制定运营价格和服务标准等，监督行车安全和尾气排放，处理各种违章和投诉等。该委员会对出租车数量、运行的方式和范围、收费标准、安全标准、服务规范等都有十分详细的规定。至今，纽约市传统出租车数量仍基本保持不变。

（二）英国伦敦出租车运力管制：间接数量控制

出租车行业的监管可追溯至1635年伦敦和威斯敏斯特地区对出租马车的数量限制，据此，英国可称得上是世界上出租车监管史最长的国家。广义的带司机的出租用车包括出租车（taxi）和私雇车（private hire vehicle，缩写PHV）。传统出租车，车身为黑色，所以又称黑色出租车，可从事上街巡游（hail-ing，扬招）、站候（ranking）及预订（pre-booking）业务；而后者包括迷你轿车、高级轿车和豪华轿车等多种类型，只能通过预订获得业务。根据英国交通部网站公布的统计数据，截至2013年，伦敦市共有22500辆传统出租车，25150名传统出租车驾驶员，51300辆预约出租车，62200名预约出租车驾驶员。

出租车起源于英国伦敦。1620年，伦敦市出现了第一家四轮马车出租车队，尽管整个车队只有4辆马车，但是车夫们穿着统一定做的制服，行驶于街道上，还是引来了众人的关注。这一行业由此也开始迅猛发展起来。1630年，英国当局制定了法律，用以规范出租马车业发展。经过多年的发展，出租马车法规得以不断完善。1654 年，英国议会颁布了出租马车管理法令，并给出租马车主发放营业许可证。1847 年颁布《市镇治安管理条例》，形成了现代出租车管制法律的雏形。该条例授权地方政府管制出租马车数量，建立了沿用至今的出租车营业许可制度，此外还授予地方政府很多自主权，使得各地出租马车管制差异较大。依据相关法律，英国各地对出租车的管制主要包括三个方面：数量管制、服务和安全标准管制以及运价管制。1985 年以前，英国大多数地区（不包括伦敦市）对出租车实行数量控制。据统计，1985 年，在英国全国 369 个独立的管制辖区中，有 274 个实施数量控制，占总数的74.3%。

为了治理城市交通拥堵，伦敦市自 1635 年开始对出租马车数量进行管制。到 1833 年，随着道路设施逐步改善，出租马车数量管制又被取消。从此符合法定条件的驾驶员和车辆均可以获得牌照，伦敦市政府部门不再设定数量限制。尽管伦敦市没有对出租车数量实施直接管制，但是通过对出租车驾驶员实施严格的考试准入及动态监管，成为间接调控出租车总量的有效手段。

要成为伦敦市出租车驾驶员，申请人需要通过所有考试取得出租车从业资格证件，这一过程需要 3 ~ 4 年时间。如表 2-1 所示，取得出租从业资格必须符合以下五个条件。一是达到年龄标准。申请人需要年满 21 周岁。二是品行要求。政府部门只对其认为安全和诚实可信的驾驶员发放证件，申请人需要通过英国犯罪记录局（CRB）审查合格，没有诸如暴力犯罪、强奸及性骚扰等不适于从事该职业的记录。三是身体健康检查。出租车驾驶员作为以载客为职业的专业人员，他们的身体状况应达到英国运输部驾驶员与牌照管理局（DVLA）规定的第二组健康状况标准，相当于客运和货运驾驶员的标准，若申请者患有癫痫、视力差、严重糖尿病和心脏病等，将会被拒绝颁发证件。四是交通路线寻找技能。伦敦市运输局组织的知识测试，考试知识点多、考试周期长、考试难度大、考试通过率低。该考试侧重评价出租车驾驶员的路线寻找技能，包括初步面谈、自我评估、笔试和面试等多个环节，需要掌握全市 320 条主要线路（包括任意起点间最佳往返路线及其附近半英里相关信息）、2.5 万条街道和 4 万个交通信息点等。五是驾驶能力考核。申请人必须具有正式的英国运输部驾驶员与牌照管理局（DVLA）颁发的驾照或者北爱尔兰、欧洲经济区（EEA）国家的驾驶执照，并且须通过英国运输部驾驶标准局（DSA）的出租车驾驶技能测试。预约出租车驾驶员除应持有符合规定的驾驶执照外还要有3年及以上的驾驶经验。

表2-1　伦敦市出租车驾驶员从业资格条件

项目	传统出租车驾驶员	预约出租车驾驶员
年龄	须21周岁以上	须21周岁以上
品行	英国犯罪记录局（CRB）审查合格	英国犯罪记录局（CRB）审查合格
身体	达到英国运输部驾驶员与牌照管理局（DVLA）规定的第二组健康状况标准	达到英国运输部驾驶员与牌照管理局（DVLA）规定的第二组健康状况标准
线路寻找技能	通过知识测试（初步面谈、自我评估、笔试和面试）	通过知识测试（初步面谈、自我评估、笔试和面试） 具有地图阅读和路线计划能力
驾驶能力	具有正式的英国运输部驾驶员与牌照管理局（DVLA）颁发的驾驶执照或者北爱尔兰、欧洲经济区国家的驾驶执照 通过出租车驾驶技能测试	具有正式的英国运输部驾驶员与牌照管理局（DVLA）颁发的驾驶执照或者北爱尔兰、欧洲经济区国家的驾驶执照 具有3年及以上驾驶经验

对已经取得从事出租车驾驶员从业资格的人员，伦敦市运输局还对其实行严格动态监管。一是证件设立有效期。伦敦市出租车驾驶员从业资牌证有效期为3年，有效期届满前申请换证，过期作废。换证时需提供近期照片、驾驶执照及出租车驾驶员从业资格证件，并需要对从业行为和无犯罪记录等内容进行再次审查。二是定期参加体检。出租车驾驶员年满45周岁后，需每5年进行一次体检，年满65周岁后需每年进行一次体检。三是持续接受教育。出租车驾驶员需要接受英国运输部驾驶标准局的安全教育，从业人员素质较高，主动学习、不断提高职业能力已成为自发需求，政府部门还通过开展专项活动等方式引导从业人员提升素质。四是联合开展市场监管。地方政府与警方联合开展监督检查，保证出租车服务质量。伦敦市运输局共有150名工作人员负责出租车管理，伦敦市警察局有56名专职警察负责对出租车进行执法检查，查处违反出租车管理规定的驾驶员。在全球最佳出租车评选的7项指标中，伦敦市的黑色出租车有5项被评为第一，分别是最安全、

最友善、最干净、驾驶质量最佳和地理情况了解最全面。

（三）新西兰：放松数量控制

新西兰位于太平洋西南部，主要由南北两大岛屿组成，国土面积近26.9万平方千米，人口约为417万人（截至2009年）。

1.放松数量控制前的做法

1984年前，新西兰出租车管理主要包括运营准入限制、地域限制、价格管制、车辆技术状况要求、从业人员资格认定等几个方面。在出租车数量控制方面，新西兰运输证件许可机构通过"客运服务许可证"（Passenger Service License，PSL）控制出租车数量。对人口在2万人以上的城市，新西兰运输证件许可机构每3年对出租车行业进行检查，并在测算分析后，决定是否需要新增"客运服务许可证"。对于人口在2万人以下的小城市，则由新西兰运输证件许可机构自行决定检查分析频率。"客运服务许可证"可以进行转让，但必须到新西兰运输证件许可机构进行登记，并进行公开听证，获得同意之后方完成转让。

2.放松数量控制后的做法

1984年起，新西兰掀起了激进的市场化改革。交通系统改革是其中的重点之一，尤其是陆上交通系统。政府将行业准入限制、数量限制全部放开，将此类调整杠杆交由市场；而政府的关注重点，限于安全保障和服务质量控制。

但由于出租车行业工会代表的强烈反对，当年通过的《1983年运输法修正案》（the Transport Amendment Act 1983）中没有涉及出租车行业改革。至1989年，新西兰全国出租车共有2762辆，而私家车的普及率却大幅度提高，导致出租车行业的服务对象很窄，成为社会的奢侈品。1989年11月11日，新西兰《1989年运输服务许可法案》颁布实施，开始对出租车行业进行改革。

出租车行业实行改革后，出租车数量出现了大幅增长，外观也各式各样。至1994年，新西兰出租车数量升至4079辆；至2004年，达到8087辆。人口集中的大城市的出租车数量增长尤为明显。以首都惠灵顿为例，1989年共有出租车454辆，1994年出租车数量增至932辆。但是，小城市的出租车公司和出租车数量却出现了暴跌。人口在5000人以下的市镇，出租车行业已逐渐消失。

改革后，新西兰政府对出租车行业实行放松数量管制，但加强了质量控制，具体有以下做法。

（1）没有数量限制，但"客运服务许可证"申请程序严格

在新西兰，任何个人都可以申请"客运服务许可证"，但必须具备以下条件：一是进行公示。申请者必须在 7 天之内以媒体广告的方式，公示自己准备申请"客运服务许可证"，并作为证据提交给新西兰运输证件许可机构。二是完成三种考试，分别是所运营区域的地理知识考试、安全知识考试和管理措施考试。每种考试都为开卷形式，题型为多项选择题，时间为 1.5 小时，80 分以上为合格。三是向新西兰运输证件许可机构申请检查自己的财务和信誉状况，以证明自己可以从事出租车客运业务。四是提交姓名、住址等档案材料，以便于后续检查。以上所有条件均符合者，将材料全部递交给新西兰运输证件许可机构。申请人所提供的材料如全部真实、可靠，那么新西兰运输证件许可机构没有任何理由拒绝该申请人获得"客运服务许可证"。

（2）驾驶员要求取得"客运资格证"

新西兰出租车驾驶员必须取得有效的"客运资格证"（Pasenger Endorsement，PE）。假如取得"客运服务许可证"的人兼做驾驶员，则必须取得"客运资格证"；假如取得"客运服务许可证"的人雇人开车，则本人可以不取得"客运资格证"，但受雇的驾驶员必须取得"客运资格证"。如未取得"客运资格证"而进行出租车载客运营，则为违法行为。对"客运资格证"的申请相对于"客运服务许可证"来说，更加严格。申请者要通过"客运资格证"考试，以证明自己掌握相关法律规定，对自己在载客运营时的责任义务也很清楚。具体要达到以下条件：一是"客运资格证"申请者必须提交体检报告，尤其是眼科检查合格的报告；二是提供其身份证明的公证书、地址证明，其签名还要经过电子处理存档等（以上仅是申请参加"客运资格证"考试时所需提供的材料）；三是新西兰运输证件许可机构有权在验证这些材料的时候，加入面试程序，并最后给出申请人是否合适从事出租车运营的决定。驾驶员如有"犯罪记录"，则不宜从事出租车经营。曾有 200 多名驾驶员因为犯罪记录而被认定为"不合适"。

（3）加强出租车公司管理的约束力

1989 年后，出租车公司的地位得到了加强，这是新西兰政府放松出租车

数量管制，加强质量管制后的必然结果。所有"客运服务许可证"的取得者，必须隶属于某一出租车公司方能经营出租车业务。出租车公司必须达到以下要求：一是公司必须提供每天 24 小时不间断的电话预约出租车服务，如获得当地市政委员会的许可，可以暂时歇业；二是必须统计属下出租车车队的数量；三是加强公司属下所有从业人员的资格管理，如"客运服务许可证"取得者、受雇驾驶员个人信息的更新等；四是提供投诉服务和投诉处理；五是保证本公司的驾驶员取得运营地区的地理知识考试合格证书，具备一定的英语口语交流能力；六是对于本公司的所有变更情况，须第一时间告知政府管理部门；七是保证客运服务许可证取得者和驾驶员都遵守政府管理部门颁布的法律法规；八是公司可以自行决定出租车运价，但运价作任何调整，都要向政府管理部门备案；九是无论出租车公司大小、所在城市的人口规模大小，出租车最高使用年限为 10 年，到期后强制淘汰。

第三节　出租车运力需求与供给分析

运输需求与运输供给是一对既相联系又相区别的概念。运输需求是指社会经济生活在人与货物空间位移方面所提出的有支付能力的需要。显然，有实现位移的愿望和具备支付能力是运输需求的两个必要条件。运输供给是指运输生产者在某一时刻，在各种可能的运输价格水平上，愿意并能够提供的各种运输产品的数量。供给在市场上的实现要同时具备两个条件：一是生产者出售商品的愿望；二是生产者有生产的能力。改革开放以来，随着社会经济形态变革，城市化水平得到很大提高，城市空间不断扩大，人民生活水平也有很大提高。以上诸多因素的变化，使得人们对运输的需求增加以及支付能力提高，直接刺激交通运输需求在"质"与"量"两个方面均发生了前所未有的变化。另外，以上诸多原因及国家的宏观政策，使得出租车市场得到迅猛的发展，出租车的运力供给也得到了稳步增长。下面就出租车的需求和供给进行分析。

一、出租车运力需求定义及其影响因素

在微观经济学领域，需求的概念是"在一定的时期和价格水平下，消费

者有意愿并且有能力购买的商品数量"，并认为需求的产生需要具备两个条件：一是消费的意愿；二是消费的能力。很多学者将微观经济学中的需求理论引用到运输领域，认为运输需求是指"在一定的时期内和一定的价格水平下，社会经济生活活动为实现货物与旅客空间位移所提出的具有支付能力的需要"，并认为运输需求也应具备两个条件：一是实现空间位移的意愿；二是具备支付能力。那么，出租车作为城市居民实现空间位移的出行工具，较多研究文献认为，运输需求的概念适用于出租车。但是一般认为，出租车的需求不仅仅是受到价格的影响，还受到社会环境中城市规模、居民收入、公共交通发展水平和个人出行感受等多种因素的影响，例如送往医院的病人，并不一定有支付能力，但是产生了出行的需求。因此将出租车客运需求概述为"在一定的时期内和运价水平下，乘客为实现某种出行目的而选择出租车出行的需要"。

同时，需要区分出租车需求和出租车需求量之间的概念，这对于研究方法的建立具有重要意义。通过对运输需求的研究，认为"运输需求"和"运输需求量"是两个不同的概念，只有运输供给的能力充分满足运输需求时，运输量则可以表示运输需求。一般认为这一规律同样适用于出租车，以城市居民出行调查的出租车出行需求量并不能作为城市选择出租车出行的需求。因为我国很多城市出租车实际上实行的是价格管制和数量管制，政府在综合考虑多方面利益的基础上，城市出租车的供给其实并没有完全满足城市居民出行需求的选择，此时调查得到的居民出行量并不能完全表示城市居民选择出租车出行的需求。例如我国很多城市出现"打车难"问题，城市居民对出租车出行的需求则会转移至其他交通出行方式。出租车运力需求具有以下特征。

（1）规律性

出租车运输需求与社会经济发展之间具有互动关系，而且出租车运价高于其他公共交通方式，其需求相对其他方式更易受社会经济发展水平、居民可支配收入等因素的影响，通常情况下经济繁荣会带来出租车运输需求的增长，经济萧条则导致其下降。

（2）广泛性

社会经济的快速发展，促使人们之间的生产、分配、交换和消费活动日益频繁与多样，这些活动都需要通过空间位移来实现。同时，居民在交通出行上支付能力不断提高，使出租车在实现居民空间位移的过程中发挥着重要作用，居民对出租车的运输需求已逐渐成为一种普遍性的需求。

（3）多样性

出租车作为城市客运交通的重要组成方式，其提供的运输服务灵活、多样，能够实现各类需求群体不同的出行目的，也就是说，出租车运输需求在出行人群、出行目的等方面具有多样性。

（4）派生性

出租车的运输需求是居民在社会经济活动中必不可少的环节，但是社会经济活动本身的目的并不是实现空间位移。因此，出租车运输需求与其他方式的运输需求一样，是各种社会经济活动派生出来的。

（5）时间和空间上的差异性

出租车客源在时间和空间上分布不平衡，通常在上下班高峰时段的需求大于一天中的其他时间段。另外，城市中心区、居民居住区、单位集聚区等区域的需求也大于其他地区。可见，出租车运输需求在时间和空间上存在差异性。

（6）部分可替代性

城市客运系统中各种运输方式不断完善，当出租车的服务水平不能满足居民要求时，将会有部分客源选择其他运输方式出行。因此，各种方式之间存在部分可替代性。

出租车运力需求的影响因素包括以下几点。

（1）城市性质和城市职能

只有确定了城市性质和城市职能，才能为城市总体规划提供科学依据。确定一个城市的性质和职能，即确定一个城市在全国或地区的政治、经济、文化生活中的地位和作用，以及城市的现状、个性、特点，城市在规划期内的目标和方向，城市中三个产业的比重。《城市规划法》认为，城市各项建设和各项事业的发展，都要服从和体现城市性质和职能的要求。因此，城市客运发展政策应根据城市的性质和职能来制定，这必然会影响出租车行业的政策导向。城市第三产业发展情况则会直接影响出租车需求。城市性质和城市职能可用第三产业所占比重等指标来衡量。

（2）社会经济发展水平

正如城市规划是城市社会经济发展水平的集中反映一样，出租车运力发展规划的制定和实施，也必须和城市社会经济发展水平相适应。

交通运输的发展促进了社会经济的发展，社会经济的发展对交通运输又不断提出新的要求。随着改革开放的进一步深入，我国的社会经济水平有了极大的提高，人民的生活得到极大的改善，人口流动相对频繁。所以人们的生活水平提高，上班、探亲、访友、休养、旅游等多层次需要必然增长，与此相联系的交通运输需求也将随着生活水平的提高，在数量和质量上发生变化。预测表明，随着经济增长、机动化发展和生活水平的提高，以及人们的消费观念和消费结构的转变，出行率将可能有较大幅度的提高。另外，交通运输需求中有很大一部分是生产性交通运输需求，生产水平的高低、速度的快慢直接影响交通运输需求。出行需求的多层次差异性日益突出，人们不再满足于简单地实现空间位移，而更加强调"门—门"的以"方便、准时、安全、舒适"为标准的运输需求，出租车正是以此为标准的运输方式。社会经济发展水平可用地区生产总值、人均消费性支出等指标来衡量。

（3）城市规模和城市布局

不同城市规模及城市用地面积和状况决定了不同的城市道路网的规模和分布形态。城市规模的扩大，导致城市空间的扩大，从而使得居民出行距离线性增长，使中长距离的出行在城市居民总体出行中所占的比重越来越大，一定程度上影响着居民出行方式的选择。而现有公交车的运行速度慢，不能满足人们的"准时"要求，迫使一部分人转向出租车，使得出租车的需求量增长。图 2-1 表示不同距离下各种出行方式分担率，可见出租车的出行距离一般集中在 3～16 公里的范围。若一个城市的布局促使中长距离的出行比例较大，则有利于出租车的发展。城市规模可用行政区域土地面积、建成区面积等指标来量化。

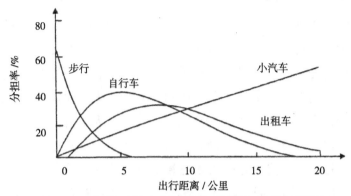

图 2-1　交通工具出行距离与分担率相关关系图

城市布局对出行量的大小、出行距离长短和空间分布是有明显影响的。购物中心和就业岗位集中区与居民居住区距离的远近，影响到出行的平均距离，也影响到居民对出租车的需求程度。

（4）城市交通基础设施和城市公交服务质量

城市道路交通网络、干道、停车场数量及交通枢纽等对出租车有直接影响，主要体现在三个方面：一是城市道路网密度越高，干道越多，道路面积越大，出租车的运行速度加快，服务面扩大，则出租车的需求量增加；二是城市内有许多弯弯曲曲的小街小巷，公交车难以到达，这部分居民在一定条件下将很有可能选择出租车作为代步工具；三是各运输枢纽布局相对不集中，转乘不方便，出租车可能成为换乘的首选方式。城市交通基础设施可用城市道路面积、人均城市道路面积、道路网密度等指标来衡量。

城市公交对出租车也有着直接的影响。一个城市在公交优先的政策导向下，公交路网密度越大，发车密度越大，车况越好，人们选择公交的概率就越大，选择出租车的概率就相对减小。一般认为，公交车运行速度低于 12.9 公里 / 时，将显著影响公交的吸引力。近年来，由于经济社会的迅速发展，各地市纷纷规划建设轨道交通，轨道交通的运营也将在很大程度上影响出租车行业的运力分配。城市公交服务质量可用实有公共汽（电）车营运车辆数、全年公共汽车客运总量、每万人拥有公共汽车等指标来衡量。

（5）城市人口的总量和构成

随着人类社会生产水平的提高和科学技术革命的发展，在世界范围内出现了一个不以人的意志为转移的，不可逆转的农村人口相对减少、城市人口相对增加，城市数量不断增多，社会生产力不断向城市转移和集中的过程。我国也不例外，100 万以上人口城市的非农业人口总数已占全国非农业人口的 52%，城市人口增长是城市交通需求增长的最直接原因。

城市人口由常住人口、暂住人口和流动人口构成，而暂住人口又分暂住时间较长者和暂住时间较短者。由于出租车的服务对象主要是中低收入者和外来暂住者，这使得不同人群选择出租车的概率也不同，因此在确定出租车拥有量时除了考虑人口总量以外，还需要考虑人口的构成。城市人口的总量和构成可用总人口、流动人口比等指标来量化。

（6）城市地理自然条件

城市的地理环境位置、地形和气候对人们选择交通方式的习惯和偏好会产生极大的影响，因而对出租车的需求也有一定影响，这主要表现在三个方面：一是天然阻隔在一定程度上影响了城市交通结构，使出租车需求受到一定影响，如长江分割的南京，由于长江大桥的交通压力大，出租车在江南、江北来往受到限制，影响了人们对出租车的需求；二是城市地形、地貌影响城市交通方式，在地势平坦的城市，人们选择自行车、步行作为出行方式概率大，选择出租车的概率相对小，如成都市，而在地势崎岖、不平坦的城市，选择出租车的概率就相对大一些，如重庆市；三是气候条件影响人们选择出行方式，在多雨、酷热、严寒等气候条件下，人们选择出租车的概率就相对大一些，因此，对出租车的需求相对增加。

（7）轿车保有量

我国城市的家用小轿车近几年逐渐增长，这些非社会化倾向的交通方式极大地影响出租车需求。改革开放后，我国汽车工业发展逐步由以生产载重汽车为主转变为生产小轿车。国家统计局官方网站数据显示，2005 年、2010 年、2015 年、2019 年，轿车年产量分别为 277.01 万辆、957.59 万辆、1162.97 万辆、1028.49 万辆，小轿车进口数量分别为 7.65 万辆、34.37 万辆、35.25 万辆、48.78 万辆；同期民用小型载客汽车拥有量分别为 1618.35 万辆、5498.36 万辆、13580.48 万辆、22069.74 万辆，其中私人小型载客汽车拥有量分别达 1079.78 万辆、4593.46 万辆、12432.26 万辆、20527.27 万辆。

（8）旅游吸引能力

随着经济水平的提高，人们外出对交通方式舒适性、安全性和便捷性的要求越来越高。而出租车舒适、安全、便捷的特点正好满足了这些外出乘客的需求。城市出租车交通在一些自然文化旅游资源丰富的城市凸显出了更大的作用。多数旅游者到一个陌生的城市以后，对当地的地理、住宿、景点、公交线路等许多情况并不熟悉，在经济条件允许的情况下，不可避免地把出租车列为自己首选的出行方式。旅游资源丰富的城市，其出租车每年承担的流动人口客运量占了出租车整个客运量的一半，而目前出租车承担的流动人口客运量呈明显的上升趋势。大量的游客为城市出租车市场提供了丰富的客源，因而对城市出租车的客运量发展有着较大的影响。旅游吸引能力可用旅游收入、旅游人数等指标来衡量。

（9）出租车运价与服务质量

出租车运价：运价水平直接影响乘客的出行成本，如果出租车出行成本过大，在收入既定的前提下，必会影响乘客对出行方式的选择。所以，当运价提高时，出租车客运需求就会相应减少；反之就会有一定的提高。

出租车服务质量：出租车的服务质量降低，乘客的不满意程度就大，一部分原来乘坐出租车的乘客就可能转向其他客运交通方式。

二、出租车运力供给定义及其影响因素

在微观经济学领域，商品供给的概念是指"在各种可能的价格水平下，商品生产者所愿意并且能够提供的该种产品的数量"，供给的产生需要满足两个条件：一是供给的意愿，二是供给的能力。很多学者将微观经济学中的供给理论引用到运输领域，认为运输供给是指"在各种可能的价格水平下，运输生产者愿意并且能够提供的运输产品的数量"。出租车作为城市居民实现空间移动的出行工具，认为可以将出租车供给概述为"在各种可能的价格条件下，出租车经营者愿意并且能够提供出租车运输服务的数量"。

但是在经济学中商品供给的假设前提是在各种约束条件充分的情况下，充分发挥市场机制的作用，而现实中一般经济产品的供给通常会受到成本、技术水平和价格等多因素的制约。在出租车市场中，出租车的供给服务也受到多方面的制约，一般经济产品的约束同样适用于出租车。如考虑城市道路交通和环境等方面的约束，出租车管理者对出租车市场实行价格上的管制和数量上的管制，在政府实行价格管制控制出租车需求的情况下，为了满足不同出租车运价下乘客选择出租车的出行需求，需要确定合适的城市出租车的

数量。出租车运力供给具有以下特征。

（1）运输产品的非贮存性

出租车的运输生产过程是通过运输工具使运输对象发生空间位置的变化，运输产品的生产和消费是同时进行的，也就是说，如果脱离了生产过程，运输产品无法存在。可见，出租车运输产品不能像大多数产品一样可以贮存起来，具有明显的非贮存性。

（2）时空差异性

出租车运输需求在时间和空间上呈现出一定的不平衡分布现象，直接导致运输供给在不同时间段和不同区域具有差异性，在城市出租车供给总量一定的情况下，白天营运的出租车数量要大于夜间，另外在出行频繁区域营运的车辆数也要大于其他地区。由此可见，出租车运输需求在时间和空间上存在一定的差异。

（3）政府控制供给总量

出租车的运输供给数量并不是完全由运输市场决定的，而是由政府在保证其提供服务的数量能够实现需求群体出行目的的前提下，充分考虑如何能够实现社会效益的最大化，对出租车的供给实施总量控制，力争达到社会效益最大化。

（4）相对稳定性

虽然出租车的运输需求与城市经济繁荣或萧条呈同方向变化，但是出租车的运力调控不存在强制性的退出机制，只是经营者从自身获利角度考虑是否退出。也就是说，当城市经济繁荣、出租车运输需求增加、现有运力规模不能满足出行需求时，行业管理部门会增加出租车的供给数量；相反，则不会强制性地减少出租车的供给数量。可见，出租车运输供给不存在高峰与低谷的悬殊变化，具有相对稳定的特性。

（5）部分可替代性

城市客运公共交通的运输供给由多种运输方式如公共汽车、轨道交通、出租车等多个运输供给者的生产能力构成。通常在实现运输对象空间位移的过程中，城市客运系统中的多种运输方式都能实现，因此，在一定程度上各种运输方式的运输供给与出租车的运输供给具有可替代性。然而，由于居民对运输服务的方便程度、经济性等具有要求，使得各种运输方式与出租车之间不能实现完全替代。

出租车运力供给的影响因素包括以下几点。

（1）政府行业管理政策

城市客运结构到底该如何划分，关键在于城市客运发展政策和政府行业管理政策导向，即是鼓励还是限制出租车的发展，这在很大程度上直接影响出租车的拥有量。政府在确定出租车拥有量时不能单纯地为了满足供需平衡，除了明确出租车行业现状和阶段定位以外，还应从可持续发展的角度出发，综合考虑城市交通的拥堵情况、道路资源与能源消耗以及环境问题等。

此外，政府的出租车行业管理政策还应考虑出租车行业的稳定性。各地方政府根据本地的实际情况制定出行业管理政策，对于规范出租车市场和行业的发展具有积极作用。具体的政策涉及牌照管理制度、价格水平管理、经营权投放模式、服务水平等。如20世纪90年代初，我国各大中城市均实行鼓励发展出租车的政策，出租车行业得到迅猛发展。而1995年后，许多大城市的出租车基本处于饱和状态，政府开始实行限制发展的政策，出租车的运力处于缓慢增加或暂停增长的状态。城市客运发展政策和政府行业管理政策可用私家车数量、公交车数量、出租车起步价格、每公里价格、单车日营收等指标来量化。

（2）社会经济发展水平

随着社会经济、生产力以及市场经济的进一步发展，人们的生活水平得到极大改善的同时，其市场意识和经济承受能力也得到很大提高，这为人们投资交通运输行业提供了动力和保障。出租车经营者绝大部分是自己筹资购买运营汽车和支付经营权使用费的。此外，由于生活水平的提高，人们支付能力增强，有更多的人能乘得起出租车。这一切都为出租车供给的增加提供了条件。

（3）运输成本

运输成本也是影响出租车供给的一个重要因素。运输成本高，经营者营利低，许多经营者就会退出市场，从而降低出租车的供给；反之，则出租车的供给就会增加。

（4）城市交通基础设施

城市交通基础设施的好坏决定了城市客运交通系统结构和体系特征，也影响到出租车的供给。城市道路状况良好，道路用地率大，交通顺畅，行车速度快，有足够的停车位及重要路段停车点等等，良好的城市交通设施，将会吸引更多的人进入出租车市场。

三、出租车运力供需影响因素相互作用机理分析

以上对各个影响出租车拥有量的因素进行了总结，其影响出租车运力规模的机理可用图 2-2 系统直观地表示。

城市性质和城市职能、旅游吸引能力、社会经济发展、人口构成主要是通过影响出行目的，从而影响出行强度和质量（其中社会经济发展水平还直接影响出行强度）；城市规模和城市布局、城市地理自然条件影响出行时间和出行距离；城市交通基础设施和公交服务质量则影响出行质量和出行时间。由于出行强度和人口总量决定了出行总量，而出行质量、出行时间、出行距离则决定了出行方式选择，从而决定了出租车需求量，最后以城市客运发展政策和出租车行业管理政策为导向来确定合适的出租车运力规模。

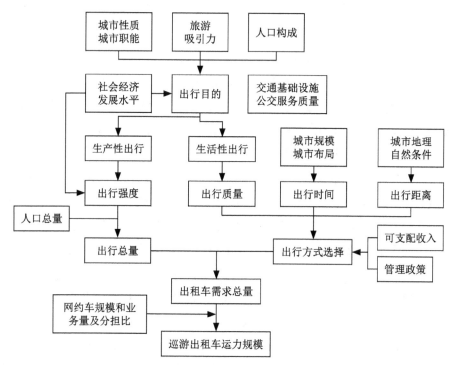

图 2-2　出租车运力规模影响因素机理分析

需要注意的是这些因素之间并不是独立的，而是相互影响、相互作用的，即在不同程度上具有一定的相关性，形成了一个复杂的关系网络。这里不再一一赘述各个因素之间如何作用与反作用。

四、出租车运力规模供需平衡特点分析

出租车供需平衡不仅仅是数量关系的对应，也应该是乘客利益与出租车供给方利益达到平衡的过程。同时，出租车的供给与需求是受到出租车内部因素和交通系统、社会经济环境等外部因素的共同作用，其市场供给和价格又是受政府管制的，此时的平衡关系会受到多种复杂因素的共同作用。在马克思的平衡理论中，市场的平衡稳定性是相对的，一般均衡理论中的稳定平衡状态是一种理想状态。出租车的供需平衡不仅仅是市场内部的平衡，还包括与市场外部的平衡。无论是市场内部的平衡，还是市场外部的平衡，都是相对的平衡状态。

因此，出租车市场供需平衡的状态应该是在政府调控下，出租车出行需求与出租车市场供给数量达到的相对平衡状态，此时的均衡状态应是出租车系统内部利益的平衡和出租车与其他交通出行方式的平衡。

（1）出租车系统内部供需平衡分析

如果局部地考虑出租车市场，在政府调控作用下，实现的出租车平衡状态应该是乘客出行需求与出租车市场供给相等时的状态，出租车市场的平衡状态同样也不是绝对的，而是相对的平衡状态。一方面，出租车市场的运价是由政府调控的，其运价通常可以认为与均衡价格是不相等的，这种情况下形成的出租车市场的均衡状态肯定不是绝对的均衡状态，而是认为比前一段时期更好的均衡状态。另一方面，出租车服务的质量本身也是一个相对的概念，并没有一个绝对的量化值。采用等候时间来表示出租车服务质量，其实不妥，因为对于每一辆出租车服务的消费，其等候时间是不一致的。而实际情况下，出租车服务质量其实只有好与不好之说。

在以上分析的基础上，出租车市场内部达到供需平衡的状态，应该是乘客选择出租车出行的利益和驾驶员利益共同达到满足时的状态。在一定的票价下，城市出租车数量越多，出租车出行服务的质量越高，乘客出行的效用（利益）则越高，但是驾驶员的利益会越低，城市出租车需求是一定的，城

市出租车驾驶员的收入会随着出租车数量的增加而降低；城市出租车数量越低，出租车出行服务的质量则越低，乘客出行的效用（利益）也越低，城市出租车则成了市场中的"稀缺资源"，出租车驾驶员的收益反而得到了提升。局部考虑出租车市场时，出租车行业管理者对城市出租车数量的投放实际上是在乘客的利益和出租车驾驶员利益共同作用下进行决策的。如图2-3所示，当城市出租车市场供给数量位于n1和n2之间时，乘客出行效用得到一定的满足，驾驶员的收益也得到一定的满足，此时则形成了出租车市场的相对均衡状态。当政府供给的出租车数量大于n1时，驾驶员的利益受到损失，驾驶员对市场供给的不满意度增加；当政府供给的出租车数量小于n2时，乘客选择出租车出行的质量较低，城市居民对出租车服务质量的不满意度则会增加。

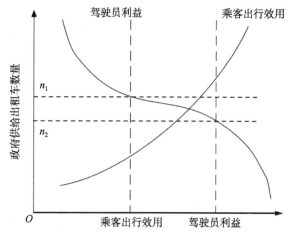

图2-3　乘客选择出租车出行效用、驾驶员利益与出租车数量的关系

（2）出租车在城市客运系统中的供需平衡分析

出租车属于城市客运交通的一部分，在分析出租车市场供需平衡状态时，同时需要考虑出租车与城市客运交通中其他交通出行方式的关系，即需要同时考虑出租车市场局部的利益和城市客运交通系统供给方与需求方的利益。简单地说，当出租车市场乘客和驾驶员利益达到平衡状态时，城市居民选择公共交通出行和私人小汽车等交通出行方式的效用也需要达到一定的平衡，出租车出行需求与市场供给的局部平衡需要符合城市客运交通系统的平衡。一段时期内，其他条件不变的情况下，城市出租车数量过多，不仅会促

进其他交通出行方式需求量的转移，而且会过多地占用城市道路的公共资源，形成城市居民出行的不公平性；城市出租车数量过少，城市公共交通系统供给不能与出行需求形成平衡状态，导致城市客运交通系统供给与需求的不平衡。因此，城市出租车数量的确定，不仅是出租车出行需求与供给数量的平衡，而且是城市客运交通系统的平衡。

第四节　宁波市区出租车运力规模研究

一、宁波市区出租车行业供需发展现状

（一）巡游车情况

宁波市 2020 年拥有巡游出租车 6244 辆，较 2006 年底的 4689 辆，14 年内增加了 1555 辆，年均增长率为 2.07%。近 10 年间各县（市）巡游车数量除象山有明显增长（年均增长率为 7.12%）外，其他县（市）均无明显变化，尤其是慈溪、奉化、宁海等地区多年内没有增加巡游出租车，如表 2.4.1 所示。

表 2-2　宁波市辖区及各县（市）巡游出租车保有量

单位：辆

年份	市区	余姚	慈溪	奉化	宁海	象山	总计
2006	3309	370	435	200	278	97	4689
2010	3851	370	605	200	278	177	5381
2015	4427	370	605	200	278	177	6057
2019	4627	357	607	200	278	252	6321
2020	4557	357	598	200	278	254	6244

由表 2-2 可以看出，截至 2020 年年底，宁波市的巡游汽车品牌主要是桑塔纳、大众和北京现代，达 90% 以上，可见宁波市的出租车定位为"中档需求型"，基本没有"豪华享受型"和"基本公交型"。

表 2-3　2020 年宁波市区及各县（市）巡游车车型数量

单位：辆

区域	北京现代	吉利	捷达	比亚迪	长安	桑塔纳	大众	其他车型		合计
								排量1.9L以上	排量1.9L以下	
市区	905	210	14	80	562	1314	1284	—	188	4557
余姚	—	—	4	—	12	—	341			357
慈溪				5	12	9	562			598
奉化	—	—	—	—	1	6	193		0	200
宁海	—	—	2	2	1	—	273		0	278
象山	—	—	—	—	—	21	191	—	42	254

（二）网约车情况

截至 2020 年年底，宁波全市许可网约车平台共有 19 家，分别是滴滴、曹操、首汽、神州、易到、斑马出行、先锋智道、万顺叫车、网路、上海路团、杭州恒胜科技、昆明智盛易联、享道出行、阳光出行、T3 出行、逸乘、添猫出行、旅程约车、及时用车。

2020 年底，许可网约车总数达到 18074 辆，其中滴滴 16089 辆、曹操 813 辆、享道出行 560 辆、T3 出行 500 辆、首汽 41 辆、神州 30 辆、其他平台 41 辆。2017—2020 年宁波市许可网约车数量以及平台情况如下表 2.4.3。

表 2-4　2017—2020 年宁波市许可网约车数量主要平台

单位：辆

年份	滴滴	曹操	神州	首汽	其他	合计
2017	634	436	30	—	—	1100
2018	4873	700	30	—	7	5610
2019	14544	912	67	150	123	15796
2020	16089	813	30	41	1101	18074

二、宁波市区出租车运力规模影响因素数据调查分析

1. 城市性质和城市职能

国务院批准实施的长三角区域规划中将宁波城市定位为先进制造业基地、现代物流基地、我国东南沿海重要的港口城市、长江三角洲南翼经济中心、国家历史文化名城。其主要职能为：东北亚航运中心深水枢纽港；华东地区重要的先进制造业基地、现代物流中心和交通枢纽；长江三角洲南翼重要的对外贸易口岸；浙江省对外开放窗口和高教、科研副中心；东南沿海重要风景旅游城市。

2. 社会经济发展水平

2019年，宁波市实现地区生产总值（GDP）11985亿元，按可比价格计算，比2018年增长6.8%。产业结构方面：2019年，全市第一产业增加值322亿元，增长2.3%；第二产业增加值5783亿元，增长6.2%；第三产业增加值5880亿元，增长7.6%。三次产业之比为2.7:48.2:49.1。2019年，宁波居民人均消费支出达到33944元，同比增长5.4%。其中，城镇居民人均消费支出达到38274元，增长4.3%；农村居民人均消费支出达到22797元，增长7.3%。从八大类人均消费支出看，呈现"七升一降"态势。其中，食品烟酒支出为9486元，占消费支出比重为27.9%，占比最大；教育文化娱乐和医疗保健消费支出增长较快，人均分别为4016元和2151元，同比分别增长12.9%和10.9%；居住、其他用品和服务消费支出平稳增长，人均分别为8501元和851元，同比分别增长7.9%和7.6%；食品烟酒、衣着、生活用品及服务消费支出小幅增长，人均分别为9486元、2079元和1778元，同比分别增长3.7%、2.5%和2.5%；交通通信消费支出有所下降，人均5082元，同比下降0.7%。

3. 城市规模和城市布局

截至2019年，宁波市辖6个区（奉化是新区）、2个县、代管2个县级市，75个镇、10个乡、69个街道、704个社区和2519个村。宁波市拥有宁波杭州湾新区、宁波保税区、大榭开发区、宁波国家高新区、东钱湖旅游度假区、梅山保税港区、宁波石化经济技术开发区、宁波临空经济示范区8个行政管理区。

三江片近期重点向东发展，中远期随着杭州湾跨海大桥建成和庄桥机

场外迁，重点发展北部，适度发展西部和南部，镇海片、北仑片沿海岸线发展。中心城的城市功能由各片区组成，其中三江片是全市的政治和文化中心，以及金融、商贸、信息、科技、教育、旅游基地，以三产和生活居住用地为主，适当发展高科技或无污染的工业；北仑片是东北亚航运中心深水枢纽港，东南沿海以大型临港工业和出口加工工业为主的先进制造业基地，区域性现代物流中心和现代化滨海新城区；镇海片作为近海物资中转基地，大型临港工业区和滨海、滨江的现代化生活区。

空间结构和用地布局：规划中心城呈"两带三片双心"组团式的结构。两带即滨海布置产业带，沿三江安排生活带；三片即三江片、镇海片、北仑片，各片相对独立兼以生态绿地作隔离，以快速交通相连接，以保持良好的城市生态环境；双心即三江片三江口中心和东部新城中心。三江片以余姚江、奉化江、甬江为发展轴，形成以三江口为商业中心、东部地区为行政商务中心的双核空间结构。依江形成以水和绿地为主的生态轴，梯度配置公建、居住、交通用地，呈层状发展态势。城市的三圈环线构成三江片的交通骨架，内环以内以古城保护和旧城改造为主，中环以内发展第三产业及生活居住为主，外环与中环之间发展无污染的城市工业及生活居住区。

北仑片形成中片区、东片区、西片区和大榭岛"三区一岛"组团式布局，各片区以生态带、海岸线相分隔，以便捷的交通体系相联系。北仑片规划期内重点建设三片区北部滨海地带及大榭岛。穿山半岛南岸及梅山岛作为生态发展地区，适宜发展生态型建设项目。

镇海片用地布局由居住和工业两大部分组成，其中滨江为居住生活用地；工业用地由后海塘工业区、镇海经济技术开发区及宁波市化工区组成；居住用地和工业用地之间以防护绿带作为隔离。

4. 城市人口的总量和构成

截至 2019 年末，全市拥有户籍人口 608.5 万人，常住人口 854.2 万，城镇人口占总人口的比重（即城镇化率）为 73.6%，其中市区常住人口 404 万人，拥有户籍人口 253 万人。全年出生 49464 人，其中男性 25772 人，男女性别比为 109：100。人口出生率为 8.17‰，自然增长率为 2.14‰，连续 22 年低于 5‰。

根据宁波市公安局编制发布的《2019 年度宁波市流动人口年报数据质量

分析报告》，截至 2019 年 6 月 30 日，全市登记在册流动人口 480.37 万人，同比增加 11.27 万人，增幅为 2.4%。

5. 城市交通基础设施和城市公交服务质量

根据国家发改委发改投资〔2008〕2097 号文批复，规划 2008—2015 年，先后建成轨道交通 1 号线一期、2 号线一期、1 号线二期工程，至 2015 年形成轨道交通"十"字骨架，线路总长 72.1 公里，覆盖全市六个区，并衔接栎社机场、火车南站及段塘客运站等宁波城区对外的主要交通枢纽。根据国家发改委发改基础〔2013〕2178 号文批复，规划 2013—2020 年，将先后建设轨道交通 3 号线一期、2 号线二期、4 号线、5 号线一期、3 号线二期工程，线路总长 100.1 公里。争取到 2020 年基本形成城市轨道交通网络，通达全市六个区，覆盖"两带三片双心"，连接火车站、机场、主要客运场站等交通枢纽及城市主要活动中心、居住区、高新技术开发区、文教区、旅游区等。根据国家发展改革委发改基础〔2020〕1899 号文批复，规划 2021—2026 年，将先后建设轨道交通 6 号线一期、7 号线、8 号线一期、1 号线西延、4 号线延伸等 5 个项目，总里程约 106.5 公里。

截至 2019 年末，全市共有公交运营车辆 10106 标台，同比下降 2.1%；运营线路 1153 条，下降 7.8%。2019 年轨道交通完成客运量 1.67 亿人次，增长 46.1%。年末全市共有公共自行车 4.2 万辆。

6. 城市地理自然条件

宁波地处我国海岸线中段，长江三角洲南翼，东有舟山群岛为天然屏障，北濒杭州湾，西接绍兴市的嵊州、新昌、上虞，南临三门湾，并与台州的三门、天台相连。宁波市陆域总面积 9816 平方公里（统计年鉴公布的陆域面积是以 0 米等深线起算），其中市区面积为 3730 平方公里。全市海域总面积为 8355.8 平方公里，海岸线总长为 1594.4 公里，约占全省海岸线的 24%。全市共有大小岛屿 614 个，面积 255.9 平方公里。其中位于北仑区的宁波舟山港是我国最重要的港口之一。

7. 旅游吸引能力

2019 年，全市实现旅游总收入 2330.9 亿元，比上年增长 16.2%。其中，接待国内游客 1.4 亿人次，增长 12.2%；实现国内旅游收入 2303.1 亿元，增长 16.4%。住宿设施接待入境过夜游客 76.2 万人次，实现入境旅游收入 4.0

亿美元。2019年末全市共有星级酒店102家，其中五星级21家；共有4A级以上景区34处，其中5A级2处。宁海县成功创建成为首批国家全域旅游示范区。

8. 城市交通状况和行业运营效益

据市公安局交通警察局通报，截至2019年年底，宁波汽车保有量已达277万辆，位列全省第一位、全国第15位。根据高德地图发布的2019年度中国主要城市"交通健康指数"榜，宁波交通健康指数为66.5%，在同类城市中位列第二。2019年，全市巡游车日均业务量18.87万笔，市区巡游车日均业务量11.19万笔，市区巡游车单车日均营收633元，单车日均业务量26.1笔，单车日均营运里程168公里，有效里程利用率58.03%。单车日均工作时长9.6小时，单车日均载客时长5.6小时。宁波市网约车日均业务量25.68万笔，全市合规网约车单车日均营收378元，合规网约车单车日均业务量19单，单车日均工作时长为8.08小时，单车日均载客时长4.52小时，单车日均营运里程122公里。

9. 出租车运价

根据宁波市物价局、宁波市交通委文件，客运巡游汽车起步价为3公里11元，超过起步里程后每公里为2.4元。网约车普通时段（非早、晚高峰时段）起步价8.8元（包含里程3.3公里，时长3分钟），里程费平均每公里2.14元（0:00—06:30为每公里3元），时长费每分钟0.4元，远途费每公里0.2元；早、晚高峰时段起步价9.3元，里程费平均每公里2.25元（包含里程3.3公里，时长3分钟），时长费每分钟0.45元，远途费（超过10公里加收）每公里0.2元。

三、宁波市区出租车运力规模评价

出租车市场的供需状况是一个非常复杂的状态。首先，出租车市场的需求是弹性的。它不仅取决于城市人口规模、经济社会发展水平，还与城市公共交通发展状况、私人交通发展状况、道路交通状况以及出租车运价水平等有密切关系，而且在不同时段和不同时间的需求是不均衡的。每天的上下班高峰期需求很大，而平峰时段的需求又小很多。每逢节假日或大型商务、文化活动期间的需求又会很大。其次，出租车运输的供给能力不仅取决于出租车数量，还与城市道路交通状况有密切关系。由于出租车的道路使用强度很大，在不限制社会车辆的情况下，出租车投放过多会加剧道路交通拥堵，从而降低出租车的运输供给能力。因此，国内外绝大部分城市特别是大中型以上城市均对出租车数量实行严格的管制。如何调控出租车运力规模成为决定出租车市场供需平衡的关键。早期判断出租车供需状况的方法主要根据人均拥有出租车的比例。随后，英国、澳大利亚等国先后提出了乘客候车时间、电话叫车回应时间等评估方法。为构建一个更加符合宁波实际的出租车数量管制模式，先要对世界各国目前采取的主要评估方法进行一个简要述评。

1. 万人出租车拥有率

万人出租车拥有率是指城市每万人拥有的出租车数量。它是最早用于评价出租车供需状况的数量管制方式，我国《城市道路交通规划设计规范》也对城市出租车拥有量做出最低标准，规定大城市每万人不少于 20 辆，小城市每万人不少于 5 辆，中等城市可在这个区间取值。这种方法的优点是能够直接反映城市出租车数量与人口规模的关系，但在实际操作中存在严重缺陷。一是出租车数量不是简单地取决于城市人口规模，还与城市经济社会发展水平、公共交通发展水平、城市性质与地位、出租车运价、道路拥堵情况等很多因素密切相关。比如，城镇居民的人均可支配收入高，消费能力强，出租车出行比例就高，出租车需求就大；如果一个城市的公共交通发达，居民出行方便，出租车出行比例就低，出租车需求就小；如果一个城市是商贸旅游城市、经济文化中心等，它的流动人口多，出租车需求就大；如果一个城市的出租车价格相对比较便宜，出租车出行比例就高，出租车需求就大；如果一个城市的道路交通非常拥堵，即使出租车需求很大，在不限制其他社会车辆的情况下也不可能投放更多的出租车。二是这种方法无法提供可供决策的标准，因为，不同城市的情况不同，其出租车万人拥有率不具有可比性。因此，随着时代的发展，这一指标几乎没有应用价值。

2. 乘客候车时间

乘客候车时间是指乘客等候出租车所需要的时间。它是出租车满足乘客打车需求最直接的反映，因此被世界各国广泛应用。从 20 世纪 70 年代开始，道格拉斯（1972）研究出租车市场供需模型时，就已经将乘客候车时间作为消费者需求的代表性变量与供给方面联系在一起。此后，在研究出租车管制效应或者供需平衡问题时，乘客候车时间也一直作为一个关键变量。但随着城市交通拥堵问题的日益严重，尤其在高峰时段乘客候车时间不仅仅决定于所供给的出租车数量，还与道路拥堵状况有直接关系。因此，乘客候车时间单一指标已经无法准确、客观地判断出租车供求状况，必须综合其他指标共同使用。随着网约车的出现，发送订单到成功预约这段时间也可作为参考指标。其计算公式为：

$$平均等车时间 = \frac{\sum 等车时间}{总候车次数}$$

3. 有效里程利用率

有效里程利用率是指出租车运营期间有效载客的里程占总运营里程的百分比。这是从出租车使用效率角度对出租车供需状况进行评价的一种方法。由于该指标比较直观且易于监测，因而也被世界各国广泛采用。但同样由于道路交通拥堵原因，有效里程利用率不能完全评价出租车供需状况。比如，像宁波、杭州、苏州、上海等很多经济发达的大中城市，尽管实际监测的有效里程利用率在60%左右，甚至更低，但出租车乘客仍普遍反映打车困难，尤其是高峰期。因此，必须与其他指标共同使用来综合评价出租车供需状况。其计算公式为：

$$里程利用率 = \frac{运营载客里程}{总行驶里程} \times 100\%$$

4. 运力评价模型与指标权重

（1）评价模型

设待评估对象集为 $Q = (P_1, P_2 ... P_n)$，令 A_i 为指标 X_i（$i=1, 2, 3$）的权重，X_{ij} 为第 j 个评估对象对应于指标 X_i 值的功效系数值（$i=1, 2, 3$；$j=1, 2, 3, n$）。则第 k 个评估对象的出租车运力规模综合评价指数为：

$$R_k = \sum_{i=1}^{3} A_i X_k$$

根据功效系数评价法，当 R_k 的值为（0，0.6］时，可以认定评估对象为差；当 R_k 的值为（0.6，0.8］时，可以认定评估对象为中；当 R_k 值为（0.8，1］时，可以认定评估对象为好。

（2）指标权重

乘客平均等车时间反映了出租车的运行质量，在一定程度上直接决定着出租车出行的需求，在3个指标中尤为重要；出租车的里程利用率是评价出租车经营效益和反映出租车服务质量的重要度量指标，重要程度次于乘客平均等车时间。目前，我国公共交通出行系统尚不成熟，满足需求依然是实现社会效益最大化的关键，道路网密度、城市出租车的万人拥有量虽是出租车交通服务的基本条件，但重要程度较弱。因此，3项指标权重设定为Al:A2:A3=1:6:3，具体评价功效系数见表2-5。

表2-5 出租车运力规模综合评价功效系数

指标	权重	指标值	功效系数
万人出租车拥有量	0.1	0~10	0.5
		10~20	0.7
		20~30	1
		30~40	0.7
		> 40	0.5
乘客候车时间	0.6	< 2.5	1
		2.5~5	0.8
		5~7.5	0.7
		7.5~10	0.6
		> 10	0.5
有效里程利用率	0.3	> 0.8	1
		0.7~0.8	0.7
		< 0.7	0.5

5. 宁波市出租车运力规模评价

根据宁波市出租车动态监测报告以及调查显示，在功效系数评价法中，出租车万人拥有量、乘客等车时间、有效里程利用率如表2-6所示。

表2-6　宁波市出租车运力规模评价指标数据

指标	出租车万人拥有量（辆／万人）	乘客等车时间（分钟）	里程利用率
指标值	11.5	3.8	0.55
功效系数	0.7	0.8	0.5
权重	0.1	0.6	0.3

根据公式，宁波市出租车运力规模评价指标 Ri 为：

$$R_k = \sum_{i=1}^{3} A_i X_k = 0.1 \times 0.7 + 0.6 \times 0.8 + 0.3 \times 0.5 = 0.7$$

由此可见，宁波市的出租车运力规模综合评价指标为0.7，小于0.8，营运效果一般，万人拥有量偏少，可能会造成出租车供给小于需求的情况，影响出租车的营运，其他指标数据一般，这表明宁波市出租车运力规模与理想水平存在一定的差距，有待优化。

四、宁波市区出租车运力规模预测

对出租车行业来说，出租车的总量规模及其控制是十分重要的问题，也是急需解决的问题，它的实施对于出租车行业的资源优化配置、城市公共交通体系的协调发展等有着非常重要的意义。此处主要针对这个问题，对宁波市在未来几年的运力规模进行分析与建模，提供运力规模动态调整方法以及调控实施方案。

1. 宁波市出租车运力规模发展趋势分析

出租车作为社会经济发展的产物，随着社会经济和城市的发展而不断发展，作为客运交通方式中不可缺少的一种方式，它有其自身的发展规律。实践证明，不管对出租车发展是采取鼓励还是适当限制政策，由于城市规模和出租车本身的经营效益所限，城市出租车的发展有一个极限，极限值的大小与特定城市的性质、人口总量和构成、城市经济发展水平、产业结构特点以及城市客运交通发展政策密切相关。对一些城市出租车拥有量的增长趋势和特点进行的分析表明，城市出租车的发展基本符合"成长"规律，即要经历一个出现、发展、成熟（饱和）的过程，即呈现 S 曲线状，如图 2-4 所示。

图中 Y 表示一个城市出租车数量，t 表示年份，t_1、t_2 为出租车发展的两个转折点，t_1 之前是出租车开始发展的阶段，称为初始期，t_1、t_2 之间是出租车快速发展的阶段，称为成长期，t_2 之后是出租车稳定缓慢增长阶段，称为成熟期。

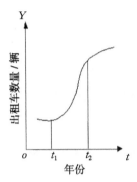

图 2-4　出租车发展规律

表 2-7　宁波市区巡游车历年统计值

单位：辆

年份	2001	2002	2003	2004	2005	2006	2007	2008	2009	2010
巡游车数量	2711	2961	2961	3311	3311	3551	3551	3551	3551	3851
年份	2011	2012	2013	2014	2015	2016	2017	2018	2019	2020
巡游车数量	3851	4101	4427	4427	4427	4427	4577	4577	4627	4577

表 2-8　宁波市合规网约车历年统计值

单位：辆

年份	2017	2018	2019	2020
全市合规网约车数量	1100	5610	15796	18074
市五区合规网约车数量	1028	4717	13102	13266

根据表 2-7 和表 2-8，2001 年，宁波市区出租车经营权开始采用服务质量招投标形式配置给企业。2001 年至今，营运权通过服务质量招投标形式配置给企业的车辆数共计 1716 辆。由于宁波市对巡游汽车总量进行了人为的控制，使得巡游车总量呈稳定趋势，发展缓慢，合规网约车仍在逐年增长。结合"成长"曲线，宁波市区出租车发展基本处于成熟期，其他各区（县）基本处于成长期末期。

2. 宁波市出租车发展规模计算思路

宁波市出租车发展规模预测是在前面已有的调查分析的基础上，结合已有的宁波市综合交通规划、公共交通规划研究成果进行的。预测方法采用宏观与微观预测相结合、定性与定量分析相结合、常规方法与数学模型相结合的多种组合预测方法，具体预测思路如图 2-5 所示。

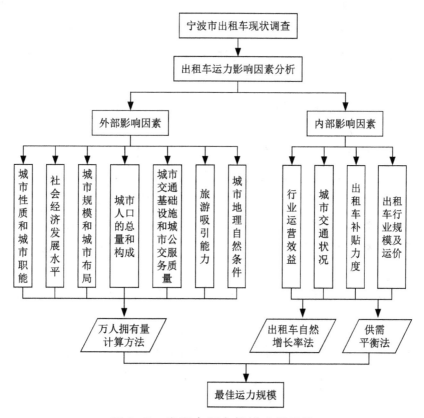

图 2-5　出租车运力规模建模思路

3. 供需平衡法

考虑根据实际的出租车运输需求来确定出租车总量供给，以城市居民的客观出行需求和合理化客运结构为基本出发点，最大限度地满足居民出行对出租车的需要，拟定其合理可行的运力规模。出租车的运输需求与供给是一对相互联系、不可分割的概念，若供大于求，则道路上就会出现大量的空驶车，造成道路资源浪费，车辆利用率低，甚至造成出租车行业的不稳定；若供小于求，则会产生打车困难的情况，给出租车乘客造成不便，也违背了出租车给乘客带来方便的宗旨。因此，根据实际的出租车运输需求来确定出租车总量供给是十分重要的。

供需平衡法是从出租车所完成的城市居民和流动人口出行周转量入手，并结合出租车空驶率，对城市出租车拥有量进行计算的方法。

下面详细分析计算出租车拥有量的推导过程。在分析计算过程中，对以下概念进行定义。

有效行驶：将出租车载客时的行驶状态称为有效行驶，相应的行驶里程称为有效行驶里程。

无效行驶：将出租车在未载客时的行驶状态称为无效行驶，相应的行驶里程称为无效行驶里程。

行驶总里程：一天中有效行驶里程与无效行驶里程之和。

平均运营速度：出租车全天行驶总里程与运营时间之比，平均运营速度与出租车行驶速度以及司机等客、休息时间的长短有关。

出租车平均空驶率：一天中无效行驶里程与行驶总里程之比称为空驶率。

平均有效车次载客人数：出租车在运营中，平均每次有效行驶时所运载的乘客数。

出租车承担的城市居民出行周转量可用下式计算：

$$W_1 = R_1 \cdot A_1 \cdot P_1 \cdot D_1 \tag{1}$$

式中，W_1——出租车承担的城市居民出行周转量（万人·公里）；

R_1——城市居民人口总量（万人）；

A_1——城市居民人均日出行次数；

P_1——城市居民出行方式结构中出租车所占的比例；

D_1——城市居民平均出租车方式出行距离（公里）。

出租车承担的流动人口出行周转量可用下式计算：

$$W_2 = R_2 \cdot A_2 \cdot P_2 \cdot D_2 \tag{2}$$

式中，W_2—出租车承担的流动人口出行周转量（万人·公里）；

　　　R_2—流动人口总量（万人）；

　　　A_2—流动人口人均日出行次数；

　　　P_2—流动人口出行方式结构中出租车所占的比例；

　　　D_2—流动人口平均出租车方式出行距离（公里）。

考虑到出租车在运营过程中，每次有效行驶所运载的乘客数不同。为完成客运需求，全市出租车所必须的总有效行驶里程可用下式计算：

$$L_{有} = \frac{W_1}{S_1} + \frac{W_2}{S_2} \tag{3}$$

式中，$L_{有}$—全市出租车总有效行驶里程（万公里）；

　　　S_1—城市居民乘坐出租车时平均有效车次载客人数（人）；

　　　S_2—流动人口乘坐出租车时平均有效车次载客人数（人）。

根据所定义的空驶率，其计算公式为：

$$K = 1 - \frac{L_{有}}{T \cdot V \cdot N} \tag{4}$$

式中，K—空驶率；

　　　T——一天当中出租车平均运营时间（小时）；

　　　V—出租车平均运营车速（公里/小时）；

　　　N—城市出租车总量。

将（4）变换，得到城市出租车总量计算公式为：

$$N = \frac{L_{有}}{(1-K) \cdot T \cdot V} \tag{5}$$

另外，在对宁波市的出租车运营状况进行调查时发现，城市中的出租车并不都处于运营状态中，有 8% 的出租车出于年检、修理、接受处罚或司机个人情况等原因而没有投入运营。考虑到一定的弹性，认为一个城市中一般有 10% 左右的出租车未投入运营。因此，城市出租车拥有量应为：

$$N = \frac{L_{有}}{T \cdot (1-K) \cdot V \cdot 0.9} \tag{6}$$

计算步骤如下：

（1）出租车承担日均出行周转量计算

出租车承担日均出行周转量 = 常住和流动人口（2025年）× 出租车方式出行的距离 × 出租车占机动化分担比 = 533万人 ×1.8人次 ×6.65公里 ×10% = 638万人·公里

（2）出租车总有效里程计算

出租车总有效里程 = 出租车承担的出行周转量 / 平均有效车次载客人数 = 638万人 × 公里 ÷1.8人次 = 354.4万公里

（3）出租车运力规模计算

空驶率（50%）= 1- 0.85 × 有效行驶里程 ÷ [一天当中出租车平均运营时间（9小时）× 出租车平均运营速度（28公里 / 小时）× 城市出租车总量]

其中，早上6点30分到晚上19点30分的出租车客运量占一天出租车客运量的百分比取值为0.85；考虑到一定的弹性，认为一般有10%的出租车未投入运营，修正后的出租车运力规模 = 城市出租车总量 ×0.9。

计算得到2025年出租车运力规模为26564辆，考虑到2020年有市区巡游车4557辆，以及市区网约车13266辆，故2025年宁波市区出租车（包括巡游车以及合规网约车）需求增量为8741辆。

4. 出租车自然增长率

2020年市区巡游车数量（4557辆）× [1+ 市区历年平均增长率（2.31%）]^5=5108辆。计算得到，2025年宁波市区巡游出租车需求增量为551辆。

5. 万人拥有量计算

根据宁波市每万人所拥有的出租车数量，结合其层次划分以及人口发展规划，得出宁波市未来几年出租车运力发展预测值。

据相关部门统计，目前，北京出租车万人拥有量的平均水平为31辆 / 万人，国内部分城市出租车万人拥有量如表 2-9 所示，部分城市出租车相对拥有量如图 2-6 所示。

表2-9 国内部分城市出租车相对拥有量（2015年数据）

城市	车辆（万辆）	人口（万人）	万人拥有量（辆/万人）	份子钱（元/月）	起步价
北京	6.60	2114.80	31.20	单班5175 双班8280	3公里13元， 每公里运价2.3元
上海	5.06	2425.68	20.86	8200	3公里14元， 每公里运价2.4元
广州	2.18	1308.05	16.67	约5300~5500	2.5公里10元， 每公里运价2.6元
成都	1.77	1442.80	12.26	约9000~10500	2公里8元， 每公里运价1.9元
深圳	1.60	1077.89	14.84	关外8530 关内11743	2公里10元， 每公里运价2.4元
武汉	1.50	1033.80	14.51	7000	3公里10元， 每公里运价1.8元
南京	1.24	821.61	15.13	约7000~9000	3公里9元， 每公里运价2.4元
西安	1.23	846.78	14.54	8800	3公里10元， 每公里运价2元
郑州	1.06	919.10	11.54	约4500~6000	2公里8元， 每公里运价1.5元
杭州	1.00	884.40	14.54	约7000~9000	3公里11元， 每公里运价2.5元
济南	0.85	694.96	12.29	4218	3公里9元， 每公里运价1.6元
太原	0.83	429.89	19.29	4000~6000	3公里8元， 每公里运价1.6元
长沙	0.78	731.15	10.64	5300~5800	2公里8元， 每公里运价2元
昆明	0.77	726.30	10.59	6000	2公里8元， 每公里运价1.8元
东莞	0.77	831.66	9.25	6330	3公里7元， 每公里运价2.4元

续表

城市	车辆（万辆）	人口（万人）	万人拥有量（辆/万人）	份子钱（元/月）	起步价
兰州	0.72	362.09	19.75	3945	3公里10元，每公里运价1.4元
南宁	0.67	729.66	9.21	5400~6000	2公里9元，每公里运价2元
石家庄	0.67	462.00	14.52	4500	3公里8元，每公里运价1.6元
福州	0.63	734.00	8.64	7000~8000	3公里10元，每公里运价2元
南昌	0.55	524.02	10.41	6900	2公里8元，每公里运价2.1元
宁波市区	0.44	244.13	18.13	白班4050 晚班4350	3公里11元，每公里运价2.4元
宁波市域	0.61	556.36	10.89	县市不同	县市运价不同

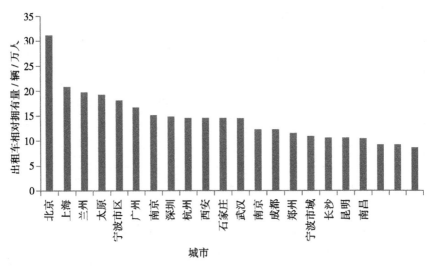

图2-6 国内部分城市出租车相对拥有量

表 2-10 宁波市五区历年出租车万人拥有量

年份	2015	2016	2017	2018	2019
出租车数量（辆）	4427	4427	4577	4577	4627
市区常住人口（万人）	358.3	361.2	368.0	382.2	404.0
万人拥有量（辆/万人）	12.4	12.3	12.4	12.0	11.5

城市出租车拥有总量除了与城市人口总量直接相关以外，还与城市商贸、旅游、文化交流等活动以及城市规模、经济水平等主要影响因素密切相关。宁波是长江三角洲重要的经济中心之一，是中国经济最发达的城市之一，2015 年国内生产总值 GDP 年均增长 8.3%，人均 GDP 首次跃上 1.55 万美元，财政总收入突破 2000 亿元，其中上缴中央财政突破 1000 亿元，居全国副省级城市第 3 位，一般公共预算收入突破 1000 亿元，年均增长 13.6%，此外，宁波还是我国国家级历史文化名城和重要的风景旅游城市。结合这些特点，并与相关城市比较，确定宁波市出租车万人拥有量分别为近期 20 辆/万人，中期 25 辆/万人，远期 30 辆/万人，得出不同时期的宁波市出租车运力规模大小，见表 2-11。

具体计算过程以 2025 年为例：

（1）2025 年宁波市区常住人口计算

2025 年宁波市区常住人口 =2019 年市区人口（404 万人）× [（1+ 历年平均增长率（2.14%）]^6= 458.7 万人。

（2）出租车运力规模计算

出租车动力规模 =2025 年宁波市区常住人口 × 出租车万人拥有量（20 辆）= 9194 辆。

计算得到，2025 年宁波市区需求增量为 4637 辆。

表 2-11 宁波市 2025 年出租车预测值

年份	2025		
指标	万人拥有辆（辆/万人）	人口（万人）	运力规模（辆）
	20	458.7	9194

备注：万人拥有量的数据一般针对巡游车，所以这里只得到巡游车的最少数量要求，但没有包含网约车。

6. 综合估计

以上采用几种方法估算了宁波市出租车运力的发展。由于各种方法的局限性，使得其三种方法估算的结果存在一些差异。为了更全面地反映出租车的未来变化，通过对三种方法的特点进行分析，最后进行综合评价。

供需平衡法从宁波市实际客运需求出发，所用参数均为最新调查结果，预测结果相对准确些；自然增长率法和万人拥有量计算方法从宏观上揭示了在一定经济条件和交通结构条件下人们对出租车按一定比例的需求，但未来经济发展和交通结构具有不可控性，其结果的准确性相对差些。

综合以上考虑，通过分别采取供需平衡法、出租车自然增长法、万人拥有量法对宁波市 2025 年出租车具体需求规模进行测算，三种方法权重分别为 0.5、0.3、0.2，得出宁波市区巡游车需求增量约为 2186 辆，网约车需求增量约为 6555 辆。为维护宁波市区出租车行业健康稳定发展，可依据运力"总量控制、适度从紧"原则，根据实际情况适量投放运力。

五、宁波市区出租车运力规模的调控方法

出租车运力规模的合理性，直接影响到出租车行业的经营状况与发展前景。如果出租车运力规模太小，空载率随之降低，出租车经营企业和经营者的经济效益增加，但也增加了乘客的"打的"难度。反之，如果出租车运力规模过大，空载率也较高，乘客"打的"方便了，但出租车经营企业和经营者的经济效益也降低了。因此，对出租车运力规模动态调整是至关重要的。

1. 宁波市运力规模调整与投放流程

调整出租车运力规模，是一个多因素的综合考虑，不适宜用单一标准进行调整，为优化运力规模并准确测算宁波市运力规模，采用权重大小排序的方法对运力规模进行动态调整。此外，城市出租车出行供需平衡是动态变化的，监管部门有必要定期监测现有出租车运力的供需平衡状态和行业稳定情况，并根据监测结果进行运力调控决策，通过监测—调控决策—再监测—再调控决策的不断调节来实现出租车市场需求与运力供给的平衡。因此，基于模型结果分析和调控指标体系权重，设计了出租车运力规模动态调整机制。

（1）定期采集出租车监测数据，包括外部影响因素，即城市性质和城市职能、社会经济发展水平、城市和人口规模、第三产业比重、公共交通总长

度及营运数量、机动车保有量和企业规模化程度；内部因素，即行业营运效益，包括出租车营运数据、空驶率、里程利用率、网约车业务量，以及补贴力度、故障率、道路拥堵指数等。

（2）根据万人拥有率法、供需平衡法、自然增长率等计算方法，计算出租车运力规模的初始范围，并根据各个方法的权重，确定出租车运力规模的初值。

（3）根据万人拥有量指标阈值判定是否满足要求，若满足则进行下一步操作；否则，重新调整出租车运力规模的初值。

（4）根据出租车在公共交通结构分担比指标阈值判定是否满足要求，若满足则进行下一步；否则，重新调整出租车运力规模的初值。

（5）根据出租车与网约车业务合理分担比指标阈值判定是否满足要求，若满足则进行下一步；否则，重新调整出租车运力规模的初值。

（6）根据乘客等待时间指标阈值判定是否满足要求，若满足则进行下一步；否则，重新调整出租车运力规模的初值。

（7）根据决策树归纳阈值方案关键性指标阈值判定是否满足要求，若满足则进行下一步；否则，重新调整出租车运力规模的初值。

具体操作方法如下：

第一种情况，投放窗口未打开，调整窗口打开，需要缩减运力。

第二种情况，投放和调整窗口均未打开，但需要调整运价。

第三种情况，投放和调整窗口均未打开。

第四种情况，投放窗口未打开，但调整窗口打开。

第五种情况，投放窗口和调整均打开，准备投放运力。

（8）运力投放后，更新出租车监测数据，获取新的供需状况数据，并对出租车行业营运数据进行检测。

新运力投放以后要定期监测供需状况的变化，并根据监测结果做出新的决策。如果监测结果仍需要投放新运力，再启动新运力投放程序。这样通过"监测—调控决策—再监测—再调控决策"不断的循环最终实现出租车供需平衡。

2.运力发展与车型结构调控实施方案

（1）宁波市市区出租车运力发展调控

根据上述监测和调整结果，2025年宁波市市区新增巡游车运力2186辆分3批次投放，新增合规网约车运力6555辆分5年投放，每年1311辆。

作为出租车管理部门，应利用巡游车和网约车融合的有利时机，确定并严格执行相应的市场经营准入条件，确保进入出租车市场的企业和个人符合市场运作的基本条件。网约车合法化初期阶段，应按照"总量控制，适度从紧"原则。

（2）车型结构调整实施方案

出租车是现代都市一道流动的风景，是展示城市经济建设和发展水平的"名片"。构造具有宁波特色的出租车车型结构和形象，不仅要体现宁波的发展策略，同时也要能满足乘客的多层次需求。"价廉、环保、舒适"应成为宁波市出租车车型结构的"主宰"。

①出租车车型结构特点及发展趋势

作为城市利用率和更新率最高的出租车车种，国际上一些具有小客车生产能力的发达国家，几乎都采用出租车行业的专用车型，主打车型无一例外地选用本国产品。如美国的车型是通用、福特，英国的车型是奥斯汀，德国的车型是奔驰，韩国的车型是现代。在德国，出租车一如德国人的性格，简单、严谨。而美国的出租车则大气、花哨，充满现代气息。

据统计，截至2019年，我国出租车的拥有量已超过了110万辆，但在全国范围内还没有专为出租车行业量身定制的车型。现有的车辆设计上的先天不足，带来了许多问题。诸如车内空间小，乘者憋闷不适；车门开启的角度小，老年人上下车不便；座椅不舒适，不能满足特殊乘客的需要；因安装了防劫板而导致的座位不适和付费不便；以及行李箱放置空间太狭窄等问题。

而在国外，出租车专用车型的设备装置与同品牌的私家车、公务车有较大的不同，它更多的是从经久耐用、方便乘坐、环保以及安全和通信等方面加以考虑并设计而成的。随着城市建设水平的提高，在公共交通比较发达时，出租车作为公共交通的辅助设施，一般都选用档次更高的车型。

目前，出租车的流行方向是：车辆外形美观、绿色能源、车厢宽敞、乘坐舒适、经久耐用。其中包括：车内空间宽敞；行李箱放置空间宽大；有供残疾人无障碍上下车的设备和功能；符合环保要求；车内设施如 GPS 卫星定位系统、计价器、防盗抢装置等要一体化设计、安装，或至少预留出安装位置和线路，并有较高的科技含量等。

②出租车规划结构应考虑的主要因素

确定宁波市出租车的规划车型结构，应考虑如下主要因素。

a. 城市居民的收入水平

不同的出租车车型必然采用不同的出租车租价，而居民能够承受的出租车租价水平则取决于居民的可支配收入水平。因此确定宁波市出租车的车型结构必须考虑到不同收入水平群体的消费能力和使用需求。

b. 城市的特点和发展定位

作为历史文化旅游城市的宁波，出租车应作为展示宁波精神文明的窗口之一。因此，宁波市出租车的车型结构规划不仅要与宁波城市发展定位及特点相适应，而且也能满足商务、旅游以及居民出行的多功能需求。在满足出租车外观、颜色等统一的前提下，尽可能使车型、功能多样化。

c. 环保需求

随着居民对城市交通环境及生活环境的要求，低污染的出租车应成为宁波市规划车型结构的重点考虑因素之一。按照我国北京市在申奥时向国际奥委会考察团的承诺：机动车尾气排放 2004 年将执行欧Ⅱ标准，2007 年开始执行欧Ⅲ标准。建议宁波市出租车在进行车型调整时也应与国际标准接轨。

d. 无障碍服务需求

为了充分体现城市的人文关怀，满足特殊人群的特殊需求，应专门针对相关人群投放相应数量的出租车，比如考虑车身长度、高度、内部空间设计以及相应可折叠式斜坡和阶梯式踏板等多方面的设计因素，投放一定量具有特殊服务功能的出租车。

③宁波市巡游车车型结构规划

巡游车车型结构一般根据一定时期的社会惯用车型和发动机排量来划分，就目前而言，可将巡游车车型划分为如表 2-12 几种车型结构。

表 2-12　巡游车车车型结构划分表

车型结构	超豪华型	豪华型	普通型	经济型
排气量标准（升）	≥ 2.0	1.6L ～ 2.0	1.3 ～ 1.6	<1.3
推荐车型	别克、皇冠	奥迪、红旗、帕萨特、桑塔纳	长安、北京现代、捷达、夏利	夏利、奥拓

目前宁波市出租车有 70% 的车型为大众和桑塔纳，还有 14% 的北京现代、无障碍及燃气车辆等其他车型，这在全国同类城市中属较高档次。考虑到宁波作为历史文化名城、旅游城市和创建文明城市，且外资经济发达等因素，宁波市出租车车型结构规划应考虑无障碍型、普通型和豪华型、超豪华型的比重。建议宁波形成以普通型为主流，无障碍型、豪华型、超豪华型为辅的出租车车型结构（具体比例见表 2-13），并随着经济的发展和人们生活水平的逐步提高，逐渐增加豪华车型的比例。

表 2-13　宁波市巡游车车型结构建议表

规划期	2023 年				2024 年				2025 年			
车型结构	普通型	豪华型	超豪华型	无障碍型	普通型	豪华型	超豪华型	无障碍型	普通型	豪华型	超豪华型	无障碍型
推荐车型	桑塔纳、大众	红旗、帕萨特等	别克、皇冠等	如"英伦范"无障碍车	桑塔纳2000、大众	红旗、帕萨特	别克、皇冠	如"英伦范"无障碍车	桑塔纳2000、大众	红旗、帕萨特	别克、皇冠	如"英伦范"无障碍车
占总量比例（%）	92.5	3.5	2	1.5	90	5	3	2	87	7	4	3

在确定宁波市出租车车型结构的同时，应统一颜色、标志等，使宁波的出租车外观与宁波城市特点相协调，目前宁波市在这方面已做得很好。同时，尽可能选择专为出租车行业量身定制的车型，不仅经久耐用、方便乘坐，并增加安全和通信等方面的功能。新更换的出租车必须安装 GPS 系统、电话叫车等设备，座位要使乘客舒服，计价器安装的部位便于乘客观察。为方便手提物品的乘客，司机能坐在驾驶位上为乘客开关车门和行李箱盖。根据宁波海港城市特点，还可使出租车具备翻译功能，为来自不同国家的乘客服务。

（3）宁波市清洁能源出租车占比结构调整方案

加快发展清洁能源和电动出租车，是推进宁波市生态文明建设进程的现实选择，是加快构建宁波低碳交通、生态交通体系的客观需要。

①清洁能源和电动出租车发展的必要性和紧迫性

宁波市作为长三角地区重要的经济、文化城市，发展清洁能源和电动出租车十分必要，并且具有良好的基础。

a. 发展清洁能源和电动出租车是实现交通运输领域节能减排目标的现实要求。初步测算，宁波市出租车改用天然气等清洁能源后，全市出租车全年可减少燃油消耗 7.07 万吨，减少废气排放 172 万立方米。

b. 发展清洁能源和电动出租车是充分利用资源优势条件、推动城市交通转型升级的客观需要。宁波市已经具备完善的天然气加气站系统，气源供应充足；同时，从充电站建设来看，宁波市充电设施建设也有较大进步；此外，电动汽车研发方面，上汽、北京现代、吉利汽车等厂家研发的纯电动汽车已经处于试验运营阶段。宁波清洁能源汽车的发展具备一定的资源及产业条件，需要充分利用，以促进生态交通、低碳交通迅速发展。

c. 发展清洁能源出租车是减轻经营者负担、促进社会稳定的有效途径。以湖州市为例，天然气出租车平均每天可以节省约 104 元的经营成本（湖州市天然气价格为 3.9 元 / 立方米）。天然气车辆的燃料成本均比汽油车显著降低、比柴油车略微降低，有利于减轻车主和司机的负担。纯电动出租车运营成本则更为低廉，为 0.50 元 / 公里，同时还能获取国家政策补贴。

②宁波市清洁能源出租车车型结构实施方案

截至 2020 年 12 月，宁波市区共有出租车 4557 辆，车型结构以汽油和天然气两种燃料为主。将根据出租车使用较多的汽油、柴油、CNG、LPG、纯电动等动力方式的性能进行比较分析，结果发现，CNG 双燃料和纯电动出租车的购置成本、运行成本、能源供应方式及成本价格、可续航里程、使用性能、使用条件等各方面性能均处于优势，因此，清洁能源出租车车型应以 CNG 双燃料和电动出租车为主。具体方案如下：

a. 保持现状，鼓励引导补贴政策不变。进一步引导汽油车辆向 CNG 双燃料车辆更新，逐期更新。

b. 新运力车投放时，重点考虑以 CNG 双燃料车辆为主，电动出租车为辅，其他类型清洁能源汽车为补充的方式，逐渐投放清洁能源出租车。建议将 CNG 双燃料车辆、电动出租车、其他类型按照 85%:10%:5% 的比例方式进行投放。若 2025 年新投巡游车 2186 辆，则双燃料为 1858 辆、电动出租车为 219 辆、其他类型为 109 辆。

c. 完善加气站建设，加快充电站建设，深化电动出租车试点推广方案。合理确定加气站、充电站数量、规模和布局，落实方案的完善建设。建议参照杭州或深圳纯电动出租车经营模式进行试点推广。

3. 宁波市区出租车运力规模调整建议

根据运力规模模型测算结果，2025 年宁波市区出租车（网约车＋巡游车）需求增量约为 8700 辆，可根据实际情况再考虑适量投放运力。为维护宁波市辖区出租车行业健康稳定发展，依据运力"总量控制、适度从紧"原则，建议待网约车管理办法落地，完全实现网约车合法化，使得网约车与出租车平稳融合后，宁波市辖区应根据实际情况，新增运力分批次投放。若网约车从申请、注册、审批到最后的步入市场，出现新的问题或矛盾时，不建议投放增量运力。主要考虑因素如下：

（1）从轨道交通规划建设角度看：宁波市已于近几年开始规划和建设城市轨道交通，借鉴国外发达国家轨道交通建设的经验："轨道交通在城市交通出行中发挥着主要作用，承担了 70% 以上的居民公共出行需求，在很大程度上影响了作为城市交通辅助角色的出租车的分担率，并且对整个出租车行业也有很大的影响。"在宁波市一、二期轨道交通已通车的情况下，当前的出租车运力投放应该严格遵守"适度从紧"原则。

（2）从优先发展公交战略角度看：宁波市应当大力发展大运量、耗油低、污染小的公交车；相关行业管理部门应当严格控制出租车总量，有效制止出租车"专线运输"，逐步弱化运量小、服务差的中巴车，使城市公共交通结构趋于合理，大公交的主体地位日益突出。出租车作为城市公共交通的补充，总量适度控制有利于正确引导老百姓乘坐公共交通工具"绿色出行"，进而提高城市公共交通分担率。

（3）从供求关系角度看：出租车运力投放应以供求关系为核心，宁波市区以实载率增长率计算，可新增1294辆出租车，实载率始终不低于行业控制水平60%，考虑到被压抑的需求，实际有效里程利用率将达到64%左右（而65%为行业运力新增启动点）。出租车的运输需求与供给是相互联系、不可分割的：若供大于求，则空驶率增大，造成道路资源浪费，出租车经营者收入降低，给出租车行业带来不稳定因素；若供不应求，则会出现打车难的情况，导致出租车服务水平下降，乘客等车时间过长，违背了出租车方便乘客的宗旨。

（4）从维护出租车行业健康稳定角度看：如果出租车运力出现饱和状态，而网约车又未能得到有效监管，出租车为了生存，容易出现超越行政许可范围，采取异地（非车籍所在地）设点、兜客、合乘等方式从事客运，干扰正常的客运市场；部分出租车甚至在各个市县的车站前等候长途乘客，变相从事班线车业务，跟车站的班线车争抢客源；国内部分城市出租车运力过剩后出现出租车"无人乘坐、无客可载"现象，甚至频繁诱发社会事端（如罢运、聚众闹事等），造成社会不稳定因素。

（5）从交通拥堵角度看：出租车因运力饱和容易成为市区主、次干道上交通流饱和或超饱和状态的推手，主、次干道超过其设计通行能力的交通流量，逐渐破坏路面、交通设施，造成道路交通负荷进一步加大，交通拥堵现象加剧。

（6）从服务质量提升角度看：出租车运力的总量适度控制，能够保障司机—经营者—乘客的多方利益平衡，保障了司机收入，有利于管理部门实施服务质量考核机制，不断加强出租车企业管理，努力规范从业人员经营行为，着力维护出租车市场的秩序稳定，并通过狠抓出租车行业党建工作和开展安全诚信文明服务形象工程建设，不断提升出租车行业管理和文明服务水平，提高从业人员服务形象和服务水平。

第五节　宁波市区出租车运力规模管制深化改革方向

出租车行业本身具有特殊性，许多城市的出租车行业的整体体系还远没有完善，现行管理模式及出租车营运系统中还存在若干缺陷，给出租车运力合理规模的制定带来了困难。为此，在遵循市场规律的前提下，对出租车运力规模的优化给出相关政策和建议。

一、建立完善的出租车运力管理体系

1.设置最低车辆保有数量

为了确保运营管理和维修点检修管理，以及事故发生时车辆能够及时补充、事故后能够妥善处理，有必要完善一定的组织体系，因此需要设置最低车辆保有数量。

2.设置应急处理制度

在出租车市场中投放新的车辆，可能会产生供给过剩，使很多营运者陷入窘境。驾驶员劳动条件恶化，导致出租车服务水平的下降，进而引发如道路交通拥堵等一系列问题，最终给居民生活环境带来不良影响。所以设置一系列应急处理制度是很有必要的，并且在制定此项制度之前，要认真考虑实施的前提条件以及详细的实施细则。另外，在个人业主的经营管理体系中，对出租车的运营管理、维修管理、事故处理等都要驾驶员个人来承担，这样就很难在宏观上制定一系列明确的制度来约束他们，以保证其提供安全优质的服务。为此，个人业主可向出租车租赁公司学习，也要建立一个培养优秀和优良的私人驾驶员的制度体系。所以，关于驾驶员的资格，应从经营者和司机两个侧面设定严格的资质要求。

二、提高出租车供给效率

从以上研究可以看出，我国许多城市普遍存在出租车数量充足，但供给效率仍然较低的问题。由于高峰时段出租车交通需求较大，以及缺少出租车服务信息，给乘客在该时段的出租车出行带来了不便，这也使得供应与需求

之间往往处于时空失衡状态，因此需要调整出租车服务的供需关系，使其达到平衡状态，从而保证乘客和司机都获得较大的经济利益，提高出租车的供给效率。

相关部门应为出租车司机及乘客提供充足的市场供求信息，以此对他们进行指导。例如，为出租车安装设备以提供交通状况的实时数据。这些信息既有助于司机避开交通拥挤路段，节约其时间成本，还能让司机了解实时的乘客需求信息，保证及时给乘客提供出租车服务。

除此之外，要加强出租车与其他交通方式之间的整合，以达到整个城市交通系统的无缝衔接。例如，鼓励乘客在搭载长距离公交车前乘坐出租车，以提高出行效率和出行质量。还可以将出租车停靠站点调度与常规公交枢纽站点的总调度结合起来，来满足乘客的大量需求。又如，考虑将需求较少的公交线路用出租车替换，用出租车来满足较少的乘客需求要比传统的公共交通更节约资源，并且能给乘客提供更好的选择及更优良的服务。

三、确定合理的运力投放方式

1. 科学评价出租车市场，制定合理的运力规模优化方案

出租车行业的发展应该有计划地、协调进行，对出租车行业进行科学的评价，制定合理的运力规模优化方案，对加强出租车行业的管理有十分重要的意义。

2. 采用合理的运力投放形式

新增出租车运力应该考虑选择怎样的准入模式来进入出租车市场。行政审批时出租车市场准入的形式基本上可分为有偿使用与无偿使用两大类。实际上，注重社会性管制的审批方式较少采用，国内大部分城市都采用营运证有偿使用制。

四、建立出租车运力投放的风险评估

构建城市出租车数量评估机制在于选择科学的城市出租车数量预测方法，但不论采用什么预测方法，都必须有相关的出租车现实数据作支撑才能做出合理判断。那么选取什么样的数据、如何采集这些数据就显得尤为重

要。建议各城市根据自身发展的不同特点选择数量评估指标体系：如城市客运交通系统结构已基本成型并比较稳定、其城市承载力空间有限的城市，可选择以城市建成区面积拥有率、城市道路面积拥有率来判断是否增加出租车数量。这说明这类城市主要是由于城市道路、环境、资源等各方面的承载能力已经达到一个极限，如果根据代表需求的等车时间等作为主要参考依据就意味着对城市综合承载力极限的突破，可能造成更加严重的交通拥堵、环境污染等问题。而对于城市化、机动化水平剧烈变动，公共交通体系不完善的城市，建议以等车时间和有效载客率作为主要的参考指标，以城市建成区面积、人口作为重要参考指标。之所以选择城市建成区面积、人口作为重要参考指标，是因为这些城市经济正处于快速增长期，且城市承载力还有扩张空间，会吸引越来越多的人口移入城市，其出租车的需求主要来自这些人口的增加，因此在考察是否需要增加或减少出租车数量时必须充分考虑就业人口的规模及增长趋势，而不应该选取 GDP 指标。这是因为这些城市道路、资源、环境等承载力空间还很大，城市的经济发展、居民收入的提高将促使更多的私家车出现，而公众出行选择交通工具具有一定的稳定性，以这些宏观数据作为参照往往高估了消费者对出租车的需求，且这些城市因加大对轨道交通等大容量公共交通的投入，将极大地减少公众对出租车的需求。另外，不论哪类城市在评估出租车数量时都应该兼顾到行业整体盈利水平及司机收入水平等指标，这对行业稳定极为重要。所以，要运用合适的方法或手段来找出影响不同城市出租车数量的最主要因素，选取数量评估合理指标，并运用科技手段，如在出租车上统一安装收费 IC 卡系统，可以实时采集每一趟次的乘客性质（固定人口还是流动人口）、载客人数、载客时刻、载客里程、营运收入等出租车运行数据，所有采集的数据由专用的出租车运营分析系统进行处理，最终由行业管理部门形成出租车运行状况分析报告作为数量评估的依据，使数量评估指标的数据来源真实可靠。

五、取消政府转接从业人员的费用负担

许多城市的出租车司机管理模式都或多或少地存在一些问题，这不仅会削弱司机自身的利益，还会极大地影响公司的整体效益，使原本利益不均

衡的双方越发失衡,直至最后形成混乱的局面,引发一系列社会问题。要解决这些问题,使出租车行业健康发展,就要改善现行的出租车司机管理模式。参考国内外的一些成熟和成功经验,出租车经营可实行完全的公司制即雇员制对司机进行管理。在这种模式下,出租车司机受雇于出租车公司,司机可像普通公司职工一样,每天上班下班,有固定的收入,享受正常的福利待遇。行车期间出租车产生的各项费用,如养路费、维修费、通信费、燃料费、保险费等等,全部由出租车公司负担,公司自行负责所有产生的税费。为了节约换班时间,提高工作效率,可以考虑实施小时换班制,即一个司机工作一定小时后将车辆交给另外一个司机,这种管理体制下,出租车驾驶员具有很强的归属感,他们每天都与公司发生联系,驾驶员互相之间也有比较频繁和密切的交流。这些都有利于培养他们的职业荣誉感和职业道德。

六、适当放开出租车市场准入

城市客运交通方式多样,出租车虽然在服务排他性方面不如其他交通工具,但其也是完善的城市交通系统不可或缺的重要组成部分,是为了满足高层次出行需要产生的,是对城市公共交通的重要补充。随着经济的飞速发展,人民生活水平有了大幅度提升,对出行过程的舒适度和及时性要求越来越高。出租车因其快速、便捷、安全、舒适的特点,受到短距离出行者的欢迎,出租车保有量逐年增长,但相对于人民日益增长的需求还远远不够。为了方便居民出行,最大限度获取利益,国内很多城市都对出租车市场增加了运力投放,导致了总量过剩问题,出租车空驶率高,公共资源浪费严重,降低了社会效益。当出现这一局面后,很多城市都会暂时停止或者收回部分营运牌照,采用不科学的方式控制出租车数量,带来的社会问题也较多,如打车难等等。为了促进社会交通良性发展,满足居民基本的出行需要,投放合理化的出租车运力规模非常有必要。合理增加出租车运力可以促进行业内的竞争有序化,提高营运效率和维护行业稳定。适度增加投入数量,可以缓解当前出租车紧张问题,能够避免出现市民出行交通成本的大幅上涨。当前我国经济处于转型升级的关键时期,各种问题层出不穷,亟待解决,因此政府财政负担相当大,在目前牌照有偿使用的制度条件下,适当增加出租车投入能够扩大政府收入的基本面。当然，合理增加运力投放并不意味着盲目增加供应数量，而要多方权衡，科学计算，避免运力投入过度。

七、完善出租车行业的安全与质量规制

1. 严厉打击非法营运

宁波作为我国一线城市，毗邻上海，拥有中国最主要的港口之一和优越的自然地理条件，人口流量大，出租车行业持续繁荣，客流充裕，车流量大，行驶时间长，加重了道路交通负荷。合理化运力投放首先要净化营运市场，减少影响市场发展的外来不利因素。势必要形成相关政府部门参与、市区联手、条块联动的工作格局，严厉打击非法营运。尤其从重打击"克隆车"和"套牌车"，清除改装源头，管住更新淘汰的旧车处理渠道，堵住报废车回流的漏洞，从技术上提高"黑车"鉴别度，从法制上加大处罚力度。

2. 完善基础服务设施

一是优化硬件环境。根据宁波的地理位置和地形特点，将出租车综合服务区、停车场、停靠点、候客泊位等服务设施纳入城市基础设施建设规划，妥善解决出租车驾驶员在停车、就餐、如厕等方面存在的实际困难。在机场、车站、码头、商场、医院等大型公共场所和居民住宅区，应当为出租车候客提供便利。加强和完善出租车运营调度系统，提升计价器技术含量；完善电子营运证管理和使用；在车站、大型居住区、商务区、宾馆等附近增设出租车停靠站。最大限度地提高出租车的有效里程利用率，最大限度地降低出租车的空驶率。

二是通过信息化手段改革监管方式，提升监管能力，加快建设出租车智能化管理系统，加强对行业运营状况的动态监测和统筹分析，完善企业和驾驶员信用评价体系的收集和利用，提升投诉处理、失物查找等便民服务能力，加强与社会信用信息的共享和互联互通，促进出租车行业实现对各类新型服务模式的及时跟踪和全过程监管。

3. 营造良好社会法制环境

呼吁媒体公正客观报道，营造良好的社会舆论环境。新闻媒体既要对是否损害宁波城市形象的情况，加强社会舆论监督；又要客观公正进行报道，有坏曝坏，有好报好，大力弘扬出租车行业的先进典型、良好风气、服务风

范和模范事迹，以鼓舞出租车行业广大职工积极向上的士气，形成良好的舆论环境。结合国家和上级交通主管部门对出租车新的定位和理解，结合宁波出租车行业实际情况，完善出租车管理依据和抓手，应对移动互联网等对传统出租车行业的创新服务而带来的监管问题。

第 3 章

运价调整机制

第一节　出租车运价基础知识

一、巡游车运价类型组成结构

（一）巡游车运价类型

目前国内的巡游车运价主要有两种：一种是车次运价，即一票制，是指不论远近，从乘车起点到终点，只要搭乘都收取一样的费用，这种收费形式经常在舟山市等城市半径较小的地区使用；还有一种是行程运价，也叫计程制或者分段收费制，是指起步价加上行程运价，运费的高低主要取决于乘客搭乘距离的远近，这种收费形式多在半径较大的城市采用，国内的大中城市几乎也都采用这种形式。

此外还有一种双计费制，即计程计时双计制，国内的一些大城市和特大城市，如北京、上海、广州等，采用这种方式。这种双计费的形式，将道路拥挤产生的停等时间计算在收费范围内，使用者必须支付占用道路资源所消耗的较高的社会成本。这种运价形式的优点是可以有效减缓上下班高峰时段的道路拥挤，在交通状况恶化的情形下可保障出租车司机的合理收入。

（二）巡游车运价组成结构

目前，宁波市出租车运价主要由起步价、里程价、候时费、返空费、夜间附加费、燃油费、过路过桥费等构成。其中基本价格由里程价、起步价以及返空费共同构成，其他各项是基本价格的一种附加价格。

起步价是指需要服务的乘客得到一次出租车服务的最低价格，即在起步价里程内，基本价格按照这一标准进行计费。起步价一般采用乘客上车时刻开始计量，在起步里程之内只收取起步价的车费。目前宁波市的起步价由原先的 3.5 公里 10 元调整为 3 公里 11 元；车公里价格由原先的每公里 2 元调整为 2.4 元。这是最高限价，不同于以往的"一口价"，出租车经营者可根据车辆规模、运营成本、客流等因素，自主合理提出和选择运费下浮办法。

里程价是指超出起步价里程后需继续提供服务所执行的价格标准，是一种按照行驶里程计量的基本运价率，单位为元 / 公里。一般是达到 1 元钱时计费一次或者每行驶 500 米计费一次。目前，宁波市每公里为 2.4 元。

等候费也称为等待收费或低速行驶收费，是对低于 12 公里 / 小时或 10 公里 / 小时低速行驶状态下的出租车，按照行驶里程计价时收益会明显低于出租车正常服务的运输成本，或者处于等待状态、乘客临时停车、出租车怠速时，无法按行驶里程计费的一种补偿。在载客营运时，除了现行乘客要求停车等候外，如遇路堵、红灯和待渡等候的，也可向乘客收取等候费。累计等候 5 分钟内不收费；超过 5 分钟部分，可按规定计收等候费，等候费标准为每分钟 0.40 元。如果在高峰时段等候费标准为每分钟 0.60 元。但是，车辆抛锚、肇事、摆渡等原因造成的停车等候，不得向乘客收取等候费。如遇车辆抛锚、肇事、摆渡等情况司机应当及时按键停止计费。

返空费是针对需要远距离服务的乘客，在下车之后出租车驾驶员回程时难以避免空驶而造成经济损失的一种补偿性收费。收费标准一般为行驶里程超过一定值后在后续的里程价中加收一定比例的返空费。宁波市的返空费收费标准是：10 ～ 20 公里部分按里程价加收 40%，20 公里及以上部分按里程价加收 60%。

夜间行车附加费是对出租车驾驶员夜间劳动补偿的一种津贴性收费，一般是在里程价的基础上加一定比例的费用。宁波市现行的夜间补贴时间为 22：00—次日 5：00，补贴费标准是在里程价基础上每公里加收 0.6 元。

燃油费是为缓解成品油价格上涨对出租车燃油成本的压力，由价格主管部门根据燃油价格变化情况，实行油价联动，收取的费用，一般为每运次 1 元或 2 元。收取出租车燃油费是价格调动的一种临时性措施。目前，许多城市已取消了对乘客燃油费的收取，宁波市也已取消。

过路过桥费是指经过合法批准收费的路段或设施（包括过桥、过路、过渡、过隧道、进入口岸、场站等）被收取的费用，该费用由乘客支付。

表 3-1 展示了 2017 年国内一些典型城市的运价结构。

表 3-1 2017 年国内典型城市出租车运价结构

城市	起步价（元）	里程价（元/公里）	候时费（元/分钟）	返空费（元）	夜间附加费（元）	燃油费（元）
宁波市	11（<3 公里）	2.4	0.4、0.6（高峰）（>5 分钟）	+40%（10～20 公里）、+60%（>20 公里）	+0.6 元/公里（22:00—次日 5:00）	0
北京市	13（<3 公里）	2.3	1 公里租价、2 公里租价（高峰）	+50%（>15 公里）	整体 +20%（23:00—次日 5:00）	1
大连市	10（<3 公里）	2	0.30、0.5（高峰）（>3 分钟）	+50%（>20 公里）	整体 +30%（22:00—次日 5:00）	0～2（随油价波动）
上海市	14（<3 公里）	2.5	0	+50%（>15 公里）	整体 +30%（23:00—次日 5:00）	0
成都市	8（<2 公里）	1.9	0.2	+50%（>10 公里）	里程价 +30%（23:00—次日 6:00）	0
广州市	10（<2.5 公里）	2.6	0.4	+50%（>35 公里）	0	0
深圳市	10（<2 公里）	2.4	0.8	+30%（>25 公里）	整体 +30%（23:00—次日 6:00）	1（随油价波动）
杭州市	11（<3 公里）	2.5	0.6	+50%（>10 公里）	0	0
长沙市	8（<2 公里）	2	0.5	+50%（>13 公里）	起步价 +2、里程价 +2.4（22:00—次日 5:30）	0
西安市	10（<3 公里）	2	0.4	+50%（>12 公里）	起步价 +1、里程价 +0.3（23:00—次日 6:00）	0
南京市	9（<3 公里）	2	0	0	整体 +20%	1
武汉市	10（<3 公里）	1.8	0.5	+50%（>10 公里）	0	0.5
济南市	9（<3 公里）	1.5	0.15、0.45（高峰）	+50%（>6 公里）	+15%（22:00—次日 5:00）	0
合肥市	8（<2.5 公里）	1.4	0.4、0.6（高峰）（>5 分钟）	+50%（15～25 公里）、+75%（>25 公里）	+20%（23:00—次日 5:00）	0

2017 年，国外一些典型城市的出租车运价：东京出租车的起步价为 750 ～ 810 日元 / 2 千米（约合人民币 56 ～ 61 元 / 2 公里），里程价为 80 日元 / 274 米（约合人民币 22 元 / 公里）；巴黎出租车的起步价为 2 欧元 / 2 千米（约合人民币 20 元 / 2 公里），里程价为 0.6 ～ 1.6 欧元 / 千米（约合人民币 6.1 ～ 16.3 元 / 公里），但实际的最低消费为 5 欧元（约合人民币 51 元）；纽约出租车的起步价为 2.5 美元 / 千米（约合人民币 17 元 / 公里），里程价为 0.4 美元 / 英里（约合人民币 8.5 元 / 公里）。

二、网约车运价类型组成结构

（一）网约车的运价类型

网约车是一种业务性的产品，2017 年主要有滴滴、优步、神州、易到等等。主要有两种运营模式：C2C 和 B2C。网约车的运价高于巡游车，其价格实行市场调节，政府宏观控制，运价由企业自己确定，但运价结构、计价方式和标准都要向物价部门备案，明码标价，接受社会监督。

（二）网约车运价组成结构

网约车运价结构分为起步价、里程价、远途费，结构比较简单，采用动态定价的方式收取车费。以下为滴滴、易到、神州、优步等网约车以及不同车型的计价标准，如表 3-2 所示。

表 3-2　2017 年各种网约车的计价标准

网约车	车型	起步价（元 / 3 公里）	里程费（元 / 公里）	候时费（元 / 分钟）	远途费（元 / 公里）	夜间费	出城费（元 / 公里）
滴滴快车	普通型	8	1.8	0.25	0.45（>10 公里）	0.7 元 / 公里	
	舒适型	12	2.4	0.4（<12 公里 / 小时）0.9（7:00—10:00、17:00—19:00）	1（>10 公里）	——	——
	商务型	20	4.6	0.6（<12 公里 / 小时）1.5（7:00—10:00、17:00—19:00）	2.3（>10 公里）	2.3 元 / 公里	——

续表

网约车	车型	起步价（元/3公里）	里程费（元/公里）	候时费（元/分钟）	远途费（元/公里）	夜间费	出城费（元/公里）
滴滴快车	豪华型	26	4.8	0.8（<12公里/小时）1.6（7:00—10:00、17:00—19:00）	2.4（>10公里）	2.4元/公里	——
	滴滴专车的夜间费收取时间：23：00-次日6:30						
易到	Yong!	7	2	0.3	——	0.5元/分钟	——
	舒适型	13	2.9	0.5	——	1元/分钟	——
	商务型	16	4.5	0.8	——	2元/分钟	——
	豪华型	20	4.5	0.8	——	2元/分钟	——
	易到的夜间费收取时间：23：00—次日5:00（如果为预约用车，则最低消费为起步价价格）						
神州	公务轿车	14	2.8	0.5	1.4（>15公里）	——	3元/公里
	商务	20	4.5	0.7	1.5（>15公里）	——	4.2元/公里
	豪华轿车	23	4.6	0.8	1.8（>15公里）	——	4.8元/公里
优步	人民优步+	8	2.4	0	——	——	——
	优选轿车	14	2.8	0.4	——	——	——

三、出租车基本费率与运价的关系

出租车基本费率是一项平均价格标准（单位运价），相对独立和固定；而出租车运价是一个体系，由多项费用构成，各项费用间相互联系制约，制定运价时需同时考虑。从实际运用角度看，由于出租车固定成本较大，存在空驶率，且具有一定公益性，因此，出租车起步价、返空费等费用的设置可以弥补这一不可避免的伴随成本。出租车运价构成具有一定复杂性，因而基本费率不能简单地作为里程价直接应用到实践当中，但基本费率反映单位运营成本与利润，是起步价、里程价等价格制定的基础和依据；而出租车运价是实际运用的收费标准，各项费用的不同组合构成了实际运价，并且里程价是根据实际需求而确定的每公里价格，可以根据运输距离的长短确定不同的里程价，较灵活。运价的制定始终围绕基本费率进行，基本费率是出租车运价制定的基础和依据。

四、出租车基本费率的主要影响因素

由于运输行业的动态性和复杂性，使得影响出租车基本费率制定的因素较多，但其中以出租车行业定位、运营成本、供求关系、居民支付能力影响最大，除此之外还包括出租车行业利益主体关系和运输外部成本。

定位是一个行业的出发点，也是制定相关政策的依据。长期以来，我国出租车行业数量、价格、经营者和经营模式等受政府严格管制，政府对出租车行业的定位，决定了出租车行业发展方向。将出租车定位为公共交通还是非公共交通以及其在城市客运交通中的作用如何，都将影响行业政策走向，进而影响出租车费率制定。一旦定位不准，制定出错误或不完善的政策措施，出租车行业的发展将受限。制定基本费率时，出租车行业的定位是首要的且关键性因素。

在我国出租车行业承包经营模式的大背景下，存在四类利益主体，即政府、出租车企业、驾驶员及乘客。只有将各利益主体之间的关系、各自在市场中所处地位、各自的利益诉求及行业利润分配剖析清楚，才能制定出切合实际需求的基本费率。

出租车运营成本是影响基本费率最关键的因素，基本费率主要由单位运营成本构成。出租车的收入必须能弥补其运营成本，并要有适当的利润空间，才能保持出租车行业健康发展。

外部性（或外部效应）指一个人（一群人）的行动和决策使另一个人（一群人）等益或等损的情况。外部性分为外部性（使他人受益）和负外部性（使他人受损）。出租车在服务过程中不可避免地会对社会带来一些负外部性，如出租车大量占用城市道路资源；交通事故威胁居民的生命财产安全；

废气、噪音有损居民身体健康，使之生活质量降低等。出租车行业的外部成本就是其生产行为所引起的整个社会利益的损失。在城市交通拥堵、环境污染日益加剧的背景下，城市的可持续发展需要出租车行业减小外部效应，节约资源，减少对环境的损害。因此，在出租车基本费率制定时就不得不考虑其外部性。

与其他公共交通方式不同，出租车具有市场性，因此供需关系也是影响出租车基本费率制定的主要因素之一。在供过于求时，运输服务价值通常能全部实现，表现为基本费率下浮；在供不应求或垄断下，基本费率则可能会高于本身的价值。同时，合理的费率水平也能调节出租车市场供需平衡，若供给大于需求，降低出租车费率水平是提高市场需求的重要措施；若为引导公众出行向公共交通转移，则可适当提高出租车费率水平。因此，把握价格杠杆对出租车需求的调节作用，可以有效促进城市交通系统的可持续发展。

居民支付能力很大程度上决定了居民的消费水平，并影响居民的出行行为（出行目的、方式、次数等）。城市经济发展水平越高，居民生活水平就越高，弹性出行次数将会增加，同时，居民对出行方便、快捷性的要求也会相应提高，出租车的分担率将相应增加。因此，在确定出租车基本费率时，不仅要考虑出租车企业的利益，更要考虑广大乘客的承受能力，尤其是当前出租车还肩负着部分大众交通工具的职能，处于公用属性突出的定位下。

第二节　出租车运价确定方法

一、出租车理论定价模型及适用性分析

（一）出租车理论定价模型

国内外运输价格的制定一般采用以下几种定价模型。

1. 基于平均成本定价模型

平均成本定价是在运输企业各项财务自给的前提下，使企业收回投资和运营成本并获得正常利润的定价方法。平均成本是定价的最低界限。平均成本定价模型如下：

$$P = \frac{F}{Q} + C_V + r$$

式中，P—单位运价

F—固定总成本

Q—总运量单位

C_V—可变成本

r—单位利润

2. 基于边际成本定价模型

边际成本定价是根据厂商理论，为追求经济效益而采取的定价方法。设 Q 为运量，R 为收益，C 为总成本，π 为利润，π、R 和 C 都是 Q 的函数，则：

$$\pi Q = R(Q) - C(Q)$$

令 π 对 Q 的一阶导数等于零，即：

$$\frac{d\pi(Q)}{d(Q)} = \frac{dR(Q)}{d(Q)} - \frac{dC(Q)}{d(Q)} = 0$$

$$\frac{dR(Q)}{d(Q)} = \frac{dC(Q)}{d(Q)}$$

其中，R 对 Q 的一阶导数为边际收益，C 对 Q 的一阶导数为边际成本。当运量的边际收益等于边际成本时，利润最大。根据价格 P 与运量 Q 的关系，即可算出运输企业利润最大时的运输价格。

设运输市场价格为 P，需求量为 Q，成本为 C，则逆需求函数为 $P = P(Q)$，成本函数为 $C = C(Q)$，则社会总效益（SB）与社会总成本（SC）之差即社会福利（W）为：

$$W = SB - SC = \int P(Q)d(Q) - C(Q)$$

由于帕累托效率的资源分配状态（资源分配最优状态）意味着社会福利最大化，因此，社会福利最大化时对应供给量的收费是实现帕累托效率资源分配的最优价格。对上式中 W 最大化，令 Q 的一阶导数为零得：

$$\frac{dW}{dQ} = P(Q) - C'(Q) = 0$$

即：

$$P = C'(Q)$$

上式中 C' 为边际成本，因此，按边际成本定价可以实现社会福利最大化，达到帕累托资源分配最优状态，是最优的定价方式。

3.基于供求关系定价模型

设 a，b，c，d，$\cdots$，n 为需求影响因素，需求函数可表示为：

$$D = f(, b, c, d, \cdots, n)$$

需求价格是乘客愿意支付的最高价格。在一定人口、经济条件下，其他因素可看作不变，则需求函数为：

$$D = \alpha - \beta P$$

式中，D—需求量

P—需求价格

α，β—交通需求系数

在一定时期内，供给价格是企业对一定运输能力所愿意出售的最低价格，则供给函数为：

$$G = \delta + \gamma P$$

式中，G—城市交通供给量

P—供给价格

δ，γ—交通供给系数

令 $D = G$，即可求出完全竞争市场下的供需平衡价格。

4.基于非线性定价模型

非线性定价即提供一个产品数量和与之相对应的价格目录，每个消费者选择一个其偏好的数量消费，同时支付相应的价格。消费者购买产品的数量与支付的相应价格呈现非线性相关关系，一般是递减的，购买数量越多，单位产品价格越低，以鼓励消费。非线性定价常用在交通、电力、电信等管制行业的定价中。非线性定价模型中运用最广泛的是拉姆齐定价模型。它是在企业收支平衡约束下，实现社会福利最大化。对于边际成本递减的公用事业，按边际成本定价会导致企业亏损，按平均成本定价则会导致社会福利净损失。作为边际成本与平均成本定价的改进，借鉴征收比例税的次优方法，提出了拉姆齐定价法（逆弹性定价法）。拉姆齐定价的指导思想是既考虑企业盈亏平衡，又尽可能实现资源分配最优化，是围绕边际费用价格理论提出的改善措施。拉姆齐定价理论认为，若一个产业固定投资不是很高，其边际成本递增，从社会角度看，按照边际成本定价是最优的；但若一个产业固定投

资非常高（如轨道交通、电信等），边际成本递减，按边际成本定价，企业不能收回成本，企业可能亏损，降低投资热情，难以实现社会福利最大化。这种情况下，企业只能接受一个偏离边际成本的价格，至少使收支平衡。边际成本不包含固定成本是导致企业亏损的主要原因。为回收固定成本，价格制定必须高于边际成本。此价格与边际成本之间的差额控制在什么范围，是拉姆齐定价关注的焦点。在拉姆齐定价中，需要引入一个"需求价格弹性"的概念。需求价格弹性是指价格变动对由此产生的需求量变动的影响程度，是衡量需求对价格变动反映的灵敏度。其计算公式为：

$$\varepsilon = \frac{需求变动率}{价格变动率} = \frac{\dfrac{Q_2 - Q_1}{Q_1}}{\dfrac{P_2 - P_1}{P_1}} = \frac{\Delta Q}{Q_1} \cdot \frac{P_1}{\Delta P}$$

式中，ε—需求价格弹性

$\quad$ Q_1—原需求量

$\quad$ Q_2—变动后的需求量

$\quad$ P_1—原价格

$\quad$ P_2—变动后的价格

$\quad$ ΔQ—需求变化量

$\quad$ ΔP—价格变化量

拉姆齐定价理论认为价格差应当与需求价格弹性呈反向变化关系，即对弹性小的需求制定与边际成本背离程度大的价格，对弹性大的需求制定与边际成本背离程度小的价格。

令公用事业类企业对 n 个不同市场（用户群）的需求逆函数为：

$$P_i = P_i(q_i)$$

式中，q_i—不同市场的运输能力

$\quad$ P_i—不同市场的对应票价

设成本函数为：

$$C_i = C_i(q_i)$$

表述出社会福利最大化问题，引入拉格朗日乘数，构建辅助函数，对求一阶导数，并令等式为零，化简并将需求价格弹性带入式中得：

$$\frac{P_i - MC_i}{P_{i1}} = \frac{\gamma}{\gamma - 1} \cdot \frac{1}{\varepsilon_i}$$

式中，MC_i—运输市场 i 的边际成本

ε_i—需求价格弹性系数

上式称为拉姆齐定价法则。

（二）适用性分析

对四种定价模型各自的优缺点及适用性进行了对比分析。

1. 基于平均成本定价模型

优点：

（1）可控制经营者收支，防止行业暴利，利于政府管制；

（2）可免除烦琐的固定资产评估，操作较简单。

缺点：

（1）没有考虑供求关系对价格的影响；

（2）价格中无法反映固定资产投资成本，会降低经营者投资热情；

（3）经营者为了提高利润，可能会虚报成本。

适用性：

出租车基本费率主要由单位运营成本构成，但该模型未考虑供需关系，可借鉴。

2. 基于边际成本定价模型

优点：

兼顾效率和公平，使社会资源得到有效利用；

考虑了运输供求状况。

缺点：

（1）公用事业类企业按边际成本定价无法收回巨额固定成本，很可能发生亏损，无法长期实施；

（2）实践应用中边际成本难以计算，往往要进行预测估计，影响准确性。

适用性：

出租车行业受政府管制，且边际成本递增，采用边际成本定价会导致企业获得超额利润，该模型不适用。

3. 基于供求关系定价模型

优点：

（1）反映运输市场供求关系；

（2）能发挥运价的调节功能，实现资源的合理配置。

缺点：

仅从供需关系一个方面来确定价格，容易出现价格波动过大、影响供需双方利益。

适用性：

出租车属于受规制的不完全竞争行业，市场机制不能完全发挥作用，且它是公用事业行业，价格稳定性很重要。

4. 拉姆齐定价模型

优点：

（1）兼顾企业收益和消费者福利；

（2）可根据消费者的不同需求制定价格。

缺点：

（1）在某种服务的成本和价格之间不存在严格对应关系，实质是一种价格歧视，对不同消费者难以实现真正公平；

（2）需求价格弹性不易确定。

适用性：

兼顾乘客和出租车企业利益，并且考虑需求对基本费率的影响，作为平均成本定价的改进，该模型可借鉴。

二、巡游车现行运价制定原则和方法

巡游车定价没有统一的价格标准，各个城市的出租车起步价，均由当地的物价、交通等部门根据当地的具体情况而定。国内的一些大城市和特大城市，如北京、上海等，采用了计程计时双费制的定价标准。将道路拥挤产生的停等时间计算在收费范围内，使用者必须支付占用道路资源所消耗的较高的社会成本。这种费率结构的优点是既可以有效减缓高峰时段的道路使用量，也能在交通状况恶化的情形下保障出租车司机的合理收入。

1.巡游车现行运价制定原则

出租车运价由政府、出租车企业和乘客三方决定。出租车三方利益主体为了切身利益，总是试图影响运价的制定。政府主管部门在价格制定时须遵循以下原则。

（1）政府定价为主。出租车是政府管制行业，其市场定位是政府在发展城市交通的总体政策下，按照适度发展原则确定的，注定了出租车运价必须以政府定价为主。

（2）市场调节为辅。在政府定价的前提下，给予企业一定的定价自主权，允许企业根据市场情况，结合自身品牌建设的需要，在合理的幅度内适当调整运价，以增加行业内部的竞争。但是，企业调价必须经过政府备案审查，并在一定的时间内不得变动，保持运价稳定性。

（3）反映供求关系的变化。单纯的行政定价是不可能灵敏地反映供求关系变化的，必须给企业相应的定价权限。企业有了定价自主权，就可以根据供求关系变化，对运价进行自动调整。

2.巡游车现行运价制定方法

影响城市客运出租车定价的因素是多方面的，其中以出租车整体供求关系、出租车经营成本、燃油价格、居民支付能力、外部成本因素影响最大，运价制定也以这些因素为主要依据。

城市客运出租车市场供需关系是影响出租车定价的关键因素之一，出租车市场的供需平衡不仅会因为出租车价格对供给和需求的调节而改变，还会由于出租车供给和需求对市场的调节而变化。客运出租车市场的供给和需求对出租车价格的调节通常是由于供求数量的增加或减少引起的。当出租车市场供给大于需求时，运价下降；相反，在供给小于需求时，运价上浮。出租车市场供给和需求往往也可以通过合理的出租车价格调节而达到平衡。如果出租车市场供给大于需求，出租车运输价值通常不能够全部实现，对应提高市场需求的措施之一就是降低出租车的价格。因此，在确定合理保有量的基础上进行出租车需求管理是引导出租车市场有序发展的明智策略，与其他因素相比，价格对出租车需求的影响最容易控制，也较为灵活方便。

城市经济发展水平和居民支付能力在很大程度上决定了居民的消费水

平，并且会影响居民的出行行为和出行方式。城市经济发展水平越高，居民支付能力越强，其弹性出行次数就会增加。而伴随着居民经济实力的增强和支付能力的提高，对出行快捷性、方便性、舒适性和私密性的要求亦会随之增高。具有较强收入和支付能力的居民在购买私家车之前，将会较多考虑出行的舒适性、快捷性等因素，多会选择出租车出行。因此在确定出租车价格时，既要考虑出租车经营者和驾驶员的利益，也要充分考虑到乘客的利益和支付能力。

城市客运出租车在向出行者提供便捷、舒适服务的同时，也给城市带来了一系列外部效应，如尾气、噪声等环境污染，而且由于长时间占用城市道路，造成环境和道路交通压力大，加重了整个城市的社会成本。专家认为使用出租车所产生的拥挤、污染、噪声以及交通安全事故，会以基本无偿的、强制的方式损害城市的整体环境乃至居民的身心健康和人身安全。而随着可持续发展、环保、节能理念的逐步深入，城市客运管理者在制定客运出租车发展规划和改变出租车运价的时候，需要充分关注和考虑到出租车运营中外部成本的影响，合理消除或减少出租车的外部性因素。

城市客运出租车与其他客运交通方式的关系定位是合作竞争。尽管基于政府管理部门，出租车是城市客运交通的补偿，但是在现实生活中，出租车与公交车、轨道交通、私家车之间主要是竞争关系，出租车竞争的优劣取决于出租车的及时、舒适、方便的服务要素和价格等。在出租车与私家车之间进行选择的乘客，对价格不是十分敏感，其竞争的焦点在于服务。而在出租车与公交之间进行选择的乘客，对价格比较敏感，两者之间的服务差异则是比较明显的。如果出租车与公交相比价差较小，则出租车竞争性较强，反之出租车的竞争性较弱。

除了考虑到城市的发展政策、交通环境，出租车企业的经济效益，还要考虑到居民的出行情况、承受能力，司机的收入以及社会总成本等因素，以期实现：立足于政府，大力发展公交，控制出租车产业的扩大化，以缓解城市道路压力，同时使得出租车出行的社会总成本最小；立足于出租车企业，提高该行业的经济效益是占主导地位的；立足于乘客，希望降低出租车价格以减少日常出行费用；立足于司机，希望在保持一定的载客率的前提下，适当提高出租车价格，以提高收入。总而言之，合理的城市客运出租车价格一定是政府、企业、乘客、司机的综合满意度最高的。

国内外在运输行业制定基准运价普遍采用平均成本法，里程价的计算公式为：

$$里程价 = \frac{车公里成本 \times (1 + 成本利润率)}{1 - 税率}$$

$$其中，车公里成本 = \frac{单车综合成本}{营运里程}$$

$$成本利润率 = \frac{单车月营业额 - 单车综合成本}{单车综合成本}$$

宁波市 2018 年巡游车单车运营成本 18529 元/月，其中包括驾驶员收入，可得日成本为 617.63 元，日营运里程 308.09 公里，根据车公里成本公式得：

$$车公里成本 = \frac{617.63}{308.09} = 2 （元/公里）$$

根据目前国家税收政策，出租车行业税率为 3%，2018 年宁波市巡游车单车日营业额 676.74 元，由成本利润率公式得：

$$成本利润率 = \frac{676.74 \times 30 - 18529}{18529} = 0.0957 = 9.57\%$$

$$里程价 = \frac{2.00 \times (1 + 0.0957)}{1 - 3\%} = 2.26 \approx 2.30 （元/公里）$$

网约车开始流行可能会造成巡游车营业额下降，酌情考虑这个因素的影响下，将巡游车里程价向上微调 0.1 元，确定 2018 年巡游车里程价为 2.4 元/公里。

三、巡游车现行运价制定形式

依据《中华人民共和国价格法》和《政府制定价格听证会办法》相关规定：制定关系群众切身利益的公益性服务价格、公用事业价格和自然垄断经营的商品价格时，应该实行价格听证制度，由政府价格主管部门主持，征求消费者、经营者及社会有关方面的意见和建议，论证其必要性、科学性和可行性。出租车定价属于听证范畴，在制定或调整运价时，必须依据相关法规组织听证会。出租车运价听证会一般程序如下。

（1）听证提起。听证由政府价格主管部门组织。若政府价格主管部门

（含与其他部门联合）和市、县人民政府作为定价机关，由政府价格主管部门提起；若其他部门作为定价机关，由该部门向政府价格主管部门提起。出租车定价机关一般是政府价格主管部门（或与交通运输主管部门联合）。

（2）提交定价听证方案。听证提起机关提交定价听证方案和定价成本监审报告。

（3）听证会公告。政府价格主管部门应当在听证会举行日前，通过新闻媒体、政府网站向社会公告听证会新闻媒体、听证参加人的名额、报名方法及产生方式；在听证会举行日前，通过新闻媒体、政府网站向社会公告听证会召开的时间、地点、听证人名单、听证方案等。

（4）举行听证会。政府价格主管部门按公告的时间、地点举行听证会。会上听证提起机关应首先汇报定价方案和定价成本监审报告，听取各方意见，探讨定价方案的合理性。听证人应当根据听证笔录制作听证报告，有些城市还要求提出风险评估报告。

（5）做出定价决定。定价机关根据听证会上的意见，做出定价决定，包括对定价方案进行修改。若政府价格主管部门认为修改后的定价方案不合理，可再次召开听证会，或采取其他方式征求社会意见。

（6）报人民政府审批。定价机关将定价决定报人民政府审批。

（7）实施定价方案。定价决定获得人民政府批准后，相关部门实施获准的定价决定。

四、网约车现行运价制定方法

网约车现实行市场调节定价、市场调节定价和政府指导定价相结合的方式。在国家和地方政府未出台相关规定的情况下，网络预约出租车和专车的定价由市场决定。网约车价格由企业自己确定，但运价结构、计价方式和标准都要报物价部门备案，明码标价，接受社会监督。网约车价格将高于巡游车，严禁网约车以低于成本的价格恶意竞争，抢占市场。

目前，移动打车软件平台的定价方式是根据乘客出发地的不同等供需情况采用可变定价。在条件和技术允许的情况下，甚至采用连续的可变定价，以达到短期收益最大化。考虑单一垄断打车软件平台的定价问题。移动打车软件平台为乘客提供打车信息服务，收取价格 P 元/公里，并按一定比例 β

支付司机工资，$W=(\beta \cdot P)$元/公里，打车平台的运营成本为 C 元/公里。

根据乘客出发地的不同等供需情况，打车平台有两种不同的供需场景。

一种情况表现为：乘客向平台发出的订单数高于该区域内能提供服务的车辆数即供不应求，假定此种情景出现的概率为 h，此时的需求函数为：

$$Q_h = a_h - b_h P_h$$

另一种情况为：供过于求，即乘客向平台发出的订单数低于该区域能提供服务车辆数，假定此种情景出现的概率为 l，此时对应的需求函数可表示为：

$$Q_l = a_l - b_l P_l$$

式中，P_h——乘客出发地高需求情况下的定价

P_l——乘客出发地低需求情况下的定价

a_h——乘客出发地高需求情况下的最大需求量

a_l——乘客出发地低需求情况下的最大需求量

b_h——乘客出发地高需求情况下的需求函数系数

b_l——乘客出发地低需求情况下的需求函数系数

其中 a_h、a_l、b_h、b_l 均大于 0，$a_h > a_l$。

假定在一个周期 [0，T] 内，平台总的在线车辆，即司机数量和总订单数一定。由于在移动打车软件平台提供服务的个体，可以自由安排工作且临时成本不可知，因此，在低需求下，所有乘客的订单都能得到满足；在高需求下，只有一部分乘客的订单能得到响应。根据相关报告，乘客所得到服务的比例跟司机的工资成正比，假定这一比例为 φ，当供过于求时，$\varphi = 1$；当供不应求时，$\varphi = \Phi(\beta)$，为使研究更加直观，假设 $\Phi(\beta)$ 服从（0，1）的均匀分布。

根据上述假设及相关描述，移动打车软件平台在传统定价方式下，其利润可表示为：

$$R_1 = \sum_{i=\{h,\ l\}} (P_i - W_i - C_1)(a_i - b_i P_i)\varphi_i$$

第三节 宁波市区出租车运价发展现状

一、宁波市区出租车运价改革历史进程

调整运价是贯彻落实国家成品油价格和税费改革方案的迫切需要。在成品油价格和税费改革方案中，完善成品油价格形成机制、取消公路养路费等收费、提高成品油消费税单位税额等改革内容涉及出租车运营成本。按照国务院《关于实施成品油价格和税费改革的通知》有关要求，各地应当进一步完善出租车价格联动机制，依法调整出租车运价。其次，调整运价是缓解城市交通矛盾的有效途径。随着经济社会的快速发展，宁波市城市交通矛盾日益显现。疏导出租车运价矛盾，理顺价格关系，是缓解城市交通矛盾的现实需要。再次，调整运价是维护出租车行业健康发展的必要举措。宁波市出租车运价调整情况见表3-3，2015年出租车改革，巡游车价格由政府指导，网约车价格开放，由市场自主定价。

表 3-1 宁波市出租车运价调整历程

时间	起步价（元）	里程价（元／公里）	候时费（元／分钟）	返空费（元／公里）	夜间附加费（元／公里）	燃油费（元）
2009 年前	8（<3公里）	1.8	0（<5 分钟以及特殊情况）；0.4（> 分钟）	0（<10 公里）；0.54（>10 公里）	0.2（23:00—次日 5:00）	1
2009 年	10（<3.5公里）	2	0（<5 分钟以及特殊情况）；0.4（>5 分钟）	0（<10 公里）；0.8（>10 公里）	0.4（23:00—次日 5:00）	0
2013 年	不变	不变	0（<2 分钟）；0.5（2~6 分钟）；0.67（>6 分钟）	不变	0.6（22:00—次日 5:00）	不变
2015 年	11（<3公里）	2.4	不变	不变	不变	不变
2016 年至今	11（<3公里）	2.4	0.4、0.6（高峰）（>5 分钟）	+40%（10～20公里）、+60%（>20 公里）	0.6（22:00—次日 5:00）	0

2009 年，经宁波市政府同意，宁波市物价局、交通局决定自 5 月 5 日起调整市区客运出租车运价，调整的项目包括起步价、里程价、候时费、返空费、夜间附加费等，如表 3-3 所示。

（1）起步价：由现行 3 公里 8 元调整为 3.5 公里 10 元，同时取消原先每车次 1 元燃油附加费。

（2）里程价：由现行每车公里 1.80 元调整为 2 元。

（3）候时费：在载客运营时，除了现行乘客要求停车等候外，如遇路堵、红灯和待渡等候的，也可向乘客收取等候费。累计等候 5 分钟内不收费，超过 5 分钟部分，可按规定计收等候费，等候费标准为每 30 秒钟 0.20 元，但是，车辆抛锚、肇事、摆渡等原因造成的停车等候，不得向乘客收取等候费（如遇车辆抛锚、肇事、摆渡等情况司机应当及时按键停止计费）。

（4）返空费：单程载客在 10 公里以内，不得向乘客收取返空费；超过 10 公里部分，可按规定计收返空费，返空费标准由现行里程价的 30% 调整为 40%，即由现行里程价 0.54 元调整为 0.80 元；对往返租车的乘客，不得收取返空费。

（5）夜间附加费：夜间行车补贴时间维持现行 23 时至次日 5 时不变，补贴费标准由现行里程价 0.20 元调整为 0.40 元。

从 5 月 5 日至 7 月 5 日，有关部门需对出租车计价器芯片进行安装调试，其间出现新老两种运价标准并存的情况。针对本次调价，宁波市物价局、交通局要求经营者严格执行规定的运价政策和明码标价制度，使用财税部门监制的统一票据，并统一使用计价器计费，按计价器显示金额收费。对不使用计价器计费，以及不按规定开具统一票据的，乘客有权拒绝付款，也可以拨打运管服务热线进行咨询或投诉。

2013 年 7 月 20 日起，宁波完善市区客运出租车运价体系，适当调整候时费和夜间附加费，但起步价、里程价、返空费和燃油附加费等运价仍按现以前规定执行。运价体系调整后，出租车免费等候时间由原先的 5 分钟缩短至 2 分钟。收费标准由原先的每 30 秒钟 0.20 元调整为分段计费，其中 2 ～ 6 分钟部分，按每分钟 0.50 元计费，6 分钟以上部分，按每分钟 0.67 元计费。同时调整夜间附加费，补贴费计费时间由现行 23 时至次日 5 时调整为 22 时至次日 5 时，补贴费标准由现行每车公里 0.40 元调整为 0.60 元。

2015 年，出租车改革成为交通领域的一大热词，很多城市都在酝酿实施方案，而宁波是全国第二个实施出租车改革的城市。宁波市政府《关于深化宁波市出租车行业改革的意见》（以下简称《意见》）正式实施，这意味着出租车改革要"动真格"了。其中，对市民来说，影响最大的就是宁波出租车运价调整，起步价 11 元 3 公里，车公里价格 2.4 元。从 2009 年以来，宁波市区出租车价格实行 3.5 公里起步价 10 元，车公里价格 2 元，有近 7 年没有调整了。2015 年 9 月 21 日，宁波市物价局组织召开运价改革听证会，公布了两种方案：方案一，起步价 11 元 3 公里，车公里价格 2.4 元，中短距离出行运费低；方案二，起步价 12 元 3 公里，车公里价格 2.3 元，长距离出行运费低。运价方案最终选定方案一。即起步价由原先的 10 元 3.5 公里调整为 11 元 3 公里；车公里价格由原先的每公里 2 元调整为 2.4 元。这是最高限价，不同于以往的"一口价"，出租车经营者可根据车辆规模、运营成本、客流等因素，自主合理提出和选择运费下浮办法。从统计数据来看，宁波人乘坐出租车的平均出行距离是 6.39 公里。照此计算，以前 6.39 公里，需支付车费 16 元（四舍五入后）。运价调整后，则需支付车费 19 元（四舍五入后）。对出租车客运的特殊服务价格将实行市场调节价，由出租车经营者自主定价。宁波市公共交通客运管理局的相关负责人解释说，那时宁波的出租车就分为两类：一类是传统的出租车，采取的是政府指导价的模式，按规定的运价模式；另一类则是网络约租出租车（即互联网专车），这类出租车的价格是放开的，市场自主定价。

    2016 年 1 月 1 日起，宁波取消收取市区出租车营运权有偿使用费。《宁波市区出租车营运权有偿使用费清算工作方案》（简称《清算方案》）明确：出租车营运权有偿使用费清算包括有偿使用费退还和补缴（简称"退费"和"缴费"）。退费范围和对象是指营运权有偿使用费已缴纳且缴纳到期日在 2015 年 12 月 31 日之后的出租车营运权证上登记的经营者，退费 3487 万元。缴费范围和对象是指营运权有偿使用费尚未缴纳至 2015 年 12 月 31 日的出租车营运权证上登记的经营者。按照上述《清算方案》，仅取消收取市区出租车营运权有偿使用费一项，财政每年减少收入 3500 万元左右。这项政策可以降低出租车企业和驾驶员的经营成本，有助于提升行业运营服务水平和质量。

二、宁波市区巡游车和网约车运价水平

（一）网约车基本型与宁波传统出租车的运价水平分析

对宁波传统出租车进行运价水平分析，不考虑低速行驶、等候费、夜间收费等附加费。如表3-4所示：

表3-4　2017年宁波市巡游车的运价水平

名称	车型	起步价（元）	里程费（元／公里）	远途费（返空费）
宁波市	巡游出租车	11(<3 公里)	2.4	+40%（10～20公里）、+60%（>20公里）

对网约汽车基本型进行运价水平分析，不考虑低速行驶、等候费、夜间收费等附加费。如表3-5所示：

表3-5　2017年网约车基本型的运价水平

名称	车型	起步价（元）	里程费（元／公里）	远途费（返空费）元／公里
滴滴	普通型	8	1.8	0.45（>10公里）
易到	Yong！	7	2	——
优步	人民优步+	8	2.4	——

对网约汽车基本型和宁波市传统出租车运价水平进行比较，分析随行驶里程的增加，不同网约车普通型与宁波市传统出租车运价的变化情况。

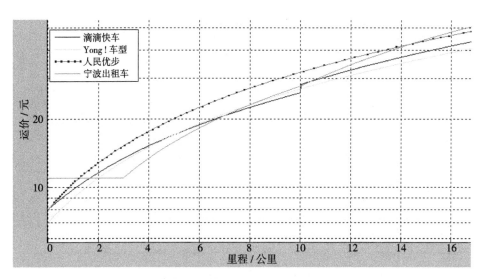

图 3-1　2017 年各网约车普通型及宁波市传统出租车运价水平

从图 3-1 所知，优步的普通型的起步价与滴滴快车的起步价是一样的，宁波市传统出租车的起步价高于网约车的起步价，但随行驶里程的增长，优步普通型出租车的总运价远远高于其余车型的总运价，但当里程高于 14.5 公里时，宁波传统出租车是最贵的，因此，对于远距离行驶，网约车比出租车实惠。如果忽略服务水平、优惠活动或特殊情况，当行驶里程是 2～7 公里的短距离时，宁波传统出租车是最划算的。当行驶里程为 7～10 公里时，滴滴快车的运价最低。当高于 10 公里时，选易到的 Yong！较为划算。

（二）网约车高档型的运价水平分析

对以下网约汽车高档型进行运价水平分析，不考虑低速行驶、等候费、夜间收费等附加费。如表 3-6 所示：

表 3-6　2017 年网约车高档型的运价水平

网约车	车型	起步价(元)	里程费（元／公里）	远途费（元／公里）
滴滴	舒适型	12	2.4	1（>10 公里）
	商务型	20	4.6	2.3（>10 公里）
	豪华型	26	4.8	2.4（>10 公里）

续表

网约车	车型	起步价(元)	里程费（元／公里）	远途费（元／公里）
	舒适型	13	2.9	——
易到	商务型	16	4.5	——
	豪华型	20	4.5	——
	公务轿车	14	2.8	1.4（>15 公里）
神州	商务	20	4.5	1.5（>15 公里）
	豪华轿车	23	4.6	1.8（>15 公里）
优步	优选轿车	14	2.8	

随着生活水平提高，越来越多的人在出行中会在意服务水平、出租车的舒适程度。因此，有必要比较一下各类网约车高档型的运价水平。从上表所知，如果忽略讨论服务水平、优惠活动或特殊情况，在三种豪华车型与商务车型中滴滴的最贵，神州的次之，易到的最便宜。对神州公务轿车、优步优选轿车、易到舒适型轿车、滴滴舒适型轿车进行比较分析，在这个层次的车型中，滴滴舒适型轿车是最优惠的。当行驶里程在 15 公里之内时神州公务轿车、优步优选轿车、易到舒适型轿车的租车运费相差不大；当超出 15 公里时，神州公务轿车的运费最贵，其余三种价格相差无几，乘客可以在这三种中任意选择。

三、宁波市区巡游车和网约车计价成本、利润对比

（一）宁波市巡游车和网约车各项成本对比

1. 燃料和维修保养成本情况

对现有巡游车各主流车型的燃料成本进行测算，2019 年桑塔纳双燃料车型单公里燃料成本约为 0.51 元，吉利美日纯电动车型单公里燃料成本约为 0.22 元，巡游车月均维修保养 941 元；网约车以混合动力和纯电动为主，以主流车型丰田雷凌混合动力车为例，单公里燃料成本约为 0.35 元，月均维修保养约 240 元（纯租赁模式包含在承包费内）；以比亚迪纯电动车为例，单公里燃料成本约为 0.26 元，月均维修保养费约 200 元（纯租赁模式包含在承包

费内）。

2. 车辆承包和保险情况

巡游车方面，2019 年重新承包巡游车 217 辆，承包期多为 1 年，平均每辆承包费为 3675 元，平均押金 4.5 万元，年均保险费 1.28 万元，详见表 3-7。

表 3-7　2019 年宁波市巡游车各季度车辆承包和保险情况

季度	第一季度	第二季度	第三季度	第四季度	年度
承包车辆数（辆）	43	56	29	89	217
平均承包费（元）	3706	3785	3800	3408	3675
平均押金（万元）	4.6	4.3	4.6	4.4	4.5
年均保险费（万元）	1.26	1.29	1.29	1.27	1.28

合规网约车方面，选取了丰田雷凌混合动力和比亚迪纯电动两款车型，并根据新车纯租赁、以租代购、个人购置等 3 种方式进行调查，各项费用详见表 3-8。

表 3-8　2019 年丰田雷凌混合动力和比亚迪纯电动不同使用方式的费用

车型	车辆使用方式	费用情况（元）
丰田雷凌混合动力	纯租赁	4800（半年租期，押金 1 万，含保险） 4600（一年租期，押金 1 万，含保险）
	以租代购	3800（首付 2.6 万，含保险，无押金） 4200（首付 2 万，含保险，无押金）
	个人购置	计税车价 12.3 万，年保险 1.3 万
比亚迪纯电动	纯租赁	4800（半年租期，押金 1 万，含保险） 4600（一年租期，押金 1 万，含保险）
	以租代购	3800（首付 4.5 万，含保险，无押金） 4600（首付 2 万，含保险，无押金）
	个人购置	计税车价 12.3 万，年保险 1.3 万

3．车辆收购情况

2019 年巡游车收购数量 87 辆，平均每辆收购价格 17.1 万元。各车龄平均每辆收购价格变化情况如图 3-2 所示。

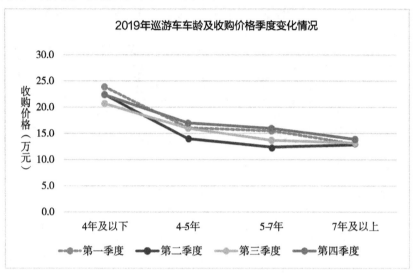

图 3-2　2019 年巡游车车龄及收购价格季度变化情况

4.各项成本总结

对 2019 年宁波市巡游车和网约车各项费用对比分析，网约车选取市场份额最大的滴滴平台，其中分别代表混合动力和纯电动车的丰田雷凌混合动力和比亚迪纯电动网约车，如表 3 -9 所示。

表 3-9　2019 年宁波市巡游车和网约车费用对比

单位：元

费用	巡游车	网约车	
		丰田雷凌混合动力	比亚迪纯电动
月均承包费（含保险）	3675	4600	4600
燃料成本	3825	2108	1603
维修保养、检验检测等成本	941	已含在承包费内	

由表 3-9 可见，巡游车承包费要低于两种动力类型的网约车承包费，这与巡游车承包费不包括维修保养等成本相关，由此可见，在承包费和维修检测方面，巡游车和网约车成本相差不大；在燃料成本上，巡游车要远高于网约车，月均燃料成本最大相差约 2000 元。

（二）宁波市巡游车和网约车利润对比

2019 年，宁波市区巡游车单车月均营收 17526 元（不计燃油补贴），扣除月均承包费 3675 元、月均燃料成本 3825 元、月均维修保养费 941 元后，单车月均纯利润为 9120 元。根据巡游车单车月均营运 273 小时，推算驾驶员时薪约 33.3 元。

根据宁波市网约车监管平台信息分析，2019 年网约车单车日均营收为 378 元，经换算得单车月均营收为 9828 元（未将各类补贴奖励计入）。以滴滴平台丰田雷凌混合动力与比亚迪纯电动单车为例，日均营收为 388 元和 399 元，经换算得单车月均营收为 10088 元和 10374 元。随着网约车车龄的增加，车辆的月均承包费将会降低，加上平台公司补贴，驾驶员月均收入可达 5000～6000 元。宁波市巡游车与各平台网约车营收情况如表 3-10。

表 3-10　2019 年宁波市巡游车和网约车利润对比

单位：元

费用	巡游车	网约车	
		丰田雷凌混合动力	比亚迪纯电动
单车月均总营收	17526	10088	10374
单车月均纯利润	9120	3380	4171

表 3-11　2019 年宁波市巡游车和各平台网约车营收对比

项目	巡游车	滴滴	曹操	首汽	神州
单车日均业务量（笔）	26	20	14	5	4
单车日均营收（元）	633.00	391.27	269.69	247.62	240.07

续表

项目	巡游车	滴滴	曹操	首汽	神州
单车单笔营收（元）	24.35	19.56	19.26	49.52	60.02
单车日均工作时长（小时）	9.60	8.08	——	9.20	10.65
单车每小时营收（元）	65.94	48.43	——	26.92	22.54

由表 3-11 可见，巡游车总营收大于网约车，且纯利润高于网约车。在业务量上，单车日均业务量巡游车要多于各平台网约车，但低于网约车总量，滴滴单车的量要多于其他平台。巡游车单车小时营收高于网约车，巡游车日均营收最高，这与巡游车利润大于网约车保持一致，单车单笔营收较之于各平台网约车，处于平均水平。

四、宁波市区出租车运价水平和其他城市、国家的比较

（一）宁波市区出租车运价水平和国内其他城市比较

选取北京、上海、广州、深圳、杭州、武汉、济南、合肥、宁波 9 个城市进行出租车运价水平分析，不考虑低速行驶、等候费、夜间收费等附加费，城市的起步价和里程单价如表 3-12 所示。

表 3-12　2017 年宁波市区和国内其他城市出租车运价水平

城市	起步价（元 / 公里）	里程价（元 / 公里）	返空费（元）
北京市	13（<3 公里）	2.3	+50%（>15 公里）
上海市	14（<3 公里）	2.5	+50%（>15 公里）
广州市	10（<2.5 公里）	2.6	+50%（>35 公里）
深圳市	10（<2 公里）	2.4	+30%（>25 公里）
杭州市	11（<3 公里）	2.5	+50%（>10 公里）
武汉市	10（<3 公里）	1.8	+50%（>10 公里）
济南市	9（<3 公里）	1.5	+50%（>6 公里）

城市	起步价（元／公里）	里程价（元／公里）	返空费（元）
合肥市 （排气量 <2 升）	8（<2.5 公里）	1.4 （排气量 <1.3 升）	+50%（15～25 公里）、 +75%（>25 公里）
宁波市	11（<3 公里）	2.4	+40%（10～20 公里）、 +60%（>20 公里）

从经济发展水平来看，上述 9 个城市具有一定的代表性：9 个城市经济均较发达，上海是国际化大都市；深圳、广州是南方的经济活动中心城市；北京、杭州旅游资源丰富，经贸活动频繁；武汉是中国中部地区最大都市及唯一的副省级城市，中国内陆地区最繁华都市；合肥是中国东部地区重要中心城市、全国重要的科研教育基地和综合交通枢纽；济南是环渤海经济区和京沪经济轴上的重要交汇点、山东半岛城市群和济南都市圈的核心城市。从城市交通发展状况而言，北京、上海、广州、深圳、武汉和杭州的公共交通发展较为完善。其中，北京、上海和广州轨道交通已经在城市交通中发挥相当重要的作用；深圳市已开通两条轨道交通线路；武汉市是中国重要的交通枢纽，公路、铁路网辐射全国；杭州市开通了快速公交线路，上述城市的出租车在公共交通中的相对分担率呈现下降态势。

从表 3–12 可以看出，除去济南与合肥，其余城市的起步价都在 10 元左右，其中上海的起步价全国最高，达到 14 元 /3 公里。广州市出租车的里程单价为 2.6 元 / 公里，高于其他城市。武汉、济南和合肥的里程价比较便宜，都未达到 2 元 / 公里。

9 个城市的出租车价格均处于较高水平。随着乘车距离的增加，乘坐费用基本呈快速上升趋势。由于价格结构的不同，9 个城市费用的上升速度略有差别，上海的起步价高于其他城市；当里程为 2.5～14 公里时，广州的运费总价比其余城市都高；当里程超出 14 公里以后，杭州市出租车的运费总价最高。这 9 个城市的出租车运费合肥市最便宜，济南次之。宁波市的出租车运费在这些城市中处于中等水平，但在中等城市中，宁波市的出租车运费偏高，它的运费水平接近较发达的大城市。

（二）宁波市区出租车运价水平和国外城市比较

东京出租车的起步价为 750 日元 / 2 千米（约合人民币 28 元 / 公里），里程价为 80 日元 / 274 米（约合人民币 22 元 / 公里）；巴黎出租车的起步价为 2 欧元 / 2 千米（约合人民币 10 元 / 公里），里程价为 0.6 ~ 1.6 欧元 / 千米（约合人民币 6.1 ~ 16.3 元 / 公里），但实际最低消费为 5 欧元（约合人民币 51 元）；纽约出租车的起步价为 2.5 美元（约合人民币 17 元），里程价为 0.4 美元 / 英里（约合人民币 8.5 元 / 公里）；宁波市出租车起步价为 11 元 / 3 公里，里程价为 2.4 元 / 公里。宁波市出租车的起步价与里程价和东京、巴黎等国外城市相比，均远低于这些城市。整体而言，宁波市出租车运价水平远低于国外大城市。

第四节　宁波市区出租车现行运价制定问题分析

一、政府指导运价存在弊端

从整个定价过程来看，运价的制定是政府、企业和乘客三方权益博弈的过程。但出租车经营者的利益是具体明确的，维护利益的力量易形成且日益强大，而消费者的利益则是抽象模糊的，维护利益的成本较高且力量分散，致使政府在决策时更多顾忌经营者的诉求，对乘客考虑较少，导致定价不能正确反映市场需求。

现行运价结构及现行标准规定由现行政府定价调整为政府指导价。即现行运价标准为最高限价，出租车经营者可根据车辆规模、运营成本、客流等因素，自主合理提出和选择运费下浮办法。下浮办法可以选用在总运费基础上适当折扣或按车次直接整元让利等形式。但是，调价后出租车经营者只遵循最高价格，并没有切实可行的运费下浮实施办法和机制，更难实现市场供需调节下的定价规则。

二、定价成本难以准确测算

出租车运营成本是制定运价的重要依据。运营成本由车辆折旧费、车辆保险费、车辆规费、行车燃料费、轮胎消耗费、修理费、管理费用和财务费八大类构成，其种类繁多，构成复杂，测算起来有一定难度，而且易受人为因素干扰。此外，按照"成本利润"方式确定运价，简便且易操作。但也存在缺陷，即成本越大，利润越高，企业为追求高利润可能会乱增成本，导致运价背离运输价值。

三、价格听证会未发挥其真正作用

价格听证会无一例外均是由政府主管部门主持、申请，消费者代表只能由 1～2 名随机选择的人士充当，而消协等组织在听证中也未起到应有作用，使得行政相对人完全处于被动角色，在听证中处于弱势地位。其次，大量与听证密切相关的信息资料（如：出租车公司的业务报表、利润分配情况、原始成本统计资料等）未披露或披露得不充分，使得定价方案无据可依。最后，听证会时间较为仓促（一般仅为一天），消费者代表难以充分掌握信息，参会各方只是粗线条地交流沟通，对实质问题探讨不深入，未能发挥价格听证会的真正作用。

第五节　移动互联网时代的出租车运价调整机制

出租车运价调整是直接关系到企业经营效益、从业人员收益和消费者对出租车行业满意度的一个重要环节，是关系到出租车行业能否稳定的一项重要因素，也是社会关注的热点问题。出租车运价调整工作作为政府对出租车行业的管制手段，必须科学、严谨、动态地予以实施。移动互联网时代的到来对出租车运价调整提出了更高要求的同时也带来了新的契机。价格主管部门、交通运输管理部门宜联合组织，或以委托第三方机构的方式，综合考虑出租车运营成本、运营效率、参营数量、供求数量、服务质量、油（电、气）价格水平、城市道路水平、市民消费水平、城市综合物价水平等各方面因素，构建出租车运价动态调整公式，每年对运价进行测算评估，确定以政府指导价为基本运价，并结合阶段性油（电、气）和服务管理费等变化情况，确定阶段性浮动运价。通过建立完善出租车运价动态调整机制，发挥运价调节在出租车行业市场的杠杆作用，间接达到引导提高出租车行业经营服务水平和政府管制效率的目的。

一、移动互联网时代出租车运价特点

1. 多元化

随着移动互联网技术的快速发展，网约车快速登陆我国出租车行业市场，打破出租行业原有的垄断格局，破解传统出租车信息不对称困局，实现了乘客与出租车司机之间双向信息互通。尤其是交通运输部等七部委联合发布《网络预约出租车经营服务管理暂行办法》以来，网约车运价实行市场调节（城市人民政府认为有必要实行政府指导价的除外）。此后，北京、上海、杭州等地政府相继明确网约车实行市场调节价，由此，部分城市打破传统出租车定价模式，由严格规制逐步向放松价格规制转变，各地积极探讨和尝试切合实际的定价规制模式，如浙江省龙泉市、庆元县等地对传统出租车实行市场调节价；又如宁波市由政府定价调整为政府指导价，即制定最高限价，出租车经营者可根据车辆规模、运营成本、客流等因素，自主合理提出和选择运费下浮幅度。至此，客运出租车市场呈现政府定价多元化格局。

2. 灵活化

网约车利用移动互联网信息平台，建立具有独特动态计价系统，通过车辆供给和乘客需求实时匹配，动态调节网约车运价，以此达到市场供需平衡。如恶劣天气和高峰时段，网约车实行动态加价策略，最高可加收传统出租车费用的5倍，一定程度缓解了此时段人们"出行难"的问题。由此，随着客运出租车与互联网逐步融合发展，建立客运出租车动态调整机制，充分发挥运价调节出租车运输市场供求关系的杠杆作用，已经成为出租车市场创新改革的必然选择。

3. 精确化

随着智能交通技术的发展，智能手机和车载全球定位系统（GPS）等位置感知设备的广泛应用，为建立出租车价格体系多样性和精确性创造了技术条件。例如，通过交通大数据分析，制定不同时段和空间运价策略，即乘客高峰期加价和低谷期减价政策；针对不同消费者密度区域分布情况，制定出租车"区域差异化"返空费标准；利用现行智能计费手段，借鉴网约车计费标准，可以将现行按公里计费逐步向按米或按时计费方向转变，以发挥价格杠杆调节资源配置的作用，促进整个社会福利最大化和公平化。

二、移动互联网时代出租车运价动态调整机制

网约车利用移动互联网信息平台，建立独特的动态计价系统，通过车辆供给和乘客需求实时匹配，动态调节网约车运价，以此达到市场供需平衡。

滴滴是涵盖出租车、专车、快车等多项业务在内的一站式出行平台，在网约车市场中占有垄断地位。滴滴有快车、出租车、顺风车、专车等服务。滴滴快车与滴滴专车的收费标准不同，快车价格相对便宜，而专车收费较贵，使用的车型更豪华，针对不同的消费人群。不同的城市，快车的收费标准也不同。

滴滴快车的计价规则包括起步费、时长费、里程费、远途费、夜间费、最低消费及动态加价。快车的起步费为0，夜间费收取时间为23点至次日5点，动态加价只会在交通高峰、司机较少或路途较远等特殊情况才会收取。专车需收起步费、时长费和里程费等，收费比快车高。

不同的城市，时长费、里程费、最低消费等计价规则都不同。

以滴滴为例，分析网约车平台的峰时调价策略，其流程如图3-3所示。

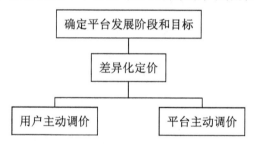

图3-3 滴滴出行的峰时调价策略

2015年8月，滴滴对其出租车业务实行了"建议调度费"制度，当高峰期乘客使用滴滴出租车业务时，系统会给出0～15元不等的建议调度费选择，同时给出每种调度费的"接单可能性"，这是一种用户主动调价策略。用户主动调价提高了交易量，但并没有完全实现资源的有效配置，平台为了追求高利润会损失市场效率。

优步在进入中国市场后推出高端专车服务以及廉价的人民优步，滴滴、优步中国在专车、快车业务上展开了竞争，而竞争的实质则是关于用户的竞争。据中国互联网信息中心（CNNIC）2015年12月发布的《专车市场发展研究专题报告》显示，将专车作为出租车替代品的用户所占比例为55.1%，由

于补贴和优惠等利益驱动使用专车的用户所占比例为26%，具有较高黏性的用户，即平时出行就会使用的，所占比例仅为23.3%。可见，快车、专车的用户黏性依旧较低。滴滴对其快车、专车业务实行了平台主动调价制度，面对优步的竞争，滴滴发展目标是提升用户体验，增加用户黏性，以扩大忠实用户的规模，而增加用户黏性的一个重要途径就是提高打车成功率。因此在面临供给短缺时，滴滴对其快车、专车业务实行平台主动调价，将目标定位于实现交易量最大化，也是与优步争夺用户、扩大市场份额的一种方法。

三、网约车用户主动调价和平台主动调价策略分析

用户主动调价尽管相对于不使用峰时调价的短缺状态而提高了交易量，但并没有完全实现资源的有效配置，滴滴的"建议调度费"制度是以牺牲市场效率为代价获得利润。这种"建议调度费"制度降低了市场效率，2017年，滴滴宣布在全国阶段性取消"建议调度费"制度，这是一种合理的做法。

平台主动调价策略是有市场效率的，但是平台使用调价策略会使平台上完成交易的对象发生变化，从而使得消费者福利发生变化。以滴滴为例，其专车业务主要面向中高端商务约车族群体，根据《2016中国高端出行行业案例报告》（以下简称为《报告》），76%的专车用户愿意接受1.3～1.5倍的车费，因此可认为使用专车的消费者支付意愿普遍较高且需求弹性较低，调价后仍有多数人有足够的支付能力继续叫车，从而使专车业务消费者剩余增加。快车定位于优惠出行服务，因此其消费者大多支付意愿较低且需求弹性较高，《报告》中显示，2倍的溢价就已经接近快车用户的承受极限，对于快车而言，由于用户数量较多，在峰时调价刚推出时溢价水平甚至接近于5倍的水平，远超过此业务消费者的承受极限，因此加价后多数消费者会选择其他出行方式，造成消费者福利的下降。判断平台在高峰时段采用的调价策略对网约车用户的整体影响，需要判断高端用户和低端用户的相对数量，《2018网约车用户调研报告》显示普通快车、出租车是用户最常使用的服务，分别占39%和17%。因此对滴滴而言，从整体来看，其消费者多是中低端群体，平台主动调价会使整体消费者福利下降。

峰时调价的实质是差异化定价，对于在市场中拥有垄断地位的厂商而言，实行调价策略要具有信息优势，所制定策略的市场效率需要得到保证，

同时保证策略的合理性，避免损害消费者的福利和市场支配地位的滥用。

第六节　完善出租车运价调整机制的政策建议

一、适当放宽对巡游车行业的价格管制

2016 年 7 月 28 日，交通部正式发布了《关于深化改革推进出租车行业健康发展的指导意见》《网络预约出租车经营服务管理暂行办法》，先后酝酿两年之久的出租车改革及网约车新政方案终于揭开神秘面纱，并定于当年 11 月 1 日起实行。自此，网约车的合法地位终获明确。同时，随着网约车的普及，众多学者开始探讨是否需要通过政府放松对出租车的价格管制来提升出租车的竞争力。

近年来，有学者对出租车行业的传统政府管制，以准入管制、数量管制、价格管制以及安全和服务质量管制为主要内容进行了研究。对杭州市出租车行业政府管制改革的个案研究表明，互联网与网络约租车使政府管制出现了两方面的变化：一是对传统的出租车放松数量和价格管制，调整利益关系，鼓励传统的出租车利用互联网信息技术实现转型升级，从而主动适应"互联网+"时代；二是探索对网络约租车进行规范管理，将网络约租车这一新形态的出租车纳入制度框架，其中，平台管理模式是主流。在平台管理模式中，政府与网络约租车平台的关系可被视作"委托—代理"关系，网络约租车平台是代理者，并直接以价格等政策工具规范网络约租车的发展，政府作为委托者则主要负责设计合理的机制激励管制对象并承担一定的监管职责。还有学者对放宽出租车市场准入和价格管制进行了经济法学分析，其中提及"公司制""份子钱"的存在，必然使出租车数量管制趋于"呆板"，只有严格限制出租车数量，让打车变得稀缺，才能凸显高运价的合理性，才能保证"份子钱"收得上来。近年来，无论是中国的一线城市还是三四线城市，城市化扩容加快，城区成倍扩大，常住人口大量增加，但出租车数量没有同步增长。打车难、司机欺客宰客等现象层出不穷，根本原因就在于现有的出租车准入制和公司制。从经济法学视角入手，通过分析现行行政许可制度和总量控制制度的不合理性来探讨出租车行业的市场化可能。

此外，还有学者在破解出租车价格管制困境的相关研究中提到为减少司乘双方信息不对称，保护乘客利益，各国政府对出租车实行了不同程度的租价管制。使用两方博弈模型探讨出租车提价能否有效增加司机收入与社会福利，研究结果表明：由于管制政策内生缺陷，出租车价格管制效果并不理想。出租车提价是把"双刃剑"，降低了消费者的消费意愿，并导致司机收入减少、社会总福利下降。破解出租车价格管制困境应该从放松政府规制入手，政府要及时从传统的管理中退位，把出租车价格定价权交给市场主体，由供求和竞争机制确定行业价格。同时，调整公共定价机制，健全出租车价格听证会制度，纠正传统出租车行业管制重心的偏离。

另外，还有学者对出租车行业政府管制进行法律经济学分析，对出租车行业政府管制的合理性进行剖析，认为政府的不当管制不仅使出租车市场无法有效地发挥其自我调节的作用，还造成了社会成本的巨大浪费。同时，为解决由于不合理管制所产生的问题，政府不得不采取更多的管制，结果使管制及问题形成互为因果的恶性循环。同时，对出租车行业的改革提出建议，即政府应该放开出租车市场，取消准入歧视、数量管制和固定的价格管制，只对出租车价格设定一个上限。

不难发现，计划经济向市场经济转型过程中，政府的行为仍强烈地受制于计划经济时期的思维模式，政府过度或不当管制都会使市场无法有效地发挥其自我调节的作用，从而妨碍了市场的正常发展，这些管制人为地使供求不时偏离市场的均衡位置，而且为解决由于管制所产生的问题，政府不得不采取更多的管制，结果使管制及其产生的弊端形成恶性循环。因此，政府适当放松对出租车行业的价格管制是很有必要的。

二、推动巡游车运价市场化改革

在"互联网+"的背景下，网络约租车兴起，打破了出租车行业的准入壁垒，改变了出租车的供求关系，并且能够对运价进行动态调整，也能够进行事后的信息化监管，从而对传统出租车行业及其管制政策带来巨大冲击。

此前，由于负外部性、信息不对称等原因会导致市场失灵，政府需要对社会经济活动实行管制政策，以弥补市场失灵，增加社会福利。然而，由于规则本身的漏洞和僵化、规则执行与实施中的走样、利益集团或官僚自利以及市场活动本身的变迁等原因，政府管制也会遭遇悖论和失灵。互联网的兴起，使社会活动主体能够进行高效率的信息沟通和分析，更加有效地配置生产要素，降低交易成本，提高生产效率。"互联网+"促进经济社会各领域与互联网深度融合，推动技术进步、效率提升和组织变革，从而形成以互联网为基础设施和创新要素的经济社会发展新常态的前景。因而，在"互联网+"时代，政府管制遭遇了前所未有的危机，面临着放松管制与进一步改革的挑战。

针对宁波市巡游车运价调整现状及存在的问题，重点考虑巡游出租车市场供需关系、经营成本以及和公共交通、网约车竞争关系等因素对巡游出租车运价的影响，对比分析巡游出租车与网约车运价结构的差异，合理确定巡游出租车运价结构优化方法，考虑巡游出租车与网约车的比价关系，建立巡游出租车运价动态调整方法，提出切实可行的运费下浮实施方法和运价市场化调节改革的建议与措施。为宁波市政府调控出租车运价提供决策依据，也为宁波市出租车行业管理部门优化出租车市场结构、规范出租车服务与经营、提高出租车效率、保障出租车司机安全提供有效手段，最终满足人民群众个性化出行需求，确保出租车行业健康发展。具体建议如下：

首先，从政府对出租车价格进行管制的本意来看，其目的当然是使资源得到有效配置并促进服务的公平供给。然而，按照古典经济学的说法，市场是一部运作精巧、成本低廉、效益最佳的机器，绝大多数情况下，其本身就能有效地调节经济运行和各个经济主体的活动。所以，在政府与市场的关系上，应当是市场先于政府，政府一定要慎用干预手段，尽量利用市场固有的力量去解决问题。政府要自己把限制在补充的作用上，只有当市场处理明显失灵而政府干预显然有效时，才可采取适当的行动。出租车在城市公共客运交通中所处的补充地位决定了政府对出租车的管理应该多利用市场机制的自我调节作用，而摒弃目前存在的行政强制干预过多的痼疾。放松目前政府对出租车价格的管制，不但有利于维护司乘各方的利益，而且也有利于中国出租车市场的健康发展。其次，政府可以结合目前发展迅速的网约车的价格管制方式来进行调节，政府可以给出价格的上下限，然后采用一种类似于上文采用的系统动力学模型的系统来根据供需关系动态地调节运价。最后，政府对出租车行业运价管制制度的执行情况进行监督。

三、动态监测运价结构调整的市场影响

1. 对出租车司机的影响

（1）司机高峰和低峰营运收入增加。如实施动态调整方案，与现行运价对比，司机高峰营运每乘次有效里程内（6.33 公里／乘次，下同）增加营运收入 1.7 元，增幅为 9.24%；与现行运价对比，司机低峰营运每乘次有效里程内增加营运收入 1.4 元，增幅为 5.7%。动态调整方案均可提高出租车司机高峰和低峰营运的积极性。

（2）司机远程营运收入增加。如返空费方案，与现行运价对比，出租车白天从宁波大学前往机场营运，当营运里程达到 26 公里时，司机每乘次可增加营运收入 6.45 元，增幅为 7.3%，可合理弥补出租车远程运载及回程运载率低的油耗成本和劳动力成本，提高出租车司机前往机场营运的积极性，避免远程运载时司机与乘客讨价还价、拒载等行为发生。

（3）司机在交通高峰时段低速行驶的油耗成本得到合理补偿。

2. 对消费者的影响

（1）乘客低峰乘坐出租车，每车次有效营运里程内支出的运费减少。如实施动态定价，与现行运价对比，乘客每乘次支付运费增加 0.6 元／公里。

（2）乘客高峰乘坐出租车，每车次有效营运里程内支出的运费增加。如实施动态定价，与现行运价对比，乘客每乘次支付运费增加 0.6 元／公里，可有效抑制出租车高峰需求，对"打车难"起到一定的缓解作用。

（3）交通高峰时段，当出租车行驶速度低于 12 公里／小时时，乘客支付的等候费增加幅度较大；低速行驶的时间、里程越长，乘客支付费用越多，但对"打车难"起到一定的缓解作用。

（4）夜间乘坐出租车的乘客，多为外出休闲游玩、聚会或开展各种文化娱乐活动的群体。因此，出租车夜间营运加价，不会增加大多数市民的日常出行费用负担。

（5）乘客从宁波大学乘坐出租车前往机场，支付运费增加的幅度较大，但由于乘坐出租车前往机场的市民所占比例较小，远程营运加价对市民日常出行影响不大。

3. 对相关行业的影响

运价结构的调整，能充分发挥运价在供需调节当中的作用，加大巡游车

对网约车的竞争能力，有利于规范出租车运营价格和运营秩序，促进出租车行业健康发展，促进城市交通可持续发展，维护社会和谐稳定。

运价结构调整后，出租车高峰期实载率会有所下降、低峰期实载率会有所上升。高峰时，一部分乘客会因乘坐出租车需增加费用支出而分流转乘公共汽车，有利于城市客运结构的优化，充分发挥公共汽车较出租车运量大、人均道路资源占用少的优势。低峰时，一部分乘客会因降价而被吸引过来，充分弥补了低峰出租车需求不足的情况，有利于缓解低峰期收益低的局面，同时也提升了市民日常出行体验。

四、完善出租车运价结构调整后的相关配套措施

运价结构的调整只能起到合理补偿出租车运营成本，缓解"打车难"的作用。但是，"打车难"是一个综合性的问题，不可能单纯依靠运价结构的调整得以彻底解决，需要有关部门齐抓共管、多措并举、综合治理才能取得实质性成效。

1. 适当增加出租车客运经营权投放数量

根据《宁波市区出租车行业动态监测和运力规模动态调整机制研究》，依据运力"总量控制、适度从紧"原则，在充分考虑社会经济发展、城市消费水平、道路交通拥堵状况、各种公共交通工具平衡发展、市民出行需求、出租车经营者营运收入情况等诸多因素的基础上，适当增加巡游出租车投放数量，在一定程度上缓解"打车难"。

2. 出租车经营企业不得再提高承包费

宁波市于2016年1月1日起取消了市区出租车营运权有偿使用费，取消了出租车经营企业享有特许经营权，打破了经营的垄断性，节约了经营成本。出租车运价结构调整后，出租车经营企业不得再提高车辆的承包金，增加司机的负担。

3. 建立健全出租车市场准入和退出机制，建立良好的出租车运营市场秩序和环境

出租车企业为特许垄断经营企业，政府为其创造了良好的经营环境，企业也有责任和义务承担社会责任，与出租车司机利益共享、风险同担。为此，企业应建立出租车司机拒载与承包运营权挂钩的机制，对有拒载行为的

出租车司机，经教育劝导仍不改正的，取消其承包营运资格；交通主管部门应建立出租车经营企业准入机制和淘汰机制，对出租车企业的司机存在拒载行为达到违规次数时，取消出租车企业的特许经营资格。

4. 完善城市客运公共交通体系

近年来，宁波市政府不断加大公共汽车的投放力度，扩大公交线路的覆盖面，为市民的出行创造了良好的公交环境和条件。同时，随着全市多条轨道交通将要建成和投入运营，公交出行将成为市民首选的出行方式，出租车作为城市客运体系补充的作用将更为明晰，"打车难"也会得到有效缓解。

5. 加强对出租车运价及运营行为的监管

物价和交通主管部门要依法查处违反运营和价格管理规定的行为，切实保护经营者和消费者的合法权益。

第4章

行业信息监测

第一节 行业监测发展历程

一、研究现状及意义

出租车作为城市交通的重要组成部分，随着人们出行需求的多样化，越来越受到关注。而网约车的兴起及其与传统出租车行业的碰撞使得出租车运营市场秩序混乱，出租车管理已成为城市管理者必须面对的难题。如何利用先进技术手段，建立出租车服务质量考核体系已成为迫切需求。为提升行业资源配置效益，维护出租车行业及社会的持续健康发展，相关行业管理部门应该对出租车行业的运力规模、准入机制及服务水平等实施科学的、动态的调控和监督。国家和地方政策文件都应强调加强对出租车行业的动态监测。各出租车行业相关管理部门纷纷通过建立行业监测指标体系来加强监管、科学调控运力规模以及提升服务质量。构建出租车行业动态监测指标体系，并定期监测，实时预警，使行业能在问题初露端倪时及时采取相应措施。首先，出租车行业信息监测有利于宏观调控。监控体系监测获得的有关出租车市场数据能够为政府及行业管理部门实施宏观调控提供科学决策依据。如城市出租车出行需求监测数据是当地政府确定出租车运力调控目标的重要依据，出租车供需平衡状况监测结果是行业主管部门制定新运力投放计划的重要依据，出租车运营状况监测数据是物价部门调整出租车运价的重要依据。其次，出租车行业的信息监测有利于优化市场结构，提高服务质量。监控体系通过监测出租车服务质量，能够考核出租车企业、个体经营户以及出租车司机的经营、管理和服务，全面评价他们的服务质量。评价和考核的结果是行业主管部门和出租车企业加强行业管理和服务管理的重要依据，是出租车市场准入与退出的核心依据。这在根本上促进了出租车企业的内部建设，促进了行业的服务质量竞争，并通过优胜劣汰优化出租车市场结构，推动传统出租车行业深化改革，很好地提升网约车监管效应，提高行业服务水平。最后，信息监测有利于市场监督，维护行业稳定。监控体系通过监测出租车营运状况，掌握出租车的营业收入与运营成本，并以此为依据制定出租车生产定额或承包基数的指导标准，以合理调节出租车行业的利益分配。通过出租车企业的全面考核，监督和规范出租车企业行为，切实保障出租车司机合法权益。

宁波市出租车从20世纪80年代开始到现在，经过了几十年的发展，尽管在行业规模、设备设施、服务质量、管理水平等方面取得了较大进步，并在1998年就以地方立法形式颁布实施了《宁波市出租车客运管理条例》及其实施细则，但随着宁波经济社会的不断发展，人民生活水平的不断提高，人们对出租车行业提出了更高的要求。目前，宁波出租车行业整体上还存在着供需关系不平衡、经营模式落后、服务质量不高、利益矛盾突出等诸多问题，与现代化国际港口城市的发展要求仍不相适应。为进一步完善宁波城市公共交通体系，提高出租车行业服务水平，维护广大出租车经营业户和从业人员的利益，有必要对宁波市出租车行业信息监测进行更深入的研究。利用先进技术手段，建立科学、有效的出租车行业动态监控指标体系已成为迫切需求。国内外的研究者们针对自己的研究问题纷纷提出可以量化的出租车监测指标，主要集中在以下几个方面。

1. 出行特征

通过对出租车出行特征指标的监测，可以使出租车调度中心提前对出租车进行合理的调度安排，从而提高乘客的打车效率，节约乘客出行的等车时间，可以有效解决载客热点区乘客"打车难"的问题。

国内学者很早就开始基于OD调查数据对出租车出行特征进行分析。通过出租车运营管理公司管理信息系统中采集的数据对出租车出行基本特征进行分析，即从宏观层面统计营运出租车的总量特征，包括营运车数量、全天载客次数、车均载客次数、载客时间、空驶时间、日营运时间、全天载客里程、车均载客里程、日营运收入和车均营运收入等。这些数据的分析和统计可以作为出租车运营公司的基础数据，为其规划和调度提供必需的指导，同时也为规划者从宏观上把握出租车的运营规律打下坚实的基础。

还有大部分出行特征的研究都是基于GPS数据进行的。可以通过出租车

GPS 数据，选取巡游出租车载客时间、载客位置指标，挖掘不同时段载客热点区域，分析载客热点区域内巡游出租车时空分布特征。采集巡游出租车的GPS 及计价器相关数据，通过处理分析，来构建巡游出租车的特征指标计算模型，分析其运行时刻特征。也能对巡游出租车 GPS 数据在特定区域与时间段内进行统计监测分析，预测居民出行的特征规律。还可通过利用 GPS 轨迹数据，对巡游出租车载客、空驶、停车指标进行监测，建立停车位置探测的模型算法，研究并确定巡游出租车最可能的停车位置。最近几年也有学者以AHDT、AHTT 为指标对网约车出行数据进行分时段研究，结果发现，网约车能够缓解交通问题，但也会与巡游出租车产生竞争。不同的 GPS 地图匹配算法对研究结果会有一定的影响，研究人员也在这方面展开了诸多研究，如采取综合权重值的轨迹点匹配方法、综合车辆行驶方向和最短距离的地图匹配方法，并使用出租车运营状态，GPS 点时间间隔和距离间隔的载客、空载轨迹识别方法。而对于数据的分析也有不同的方法，如利用出租车轨迹数据挖掘城市居民出行的时空特征时，将出租车轨迹的方向和载客的数量特征考虑在内，类比电动力学中高斯定律所描述的场景，提出一种基于高斯定律思想的出租车轨迹挖掘、分析方法。还有通过运用设计聚类算法对出租车轨迹数据进行空间聚类分析进而得出相关结论。

2. 供需水平

出租车市场的供需状况是一个非常复杂的状态，出租车市场的需求是弹性的。通过对出租车供需指标监测，可以及时了解目前出租车市场供需水平，为是否需要投放出租车数量提供重要的决策依据。若供大于求，不仅会导致城市道路出现大量空驶出租车，造成道路资源浪费、城市交通拥堵以及环境污染加剧，还会直接降低出租车行业的收益率，造成出租车行业不稳定。若供小于求，则会造成打车困难的状况，难以满足乘客的出行要求。

出租车供需水平研究早期，有国外学者为解决现有监管条件下出租车市场的供需平衡问题，利用数量分析模型，验证了出租车的需求量将随着价格和等候时间的增加而减少。同时认为对出租车行业实施数量和价格管制，比完全没有管制更能增加社会的总福利。也有学者从不同的角度，如从经济学分析角度出发，发现出租车行业出行需求与供给之间是相互依赖的且要使两者完全契合实现供需平衡有一定难度。

国内学者则提出以巡游出租车乘客等车时间、有效里程利用率为主要指标，并以其运营状况、城市道路拥堵状态为参考指标来研究巡游出租车行业的供需态势，并通过监测结果来科学调控。也有通过构建巡游出租车供需比和里程利用率指标集，通过供需平衡法来预测巡游出租车在不同时间段内的供需特征，研究结果用于计算不同区域巡游出租车的供需匹配度，以得出城市中心区在出行早高峰期的供需不平衡问题。随着出租车行业的发展，指标选取也更具体，涉及多个方面。有基于车辆营运情况的，如选取巡游出租车空载率、载客时长及行驶车速为监测指标，分析巡游车运力规模、城市客运周转量和空驶率这三者之间的关系，并提出确定巡游出租车运力规模的方法以及预测未来城市所需的巡游出租车运力规模。还有选取车辆满载率、里程利用率等指标，提出了供需平衡状态的判定指标，建立巡游出租车运力合理规模计算模型。同时还能采取不同的研究方法分析确定指标值计算。如使用高斯函数拟合分析乘客平均等车时间和巡游出租车空驶率，确定在乘客所能容忍的等车时间内巡游出租车的空驶率，即巡游出租车市场在供需平衡态势下的空载率大小，能更好决策城市巡游出租车供需是否平衡。随着网约车的兴起，人们开始研究传统出租车与网约车之间的供需平衡是否有一定的联系，通过分析传统巡游车供需水平，对比研究网约车与巡游车的成本差异。研究表明，消费者选择网约车时使用成本提高，但等车的时间成本较低；网约车提高了资源配置效率，降低了无谓损失，且满足了乘客差异化的需求。

3. 营运效益

对出租车行业的营运效益监测可以直观地了解目前出租车行业的收益情况及未来的发展趋势。

最初国外学者认为出租车行业利润与营运车价格和数量之间有一定的关系，认为出租车运营数量的减少或者价格的升高，会导致行业利润的上升。纽约市的独特数据集表明，出租车费用增加的确对出行需求和出租车服务可用性有影响。通过调整票价指标来分析人们使用出租车出行的需求。也就是说在出租车监管中提到对于价格的监管尤为重要，价格的调节保证了驾驶员的良好行为和优质服务。国内研究人员通过分析哈尔滨市和深圳市巡游出租车运价水平的高低，构建了巡游出租车的常规定价计算模型，分析其驾驶员营运收益和乘客费用指标的变化情况。这时候对于营运效益的研究主要集中在出租车的票价上。

随后开始从不同的研究角度进行营运效益的评价分析。如基于巡游出租车营运特征评价体系及特征分析需求，通过监测巡游出租车的运行速度、营运特征等指标来对比电动巡游出租车与燃油巡游出租车之间的营运差异。还有学者对营运收入高的巡游出租车驾驶员与营收一般的驾驶员的出行行为数据进行监测分析，得出决定优秀驾驶员收益高的影响因素，结果发现优秀驾驶员的平均驾驶速度快，巡游出租车的载客率就高。随着网约车的发展，研究人员开始将目光基于网约车这一新兴产业，通过监测乘客等车时间与网约车拼车出行费用，并分析影响因素之外的出行时间，到达集合点的步行时间，在接送点的等待时间以及节省成本作为拼车工具的解释变量，与其他属性结合使用之后，节省成本被证明是最重要的属性，其次是额外的旅行时间。

还有学者从巡游出租车的传统承包制度、共享经济承包制度、个体制度及经济员工制度这四个运营模式来建立巡游出租车现阶段的运营模式指标评价体系，以及在深入分析影响城市交通运行效率因素的基础上，结合城市空间结构、基础设施建设水平、居民出行特征和交通管理水平四个层面，以及道路网络密度等14个具体监测指标来建立城市交通运行效率评价指标体系。

4. 服务质量

2002年5月23日，我国第一部规范出租车服务质量标准在沈阳出台。《沈阳市客运出租车服务质量规范》要求，出租车采用星级评定制，分为三星、二星和一星三个级别，考核为星级的客运出租车配置明示标志，乘客可依据标准对出租车的服务进行评定，一旦出现争端和纠纷，有关部门在处理投诉时也有了评判标准。这时候服务质量的研究目的仅仅是希望通过规范出租车司机行为来为乘客提供一个良好的服务环境。还有学者提出了基于顾客满意度优先改进矩阵（影响力—评价值）的方法原理，针对出租车服务质量的改进分析提出了服务质量诊断矩阵，在综合考虑顾客满意度水平和服务质量稳定性的基础上，合理评价服务质量，并进一步明确顾客满意度优先改进的重点方向。即通过对出租车企业的服务质量评价，来反映出租车企业运营水平的高低。同时不同的评价模型也被用于服务水平指标的建立，如基于排队理论的出租车服务水平的理论评价模型，从高峰满载、空驶率等方面描述出租车系统的运营服务状况。根据该理论模型，可以依据路段上或者地区内的出租系统运行条件和出租方式出行需求条件，估计出租车的服务水平，为制定相应的出租车管理和调控政策提供定量分析的依据。

随后有学者开始思考通过服务质量确定出租车市场准入与退出机制。也就是说出租车经营权服务质量招投标是以出租车经营主体的服务能力和服务质量为主要评价条件，以招投标的方式确定出租车经营权的使用者。其中评价指标体系的设计是以剑桥大学帕拉苏拉曼，泽特哈姆尔和贝里教授在 1985 年提出的服务质量概念性模型（Conceptual Model of Service Quality，即 PZB 模型）为基础，结合出租车服务过程及特性的实际情况进行设定。随后研究学者参考了泽特哈姆尔等人提出的"顾客感知服务质量（Perceived Service Quality）"的高低取决于服务过程中顾客的感觉与对服务的期望之间的差异程度，提出了 SERVQUAL 测量模型。SERVQUAL 测量模型提出服务质量的五大属性，对应包括了 21 个条目，用来对服务质量进行评价。其五大属性分别是可靠性、反应性、保证性、移情性以及可感知性。

随着出租车行业的发展，服务水平指标建立也日益完善，有的学者考虑将运力、运力密度、服务强度、便捷性、平均等候时间、出租车占公共交通运输比例、营运里程利用率以及出租车服务水平稳定性指标等作为服务水平指标。同时也有基于不同研究对象建立服务指标体系，如以乘客需求为导向的出租车服务质量评价指标体系建立即将满足乘客"方便、安全、快速、舒适"这四个需求转化为可以量化分析的具体指标，来建立巡游出租车服务质量评价指标体系，还有基于出租车驾驶人绩效考核进行服务指标以及从经营企业管理者角度建立评价指标体系，如基于巡游出租车企业运营管理、运营安全、运营效率、运营经济、运营服务质量五个指标构建出租车企业绩效评估指标体系。同时评价的方法也有许多，如层次分析法、模糊算法理论的方法以及多目标综合评价等。通过分析巡游出租车的运行特征并结合营运实际情况，选取基础评价指标和一级指标，并通过专家决策和层次分析对指标因子进行研究，建立巡游车现代化服务评价指标体系。还有从设施水平、服务水平等方面建立多层次、多方位的树状评价指标体系，并尝试应用于交通运输现代化的定量评价，最后对于监测结果进行总结分析。还有从巡游出租车舒适性、便捷性、经济性、安全性、服务规范五个维度的满意度评价指标体系，以及车容车况、运营规范性两个维度的绩效评价指标体系，构建巡游出租车服务指数模型。

二、信息监测存在的问题

国内外研究学者对于出租车行业中巡游车方面的监测指标研究较多，主要集中在对大城市巡游出租车出行、供需等相关理论的研究，且从定量定性的角度得到了计算巡游出租车合理规模的方法，取得了丰富的研究成果。但网约车方面监测相对较少。当前我国出租车行业呈现出传统出租车营运模式与互联网专车营运模式并存的局面，前者在我国出租车行业仍占据绝对主导地位，但由于其自身营运模式滞后性，并不能满足市场个性化需求；而互联网专车代表着新生事物，作为挑战者，在一定程度上迎合了消费者的相关需求。所以需要加强在"互联网+"时代对网约车运力方面的研究，综合新旧两种运营模式，宏观调控城市出租车规制。

因为出租车行业动态监测指标体系中的指标构建是在现有出租车行业数据基础上，对于指标选取有一定局限性和主观性，存在指标选取不够全面以及部分基础数据搜集不够准确的问题。首先，指标的体系性不够强，指标之间缺乏纵横的有机联系，指标之间综合分析度不够，一些指标的内涵逻辑错综复杂，难以动态采集，致使监测结果不能有效反映出租车行业动态的变化情况，出租车管理人员和企业不能准确判断当下出租车行业的情况，并且难以对可能出现的新变化做出及时的应对。其次，指标平行并列，关联性低，不便于进行综合判断与评价，不能直观动态反映行业发展动向，得不出总体发展情况。且行业动态监测中的动态预警体系是基于以往行业数据采集分析基础上的，各指标阈值的设定与判别带有较大经验值，目前行业发展较之前变化更为复杂，因此预测的结果往往与实际有所偏差，没有进行科学性评估。因此，预警准确度仍然是一个有待深入研究的问题。

目前，我国尚未建立一套完善的出租车行业动态监测指标体系，相关指标计算权重等在各区域之间统计口径不一，这些监测结果会直接影响行业动态预警的实现。由于宁波市出租车行业未建立完善的数据共享机制，网约车平台数据获取不全面，指标分析还有许多不完备的地方需要在今后的实践中不断地修正和完善。随着我国出租车行业监测指标等方面的不断完善和发展，出租车行业动态监测预警可以成为出租车行业监管参考的重要依据。

三、信息监测发展新趋势

国内外研究学者对出租车行业的监测主要集中在出租车的运行特征、供需水平、运营效率、服务质量上面，主要面向乘客、政府监管，而对行业景气状况及安全等指标进行监测的文献较少。出租车的运营成本体现了司机所需承担的基本费用，景气状况反映了出租车市场的活跃性，行业道路运输违章指标反映了出租车行业安全生产能力，这些因素是出租车管理部门、企业、司机最为关心的问题。为了反映出租车行业利益相关体的不同需求，有必要从多个角度全面监测出租车行业的状况。

由于监测研究人员未能密切地与出租车信息管理系统开发人员进行沟通，多数巡游出租车行业监测指标仅限于年度或季度静态结果，致使监测结果不能有效反映出租车行业动态的变化情况，出租车管理人员或企业也因此不能准确判断当下出租车行业的情况，难以对可能出现的新变化做出及时的应对。所以，有必要面向出租车原始数据设计调查表格，明确部门和平台的责任分工，实现出租车动态数据的收集和分析。出租车行业动态监测机制，是大数据新业态下可以开展的研究。

在"互联网＋"时代的影响下，出租车行业发生了巨大的变革，通过技术和传统行业的结合，顺应时代的变化产生了网约车这一服务模式。一方面，网约车的出现给了传统出租车行业很大冲击，乘客可以根据自身需要，提前预约，减少外出等候时间，提高打车率。即网约车以其低成本、便捷性、能提高乘客出行效率等优势吸引了越来越多的客户，使得传统出租车客流大大减少，但由这两种打车模式产生的供需不平衡现象也较严重，网约车供给不足而巡游车则供过于求，如何协调这两种模式下的供需平衡仍需进一步研究，目前已有很多学者对网约车和传统出租车的关系进行了研究，如通过对滴滴打车等打车软件的兴起探究出租车管理体制如何改革，互联网技术的应用对于出租车行业也是一次巨大的机会。并且随着司机数量的日益增长，公司和相关部门的监管力度也有些力不从心。如何最高效率地利用出租车行业信息监测体系来管控新旧两种模式的打车方式仍需深入探讨。另一方面，其影响乘客权益，所涉业务难以监管，使用网络约租车软件存在较高的安全隐患。由于入行门槛低，网络约租车软件中存在部分非法营运司机，这给乘客带来了许多安全隐患。有数据显示仅 36.78% 的人认为专车安全保障力度较高及很高，并且最近滴滴打车乘客安全事故频出，这使得人们对打车软件的信任大幅度下降，站在长远利益和整体利益的角度看，正是由于这些非法营运和没有行业素养的司机导致了客运服务质量难以得到保证。因此，如何利用信息监测更好地保障乘客安全，提高服务质量，也是未来需要做的工作。

第二节 监测指标体系构建思路

一、动态监测指标体系构建的必要性

1. 政策要求

《国务院办公厅关于深化改革推进出租车行业健康发展的指导意见》（国办发〔2016〕58 号）文件规定："要统筹发展巡游出租车（以下简称巡游车）和网络预约出租车（以下简称网约车），实行错位发展和差异化经营，为社会公众提供品质化、多样化的运输服务。要根据大中小城市特点、社会公众多样化出行需求和出租车发展定位，综合考虑人口数量、经济发展水平、城市交通拥堵状况、出租车里程利用率等因素，合理把握出租车运力规模及在城市综合交通运输体系中的分担比例，建立动态监测和调整机制，逐步实现市场调节。"宁波市政府于 2016 年先后出台了《关于深化宁波市出租车行业改革的意见》（甬政发〔2016〕22 号）和《宁波市网络预约出租车经营服务管理实施细则（试行）》（甬政发〔2016〕108 号），要求建立出租车运力规模动态监测和调整机制，定期发布行业景气指数、白皮书，评估市场供求情况，综合考虑城市低碳环保、公共交通发展程度、交通拥堵状况、公众出行需求等因素，动态调整运力规模，逐步实现市场调节。为贯彻落实国家、省、市出租车改革相关文件精神和有关要求，深入推进传统巡游出租车改革，规范有序发展网约出租车，构建出租车行业动态监测指标体系。

2. 有利于出租车行业健康持续发展

多功能的行业动态监测指标体系可以实时把控出租车行业的发展动态，提高行业事前的防范能力，将更多行业的事后应急处理转化为行业事前的预

警分析，从而减少行业发展的不稳定因素。

建立出租车行业动态监测指标体系能够对出租车行业发展状况做到事前预测，推算出市场在近期内的变化走向即未来发展趋势。行业监测关键性指标的变化能体现出行业潜在问题，提前透露或反映其变动，这些变量可以组成能提前指示出租车行业变动的"晴雨表"或"指示器"。一些指标会在市场出现重大变化时提前释放信号，对该行业发展起到预警作用。行业发展的动态监测预警有利于政府、企业以及个人对行业发展科学判断、合理预期，做出正确的管理方式，也能规避风险，促进行业良好的运行。

建立出租车行业动态监测指标体系能够对出租车行业发展状况做到事中监控，科学衡量当下出租车行业的发展态势。通过动态监测目前巡游车与网约车两业态的融合发展状况，行业各地区、各时间段供需变化、营运收入情况以及安全服务水平等监测结果能促进出租车市场进行优胜劣汰筛选，这在根本上促进了行业内部建设。通过正确判断当前行业发展状态，政府能迅速对其做出反应，缩短对行业形势变化的认识时滞和行动时滞，是无为而治以使行业自动稳定，还是采取相关的调控措施以使行业平稳发展，也就是使各用户群体准确把握出租车行业动态信息、科学决策，有利于深化行业改革，提高出租车行业监测水平、服务质量、运营效益，实现出租车健康、稳定、长远发展。

建立出租车行业动态监测指标体系能够对出租车行业发展状况做到事后分析，正确反映政府当局调控的效果。当相关营运指标监测预警发布的消息转变时，政府应当及时调节出租车运价以及司机相关费用；当服务安全水平监测预警变动时，要及时采取措施，加大各部门联合协调管控，提升监管力度。若政府调控之后行业动态监测预警状态在正常范围内平稳运行，那么政府当局的调控政策是有效的。

二、动态监测指标体系构建要求

1. 动态监测市场供需状态，科学调整运力规模

出租车行业的发展、规划及定位等需要综合考虑该城市目前的发展水平、交通状况、人口规模等因素，如何科学、合理调控出租车运力规模，确

定其在城市公共交通运输中的分担比例，使之既能够满足行业出现的需求，又能够不给城市道路交通带来负荷压力，这直接影响到出租车行业的经营状况与发展前景。目前大部分城市对于巡游车运力规模都采用适度从紧政策，没有及时掌握出租车市场动态变化，对巡游车数量的调控缺乏客观的科学依据，导致高峰期用车紧张，平峰期大量空驶。因此，在有限道路资源下满足出租车双方供求，科学调控出租车市场规模，必须定期监测出租车市场供需状态，并根据动态监测数据来不断调节市场供求关系，促进供需平衡。

2. 动态监测行业服务质量，实现市场优胜劣汰

出租车市场准入制度和退出制度的规范化对于规范出租车市场行为、形成出租车市场良好秩序、调整出租车运力规模起着很重要的作用。传统巡游车因其自身的非竞争性，对服务质量的管理缺乏重视。要合理、科学调控出租车的运力规模就需要建立合理的市场退出机制。同时，为了提升出租车的服务水平，规范市场发展，在建立更加合理有效的出租车市场准入制度的同时，也需要建立退出机制。网约车的合法化、有效的投诉途径也是乘客权益的重要保障，通过监测乘客投诉案件及合法化等动态数据，能够了解目前行业发展的安全、服务水平，从而有针对性地采取相关措施，加强行业执法力度，开展服务质量整治，对一些违法失信的行为要联合惩戒，或直接纳入行业黑名单。对于巡游车企业、网约车平台、司机等进行更加全面、公平、系统的评价，以更好地指导建立适应市场发展的准入和退出机制，有利于实现市场优胜劣汰，保障市场的高质量发展。

3. 动态监测营运情况，保障行业稳定发展

目前，出租车作为城市其他公共服务的补充，关系到广大乘客的切身利益，对于行业经营者以及城市出行结构有着重大影响。出租车的运价更是引导着市场资源配置，需要政府根据城市经济发展水平以及行业运营成本来制定合理的运价标准。我国传统巡游出租车行业一直以来都实行政府定价模式，而政府对市场动态变化缺乏了解，传统巡游车的运价在长时间内都没有变过。目前对于网约车的定价是根据互联网信息及大数据的分析推算出来的，与市场供求关系相匹配，根据市场的变化实时调整运价，较巡游车行业来说更加科学有效。因此，出租车行业的定价也要根据市场营收、成本等动

态数据及时调整，在保障乘客权益的同时，缓解出租车司机的压力，保障出租车行业的稳定发展。

4. 动态监测行业景气情况，预警行业发展

剖析网络约租车行业的景气指数组成，为网络约租车行业决策者、网络约租车从业者提供网络约租车市场的基本面。将出租车行业景气指数与其他行业的发展状况进行横向对比，探知网络约租车行业的现状和趋势，判断网络约租车市场发展的问题症结，及早进行预警发布，充分保障网络约租车市场的良性可持续发展。

三、动态监测指标体系选取原则

评价是通过一些归类的指标按照一定规则与方法，对评判对象从其某一方面或多方面的综合状况做出优劣评定。对于所评价的系统，必须建立能够对照和衡量各个方案的同一尺度，即评价指标体系。系统评价的复杂性主要体现在评价指标体系的建立。选取不同的指标对评价的结果影响很大，指标选取有很多的影响因素且有很大的主观性，不同人可能对同一问题选取不同指标，得出不同结论。指标体系可以在大量的资料、调查和分析的基础上得到，但是指标体系的选择要视被评价系统的目标和特点而定，为了使评价结论尽可能达到客观性、全面性和科学性，评价指标的选取必须遵循一定原则。

1. 系统性

各监测指标之间要有一定的逻辑关系，既要从自身监测结果中反映出出租车行业发展的某一特征和状态，更要综合反映出行业整体的发展态势。监测指标体系要面向不同用户群体，既要为出租车行业管理者提供科学的决策依据，又要为行业从业者提供择业参考，最后还要给行业出行者提供日常出行参考。评价指标要包括系统目标所涉及的主要方面，同时能够从指标中抓住主要因素，既能反映直接效果，又能反映间接效果，以保证综合评价的客观性和可靠性。

2. 客观性

对于出租车行业政府、企业等相关管理者来说，必须要确保该监测指标体系的公正、客观以及监测数据来源的真实可靠。而且监测指标体系内的指

标选取一方面不能重复，要精简，否则代表性不强；另一方面，监测指标选取也不能太少，造成指标遗漏或指标不清晰等状况。

3. 综合性

务必确保监测指标具有一定的典型代表性，尽可能准确反映出出租车行业的综合特征变化，能客观全面反映出各指标之间的真实关系，为监管部门提供有效的数据支撑。

4. 动态性

出租车行业动态变化特征需要通过一定时间尺度的指标才能反映出来，必须遵循动态性原则建立指标体系，为实时监测出租车运行状态提供基础。因此，要求指标选取具有短周期可测性。

5. 可采集性

对出租车行业动态指标选取时，要简单明了，监测结果动态性反映明显，且必须注意每个指标的计算方法和度量方式是规范统一的，以及每个指标在总体范围内保持一致性，指标数据要便于采集、易分析。

6. 可比性

综合评价指标应具有动态可比性和横向可比性。通过对综合评价指标进行动态比较，可了解企业或出租车在同行中所处的位置，有助于出租车公司和司机提高运营效率，改善服务水平。

四、动态监测指标体系构建方法及总体框架

出租车运营水平评价涉及面广、内容多，评价指标选取所考虑的因素也多。而动态指标监测体系的构建首先要总结国内外的研究成果，其次，要分析我国出租车行业在发展过程中出现的问题，并结合不同利益群体对于出租车行业发展的不同需求以及各监测指标采集计算的难易程度，选取能动态反映行业特征变化的监测指标，并重点分析行业供需预警指标体系，通过定期监测指标的动态变化对出租车行业发展起到预警作用。最终，建立多角度、多层次的出租车行业监测动态指标体系，构建方法如图4-1所示。

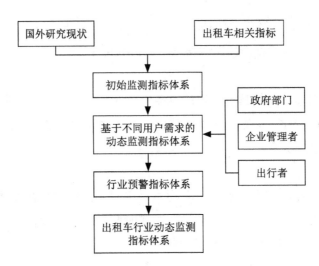

图 4-1 行业动态监测指标体系构建方法

1. 面向政府部门供需指标监测

政府部门只有发挥协调、平衡和主导力量，才能实现出租车服务水平良好、行业健康稳定发展。通过政府的协调、协商，让更多的利益群体都参与到行业发展的决策中来，以此来增强决策的预见性，防止决策行为的短期化，从而间接地降低监管成本。出租车行业的供需情况本身就是一个很复杂的状态，它不仅与该城市的经济发展水平、人口总量有关，还与城市的公共交通运输水平、私家车发展态势以及不同阶段道路交通状况等都有着密切的联系。正因为这种复杂性，乘客对于出租车的出行需求具有很强的随机性和突发性，且每次出行需求的时间和线路都是不一致的，如一天中早、晚高峰期以及节假日这几个时段的出行需求是最高的。其次，出租车供给不仅与市场需求有关，还与城市道路交通状况有密切联系。出租车投放过多使出租车供给在时间以及空间中表现出不均衡性，在时间上表现为，不同时段内乘客对于出租车的需求不同，往往早、晚高峰期打车需求高，其他时段内打车需求大大减少；在空间上表现为，供给满足需求时，出租车资源配置效率较高，供给小于需求时，出租车空驶率高，易造成资源浪费，空间和时间对运输平衡具有很大的影响。因此，需要科学调控出租车运力规模，促进市场供需平衡。政府部门对于出租车监测主要包括车企规模、出车率、车辆更新情况、从业人员情况等。

在车企规模监测方面，就巡游车而言，首先调查各辖区企业的分布情况，从而了解属地企业密集程度；其次调查企业车辆拥有情况，了解企业的规模化经营程度。就网约车行业而言，需要调查各平台车辆拥有情况及业务量变化情况，从而了解网约车平台规模及其供给市场发展趋势。车辆更新方面，主要监测车辆更新报废情况以及清洁能源燃料车型占比情况。从业人员方面，主要监测在岗驾驶员人数，了解驾驶员上下岗人员流动更新情况，掌握行业从业人员的整体特征。

2. 面向企业管理者运营水平指标监测

出租车行业的运营状况主要分为出租车车辆运行情况以及出租车的营运收入情况这两个方面。出租车的车辆运行情况主要包含车辆在运行时的载客情况、乘客需求特征以及车辆出行特征。出租车的营运收入情况主要指行业利润。

在运行情况上主要监测巡游车网约车单车日均营运时长，用于反映驾驶员劳动强度变化情况及分析车辆营运速率，侧面反映城市交通运行效率和巡游车车辆闲置情况，以及调查各年度各平台单车日均载客车次变化来确定网约车和巡游车的融合情况。车辆平均收购价格是市场活跃程度最直接的体现。

在营收情况上主要监测单车营收、车辆承包押金和单车月均承包费用，以及单车月均维修保养费，从而可以计算出司机月均劳动收入，并以此来定位巡游车、网约车驾驶员在社会所有行业中的收入水平以及巡游车、网约车两业态行业景气度。网约车出现前期，各平台采用价格战吸引了大量人员选择从事网约车，以其高收入、工作自由等优势迅速占据一定市场份额。但发展至今，多地发布网约车风险警告，加上网约车行业营运情况相对透明化，因此从业者在进入该行业之前，可以有效评估风险，以免造成不必要的损失。

3. 面向出行者服务水平指标监测

服务质量和安全状况是乘客对于出租车行业选择的重要依据。在目前巡游车、网约车两业态融合发展的情况下，出租车行业的安全服务水平更应是监管的重点和难点。由于政府部门对于网约车还未有完善的监管制度，网约车投诉未能得到较好解决，无法切实保障乘客的权益。为加大对非法网约车的清除力度，加大对网约车违法违规处罚，促进行业健康发展，必须要动态监测网约车安全发展水平，掌握网约车存在的安全问题和实时服务质量。

对于服务水平的监测，主要监测乘客等车时间、乘客维权安全状况。监测早、晚高峰及平峰时期的巡游车、网约车乘客等车时间动态变化情况，能够帮助政府及平台合理调度车辆，指导司机进行车辆路径规划；监测各时期各平台单车日均业务量、有效里程利用率变化，以此反映司机营运的积极性和车辆规模的合理性，为司机提供接客效率最高和最低的时段，用于指导车辆科学出勤；最后监测单车投诉案件数及类型，以反映行业的安全服务水平，在分析违法率高的企业及平台并作为重点管制的同时，能够及时了解现阶段对于行业监管的成效。

按照上述的构建方法，出租车行业动态监测指标体系主要由行业基本监测、运营监测、成本和景气监测以及服务和安全监测这四大方面组成，总体框架情况如图4-2所示。

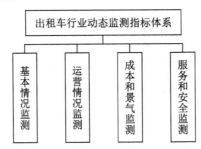

图4-2 出租车行业动态监测指标体系总体框架

五、动态监测指标体系的构建

（一）动态监测指标选取

首先通过研究相关报告、行业及企业监管制度，结合对出租车行业的调研情况，站在全行业角度，兼顾政府监管部门、企业、司机、乘客等多方面利益与诉求，从基本情况、运营情况、成本和景气情况、服务和安全情况等这四个方面共选取52个监测指标，具体情况如下：

1. 基本情况监测指标

出租车行业动态的基本情况监测指标主要包括企业规模、车辆信息和人员信息3个二级指标所涉及的18个三级指标。

在企业规模监测方面，就巡游车而言，首先调查各辖区企业的分布情况，了解属地企业密集程度；其次调查企业车辆拥有情况，了解企业的规模化经营程度；就网约车而言，需要调查各企业合规车辆拥有情况及月均业务量变化情况，了解网约车公司规模及其供给市场发展趋势。针对两种业态车辆，都需要调查企业地址、电联方式等基本信息，以便于从业人员快速联系企业。

在车辆信息监测方面，需要调查巡游车的车龄结构，用于车辆更新报废监测，以及为短期新车购置需求提供相关借鉴。此外，需要调查出租车车辆厂牌、燃料结构，了解巡游车和网约车公司采购的车辆车型趋势，获知哪些是主导车型。

在巡游车人员信息监测方面，通过调查驾驶员性别、从业年数结构以及上下岗人员流动，了解巡游车从业人员的整体特征；调查从业资格考试通过人数变化，了解出租车司机这一职业的受欢迎程度，在隐去私密信息后供出租车协会参考。网约车人员信息方面，由于合规人员数量尚不稳定，整体上处于进入状态，若调查这些变动人员的结构特征则意义较小，因此主要是调查从业资格证取得人数，用以反映网约车合规司机数量的扩大进程，此外，调查巡游车、网约车从业人员重名人数，以掌握巡游车一车两用的非法营运信息。

2. 运营情况监测指标

出租车行业动态的运营情况监测指标主要包括出车数、营运时长、营运收入、载客车次、行驶里程5个二级指标所涉及的19个三级指标。由于网约车信息管理服务平台的数据来自于网约车公司推送，存在属性内容不全的缺点，因此运营数据采集不多，主要调查单车日均营运时长、载客次数和载客里程，用于了解网约车出行的需求和司机劳动强度及其劳动意愿的变化（网约车司机工作较为自由宽松，因此这三项指标能直接反映网约车市场的变化）。

在出车数方面，主要了解巡游车出车数的波动情况。此外，调查未出勤车辆中哪些存在停止营运的怠工行为，为企业的奖勤罚懒管理提供数据支撑。其中，为了便于取证，将连续7天以上无营运数据上传的车辆认定为未营运车辆。

在营运时长方面，首先调查巡游车驾驶员日均营运时长，其中以8小时工作制为参考，用于分析驾驶员相对于社会多数职业的劳动强度；其次调查单车日均营运时长，一方面可以反映巡游车辆被利用的强度，另一方面可以分析车辆营运速率，侧面反映城市交通运行效率；然后调查双班制营运车辆增加比，一般而言，双班制的增加能够反映司机对当前收入不满意的一种状态；最后分析较低利用率车辆数，用于反映车辆闲置情况。

在营运收入方面，首先调查巡游车单车日均营运收入，反映驾驶员收入的变化，通过分析收入范围两头的变化现象，进一步佐证驾驶员真实收入的变化；其次分析单车日均营收较高车辆的上客点频数分布，找出这些动态上客点的规律，以供其他司机参考。

在载客车次方面，首先调查巡游车单车日均载客车次，若下降趋势得到控制，说明网约车巡游车融合情况较佳，否则表明新业态对巡游车的冲击仍然存在；其次分析单车日均载客车次各区间占比情况，载客车次即为出租车的生意量，因此这些结果可以反映出营运车辆群体的变化，尤其是较高载客车次的车辆数情况，用于告知管理部门出租车市场是否仍然有潜力可挖；最后调查交通枢纽分时段上下客车次频数分布，通过发布巡游车上下客高峰时段，用于指导司机进站接客时间安排，防止车辆无谓地排队等待。

在行驶里程方面，首先调查巡游车单车日均行驶里程、有效里程利用率，分别反映司机营运的积极性和车辆规模的合理性；其次调查分时段重车比值、载客车次，为司机提供接客效率最高和最低的时段，用于指导车辆科学出勤；最后调查不同强度和效率的营运车辆数增加比，通过分析不同日均行驶里程及里程利用率的区间分布，进一步通过轨迹监测这些车辆的出入点，用于分析高强度原因（比如是否经常跑长途）、高效原因（比如是否经常进出火车站）等。

3. 成本和景气监测指标

出租车行业动态的成本和景气监测指标主要包括燃料成本、车辆保险费用、维修保养成本监测指标和车辆承包标准、车辆收购标准、司机劳动收入、营收分摊比等景气监测指标共7个二级指标所涉及的8个三级指标。

在燃料成本方面，调查各种燃料的单公里成本（受到季节、燃料价格的变化影响），再结合燃料结构可以计算单车月均燃料成本。燃料成本占到司机所有成本中很大一部分，需要详细调查。

在车辆保险费用方面，主要调查单车年均保费。在无事故情况下，保费与车龄呈反比关系。因此，通过分析车龄保费的实际关系，可以间接发现多事故车辆。此外，针对巡游车专门调查重新投保车辆数，以体现车辆承包活跃程度（现状车辆承包期基本为 1 年，与投保期一致）。

在维修保养成本方面，主要调查单车月均维修保养费，作为车辆营运成本计算的一部分。一般而言，3 年及以上车辆的维修保养费会有较大增加，调查结果可为司机的车龄选择提供参考。

在景气监测指标中，就网约车而言，指标采集不多，主要调查月均单车营收和各平台营收分摊比，分别用于反映司机和车辆租赁公司的盈利面。网约车行业比较特殊，除去少数夫妻合伙情形，司机与车辆大多数是一对一的形式，因此月均单车营收可以代表司机的毛利润。此外，一些网约车来自于租赁公司，这些公司会提供汽车和保险，由此产生承包费，属于车辆租赁公司的利润，且各平台网约车营收分摊规则各有不同。以上两项利润的变化可以代表网约车行业的景气情况；就巡游车而言，车辆收购标准包括车辆平均收购价格和收购数量，车辆收购的量是市场活跃程度最直接的体现；司机劳动收入方面需要调查单车纯利润，在此基础上乘上人车比，可以得到司机月均劳动收入，用于定位巡游车驾驶员在社会所有行业中的收入水平。

4. 服务和安全监测指标

出租车行业动态的服务和安全监测指标主要包括乘客举报案件安全监测指标以及服务产品类型、便捷性服务监测指标共 3 个二级指标所涉及的 7 个三级指标。

在乘客举报案件方面，同时调查案件数、案件结构和重大投诉案件占比，可以基于此对企业和平台进行绩效考核；非法及违规经营案件数和非法及违规经营案件类型，可以从运管局稽查数据中获取。

网约车的服务产品非常多样，通过宣传与发布，可以更好地服务于乘客出行选择。就网约车的便捷性指标而言，主要通过乘客的预约到上车所花时间来反映，是网约车服务效率和乘客需求大小的综合体现。

最后，在调取现有的基础营运监管数据上，组织出租车协会、中介、企业等部门的代表及相关行业专家对于指标数据采集难易性、准确性、重要性进行筛选，最终确定出租车行业基础指标监测如表 4-1 所示。

表4-1 出租车行业基础指标监测体系

指标层级	基础指标	指标定义
基本情况	规模以上企业数	企业拥有营运资格证车辆数的不同规模企业数企业规模分类：微型企业（100辆车以下），小型规模企业（100～200辆），中型规模企业（200～300辆），大型规模企业（300辆以上）
	车辆规模 *	各平台、企业拥有的具有营运资格证的车辆数
	清洁能源车辆占比	清洁能源车辆在各燃料类型车辆中的占比，巡游车（油气双燃料、纯电动和油电混合动力），网约车（混合动力、纯电动）
	强制报废的车辆占比	车龄在8年的强制报废车辆数在总车辆数中的占比
	从业人员数 *	取得从业资格证的巡游车（网约车）驾驶员人数
运营情况	驾驶员日均工作时长	单个驾驶员平均每天的工作时间
	单车日均营运收入 *	单辆车平均每天的载客收入
	单车日均业务量	单辆车平均每天载客的数量
	有效里程利用率 *	载客状态下行驶的里程与总行驶里程之比
成本和景气情况	日均燃料维修保养费	单车平均每月需要花费的燃料、维修保养费用
	车辆平均收购价格	巡游车经营权证收购的平均价格
	单车纯利润	单辆巡游车、网约车除各种成本费用外司机营运所得到的收入
服务和安全情况	平均等车时间 *	乘客用于等待巡游车、网约车时间的平均值
	车均举报投诉案件数	单车各类投诉举报案件的数量

注：* 表示需要定期监测的敏感性指标。

（二）动态预警

1.行业基础指标动态预警

当前乃至未来的一段时间内，出租车行业都处于巡游车与网约车两业态融合发展阶段，通过对出租车行业基础指标的定期监测，可以及时掌握新老业态融合发展状态，提前防范并解决两业态融合发展过程中出现的不稳定因素，将事后分析更多地转化到事前预警监测中来，提高事前防范能力。各指标的动态预警目标如图 4-3 所示。

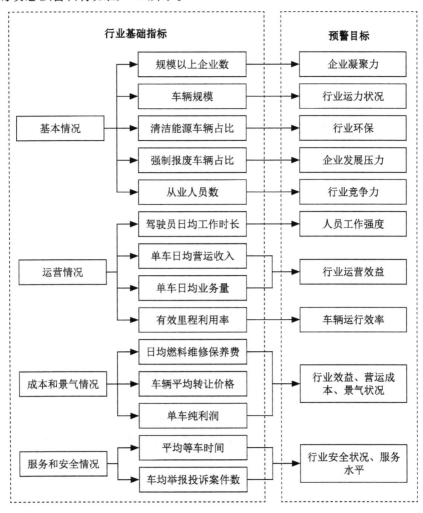

图 4-3 出租车行业基础指标监测动态预警图

其中部分指标计算如下：

（1）基本情况指标计算

①规模以上企业数

规模以上企业数＝车辆规模大于 S 的企业数

企业规模主要分为微型企业（100 辆以下）、小型规模企业（100～200 辆）、中型规模企业（200～300 辆）以及大型规模企业（300 辆以上）四种。因此，S 可取 100、200、300 分别做统计。

（2）运营情况指标计算

①驾驶员日均营运时长

$$驾驶员日均营运时长＝\frac{累计驾驶员营运时长}{累计人天数}$$

其中，有效统计数据仅包括驾驶员打卡闭合时间小于 12 小时的数据；累计人天数是指所有驾驶员有效打卡记录之和。

②单车日均营运收入

$$单车日均营运收入＝\frac{累计营运收入}{统计天数 × 日均出车数}$$

③单车日均载客车次

$$单车日均载客车次＝\frac{总载客车次}{统计天数 × 日均出车数}$$

④有效里程利用率

$$有效里程利用率＝\frac{累计营运里程}{累计行驶里程}$$

有效里程利用率是从出租车使用效率角度对出租车供需状况进行评价的一种方法。这一指标反映车辆载客效率，同样也反映了出租车的运力水平。如果比例高，则说明车辆行驶中载客比例高，空驶情况少。对于要乘车的乘客来说，可供租用的车辆不多，乘客等待时间较长，说明供求关系比例紧张，运力紧张。如果比例低，则车辆空载情况多，运力较大，乘客租用比较方便，但经营者的效益会下降。

（3）成本和景气情况指标计算

①单公里燃料成本

$$单车日均营运收入 = \frac{巡游车总需燃料费用}{总行驶里程 \times 车辆数}$$

②车辆平均转让价格

$$单车日均营运收入 = \frac{总权证转让价格}{转让权证数量}$$

其中，车辆转让指的是车辆的经营权转让。

③单车纯利润

$$单车纯利润 = a - b - c - d - e$$

其中：a——单车月均营运收入 = 单车日均营运收入 × 月份天数

b——单车月均燃料成本

c——单车月均保费

d——单车月均维修保养费

e——单车月均承包费

（4）服务和安全情况指标计算

①乘客平均等车时间

乘客等车时间是出租车满足乘客打车需求最直接的反映，因此被世界各国广泛应用。从20世纪70年代开始，道格拉斯（1972）研究出租车市场供需模型时，就已经将乘客候车时间作为消费者需求的代表性变量与供给方面联系在一起。此后，在研究出租车管制效应或者供需平衡问题时，乘客等车时间也一直作为一个关键变量。但随着城市交通拥堵问题的日益严重，尤其在高峰时段乘客等车时间不仅仅取决于所供给的出租车数量，还与道路拥堵状况有直接关系。

乘客等车时间可以通过随机拦截出租车乘客进行抽样调查的方法获得。为使监测结果更全面、更准确，调查应该在城市的不同区域、不同时段、不同时间定期进行，设计的调查问卷应该包括候车日期、时间、地点或区块等信息。由于评价出租车服务质量也需要定期在街上拦截出租车乘客做顾客满意度的问卷调查，因此，只要在顾客满意度问卷调查中加入等车时间的相关内容就可以了。

其中网约车平均等待时间：

$$某平台的平均等待时间 = \frac{属于该平台的各乘客总累计时间}{属于该平台的乘客总数}$$

②单车举报投诉案件数

举报投诉案件主要分为服务质量问题、拒载抛客问题、收费问题及其他问题等4个类别。巡游车的投诉问题能直接反映到政府，但网约车订单的投诉基本都是通过平台反馈，未投诉到政府部门，政府要尽快将网约车平台数据接入监管范围，以便更好地掌握网约车服务和安全状况。

③电召数量增加比

$$电召数量增加比 = \frac{现统计期电召数}{前统计期电召数} - 1$$

其中，电召是指乘客通过电话或APP联系电召服务平台进行的巡游车预约服务。

2. 基于行业敏感型指标的供需动态预警

对于一个城市的出租车行业发展来说，合理的出租车数量规模是很难用一个公式进行精确计算的，其供需平衡是随着社会变化而不断变化的，行业发展的景气程度实质上也是根据出租车供需情况而动态变化的。因此，对于出租车的规模不用刻意精准计算，而是应该建立科学的规模调控机制，定期监测现有的出租车规模供需情况，并根据监测结果实施科学、合理的动态调控。在出租车行业供需平衡分析的基础上，通过提取揭示行业供需平衡关系的动态监测指标，分析各指标预警的风险状况，从而构建出租车行业动态预警指标体系，将行业监测结果用于预警分析，并根据不同指标阈值的设定研发预警级别信号图。

（1）敏感型指标选取

敏感型指标预警是将若干项敏感性指标与其阈值相比较，以综合判断行业形势变化态势的一种方法，并将各监测指标在每个监测的时期内处于不同的状态用一组类似交通信号灯的形式表示出来，使之能够更加直观反映出租车行业的供需动态变化。本书选取出租车行业动态监测指标体系中需要定期监测的5个敏感型指标（即表4-1中带△的指标）作为警情指标，明确警情指标是进行预警的前提，动态预警的作用就是对警情的出现进行预测，出租车行业动态监测指标体系中警情指标要能直接反映当前出租车行业市场供需状况，在问题刚露端倪的时候能及时"报警"，以便采取及时有效的调控措施。

出租车行业动态监测指标体系中车辆规模、从业人员数、有效里程利用率、平均等车时间等指标变化可以有效反映出租车资源配置情况以及间接分析网约车合规化后对巡游车行业带来的影响。乘客平均等车时间能直接反映出行业是否满足乘客的出行需求，因此被世界各国广泛使用。从20世纪70年代开始，道格拉斯就把乘客等车时间作为消费者需求代表性变量在研究出租车市场供需模型时，与供给方面联系在一起分析。此后，乘客候车时间一直被学者在研究出租车管理效益或者供需平衡状态中作为一个关键变量。有效里程利用率是从出租车车辆的使用效率角度来分析行业的供需状态的一种评价方法。有效里程利用率监测指标因其比较直观和易获取等优势，也被各国广泛使用。目前国际公认的有效载客率标准为70%，即城市中单辆出租车的有效载客里程为70%，其空驶率为30%，预示出租车行业供需处于基本平衡状态。但是随着城市交通拥堵问题日益严重，乘客等车时间和有效里程利用率变大不再仅仅是供不应求所致，关键原因是道路的拥堵状况。城市道路拥堵会延长出租车占用道路的时间，影响其营运效率，从而延长了乘客的等车时间。通常情况是出行早晚高峰工作时间段内出租车有效里程利用率较高；而夜间、非工作日等低峰时间段内出租车的有效里程利用率较低。因此，在监测分析乘客等车时间、有效里程利用率时还需要结合其他的指标影响来确定其阈值。在岗驾驶员人数、营运收入等指标变化可以反映出行业活跃情况以及行业营收状况，出租车营运状况是政府有关部门确定和调控出租车运力规模和运价水平，调整出租车企业与司机收益分配关系的重要依据，出租车行业收入是出租车效益的直接体现。

（2）预警级别判断

在确定好敏感型预警指标后，通过研究各时期预警指标变化态势来设定指标的阈值，并依据对各指标变化态势的判断来划分警级，确定预警信号图。警级的划分是为了判断指标发展处于何种状态，即判断现阶段发展所处的警情的级别。本书将判断区域即警级分为"过快""较快""稳定""较缓""缓慢"五个区域，分别以"红灯""黄灯""绿灯""浅蓝灯""蓝灯"表示。然后对监测指标数据进行评价，把每个指标归入合适的区间，并给每个区间赋予一个分数标准值，"过快""较快""稳定""较缓""缓慢"五个区域依次所对应的分数是 5 分、4 分、3 分、2 分、1 分。

对出租车市场预警采用记分法和信号法相结合的方法。借用一定的信号灯来显示行业预警状况，并给各种信号以不同的分数。可将指标序列中各项数据变化以交通指示灯的形式输出。

"红灯"表示监测的指标发展态势过热，指标发展速度"过快"。此时要采取一些强制措施来控制其过度扩张发展，避免因过度发展而给行业带来不利影响，以使出租车行业市场逐渐恢复正常状态。红灯记为 5 分，以●表示。

"黄灯"表示该监测指标发展较好，指标速度增长"较快"，在短期内可能会出现发展转热或者趋于稳定。主要分两种情况：①监测指标由"黄灯"变为"红灯"，则预示该指标增速"过快"，需要采取紧缩措施，并实时关注该监测指标的发展态势，及时调控，避免指标增速过快；②监测指标由"黄灯"变为"绿灯"，则预示现阶段实施的相关措施可以继续进行，且适当采取能够促进该监测指标增速的政策措施。黄灯记为 4 分，以■表示。

"绿灯"表示该监测指标现阶段增速正常，预示指标发展态势较稳定。可以在该监测指标稳定发展基础上适当采取调控手段，提升指标增速，促进行业增长、可持续发展。绿灯记为 3 分，以△表示。

"浅蓝灯"标明该监测指标在短期内有萎缩或转稳定的可能，主要分为两种情况：①由"浅蓝灯"转变为"绿灯"，则表明该指标发展速度趋于稳定，可以继续采取相关措施，提升行业发展空间，使行业景气度回升；②由"浅蓝灯"转变为"蓝灯"，表明该指标增长开始下滑，要密切关注其今后的发展态势，及时采取积极的政策措施，助力行业健康稳定发展。浅蓝灯记为 2 分，以○表示。

"蓝灯"表示该监测指标现阶段发展速度过缓，可能会影响当前出租车行业的稳定发展。需要采取更加有力的措施来提高增长速度，以拉动行业内需，建立独有的竞争优势，以刺激行业发展，使行业状况转好。蓝灯记为 1 分，以◇表示。

各警级的具体标号及其记分情况如表 4-2 所示。

表 4-2 各警级及灯号显示情况表

警级	过快	较快	稳定	较缓	缓慢
标号	●	■	△	○	◇
得分	5	4	3	2	1

上述状态区域的划分和各种灯号的显示，都是根据指标数值落在哪个信号区域来确定的。因此，对每项指标都要确定信号区域的边界，即预警界限（阈值）。单个指标阈值的确定是建立预警信号系统的关键。在确定单个指标阈值的时候，必须遵循以下两个原则：第一，要分析每个指标各历史阶段的实际落点，确定指标波动中心线，并以此中心线的区域作为判定该指标正常与否的依据，然后根据指标在每个不同区域出现的概率，求出该指标的基础阈值，即数学意义上的阈值；第二，对于采集的数据长度过短或者是一直处于不正常发展态势时，要通过理论和经验判断，对该指标所采集的数据进行处理，剔除异常、无效数据，并重新确定该指标的中心线，调整其基础阈值。

在预警状态区域划分为五个区间的前提下，对应的每个预警指标应分别确定四个临界点，从而划分出五个状态区间。以这四个检查值为界限，确定"红灯""黄灯""绿灯""浅蓝灯""蓝灯" 5 种信号，当监测的序列超过某一阈值时就分别亮出相应的信号。本文取 S_1, S_2, S_3, S_4 为临界点，S_1 以下表示该监测指标发展速度缓慢；S_1 以上至 S_2 以下表示该监测指标发展速度较慢，行业景气度不高；S_2 以上至 S_3 以下表示该监测指标发展速度较稳定；S_3 以上至 S_4 以下表示该监测指标发展速度较好；S_4 以上表示该监测指标发展速度过快。对于警界的确定要根据出租车行业相关调查数据变化增长规律并结合各有关因素之间的联系确定各指标的阈值。

最后，单个指标的监测结果是对于行业某一特定问题的反映，要对出租车整体供需状态分析还需要在各项指标预警信号基础上综合分析，判定行业供需情况以便于政府把控未来行业的发展方向，为行业调控运价、运力规模、管理机制等提供科学的数据支撑。

（3）供需预警动态分析

主要有以下这几种情况：

第一种情况：当实际监测乘客等车时间（T_1）大于乘客最长等车时间（T_0）的阈值，实际监测有效里程利用率（K_1）大于最低有效里程利用率（K_0）的阈值，实际监测车辆规模增速（S）大于从业人员增速（E）。这说明现有运力利用率较高但仍不能满足市场需求，应该尽快投放新运力，且目前行业处于活跃状态，景气度高，可鼓励人员从事出租车行业。

第二种情况：实际监测乘客等候时间（T_1）小于乘客最长等车时间（T_0）的阈值；实际监测有效里程利用率（K_1）大于最低有效里程利用率（K_0）的阈值；实际监测车辆规模增速（S）与从业人员增速（E）基本维持平衡。这说明现有运力利用率较高且已经满足了市场需求，现有运力供需平衡，不需要投放新运力，行业处于稳定发展期。

第三种情况：实际监测乘客等车时间（T_3）小于乘客最长等车时间（T_0）阈值；实际监测有效里程利用率（K_1）小于最低有效里程利用率（K_0）的阈值；实际监测车辆规模增速（S）小于从业人员（E）增速。这说明现有运力利用率较低，但已经满足了市场需求，现有运力过剩，较长时间可以不投放新运力，且行业发展热度降低，政府要及时发布行业信息，对想从事出租车行业人员进行合理引导，使其警惕投资风险。

第四种情况：实际监测乘客等车时间（T_4）大于乘客最长等车时间（T_0）的阈值；实际监测有效里程利用率（K_1）大于最低有效里程利用率（K_0）的阈值；实际监测车辆规模增速（S）小于从业人员增速（E）。这说明现有运力利用率较低，运力仍不能满足市场需求，市民打车困难；需要提高出租车运行效率，减轻城市道路交通压力，然后根据新的监测结果适当投放新运力。

第五种情况：实际监测乘客等车时间（T_5）小于乘客最长等车时间（T_0）的阈值；实际监测有效里程利用率（K_1）大于最低有效里程利用率（K_0）的阈值；实际监测车辆规模增速（S）小于从业人员增速（E）。这说明目前运力规模已基本满足行业出行需求，不需要投放新的运力，但是运行效率低，仍然存在打车难问题；发生这种情况的主要原因是道路拥堵，需要尽快提高出租车运行效率，且要及时提醒行业投资或经营者现阶段行业景气度下滑，要充分考虑市场投资风险，避免损失。

出租车行业指标监测供需预警与调控如图4-4所示。

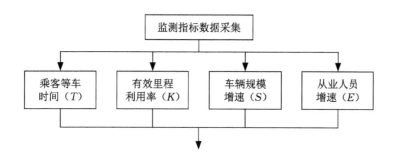

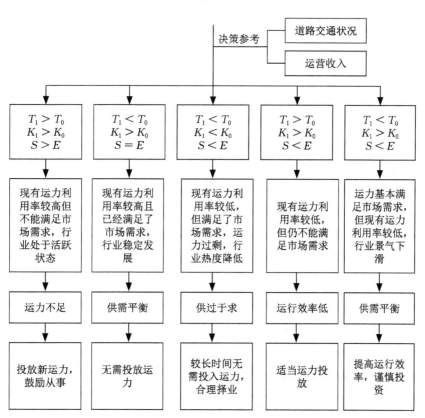

图 4-4 指标监测供需预警分析图

第三节　宁波市出租车行业监测信息动态分析

一、宁波市出租车行业基础指标监测预警

宁波市出租车行业数据采集主要来源于出租车管理服务信息系统、企业中介、司机、12345投诉中心、执法部门稽查数据等，主要采集2018年、2019年出租车行业指标数据进行动态监测与预警分析。

（一）行业基本情况

1. 企业规模

截至2019年底，宁波全市共有巡游车企业58家，车辆6305辆，其中市区（不含奉化）巡游车企业40家，车辆4627辆。新增3家微型巡游车企业，基于目前巡游车行业发展不景气，企业仍有所增加，需要提醒相关进入该行业的投资人员谨慎投资；宁波市网约车平台共有13家，分别是滴滴、曹操、首汽、神州、易到、斑马出行、先锋智道、万顺叫车、网路、上海路团、杭州恒胜科技、昆明智盛易联、享道出行，其中新增杭州恒胜科技平台、昆明智盛易联、上海路团、享道出行。许可网约车总数达到15796辆，其中滴滴14544辆、曹操912辆、首汽150辆、神州67辆。全年新增网约车9210辆，其中滴滴9079辆，曹操10辆，首汽2辆，其他119辆。截至2019年底，宁波市网约车平台车辆许可情况见表4-3。根据宁波市网约车监管平台数据显示，与滴滴平台合作的租赁公司区域分布情况详见表4-3。

表4-3　截至2019年底宁波市网约车平台车辆许可情况

平台	录入系统车辆（辆）	完成综合性能检测（辆）	开具变更联系单（辆）	发放运输证（个）	已注销（辆）	证件有效（个）	占比（％）
全部	18327	18155	18127	16844	1049	15796	100
滴滴	16667	16496	16470	15364	820	14544	92.1
曹操	1015	1015	1013	915	3	912	5.8
首汽	298	298	298	285	135	150	0.9
神州	120	120	120	120	53	67	0.4

续表

平台	录入系统车辆（辆）	完成综合性能检测（辆）	开具变更联系单（辆）	发放运输证（个）	已注销（辆）	证件有效（个）	占比（%）
易到	60	60	60	51	23	28	0.2
享道出行	43	43	43	0	0	0	0
斑马快跑	13	13	13	13	10	3	0
网路	2	2	2	2	1	1	0
万顺叫车	2	1	1	1	0	1	0
其他	107	107	107	93	4	90	0.6

　　大型规模企业只有滴滴和曹操两家平台，且滴滴平台合规车辆数超万辆；微型企业新增5家，目前网约车行业服务趋向多元化发展。从表4-4中可看出网约车行业微型企业占比较大，但滴滴平台仍具有绝对领导地位，行业呈现寡头垄断格局，企业凝聚力有待提高。

表4-4　宁波市巡游车企业和网约车平台数量变化情况

单位：家

分类	网约车平台数量		巡游车企数量	
	2018年	2019年	2018年	2019年
大型规模（300辆以上）	2	2	1	1
中型规模（200~300辆）	1	0	4	4
小型规模（100~200辆）	1	1	23	23
微型企业（100辆以下）	5	10	9	12
合计	9	13	37	40

　　对比2018年出租车行业车辆规模变化情况（如图4-5、表4-5）：宁波市区巡游车数量增长基本不变，总量维持在4000～5000辆之间。网约车自2016年相关政策允许经营以来，宁波市先后出台相关网约车、巡游车管理制度，宁波市网约车数量急剧增加，特别是滴滴平台，较2018年增长了一倍多，2019年网约车注销数也增长了一倍多，其注销原因需要引起相关部门注意。网约车的发展虽然从一定程度上弥补了出租车行业运力不足，但过量增

长给巡游车带来压力的同时也会加剧道路交通拥堵。一方面，政府要尽快清除不合规网约车，掌握出租车行业的供需状态，及时调控。另一方面，也要加大对巡游车的改革，避免巡游车在竞争中出现边缘化问题。

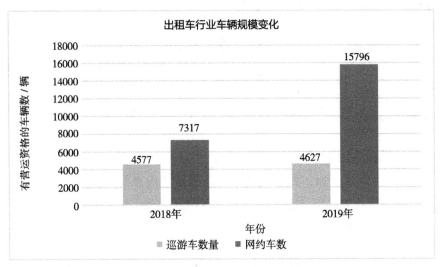

图 4-5　出租车行业车辆规模变化情况

表 4-5　宁波市各平台网约车数量变化

单位：辆

平台	网约车数		网约车注销车辆数	
	2018 年	2019 年	2018 年	2019 年
滴滴	5926	14544	256	820
曹操	909	912	0	3
首汽	293	150	2	135
神州	117	67	2	53
易到	48	28	0	23
其他平台车辆	23	95	1	15
合计	7316	15796	261	1049

2. 车辆信息

2019 年市区巡游车更新 392 辆，其中更新上海大众朗逸油气双燃料车型 245 辆，占比 62.5%。截至 2019 年底，宁波市清洁能源巡游车 4580 辆，占实际营运车辆比例从 2018 年的 94.6% 上升到 99.6%；宁波市网约车的清洁能源车辆 14470 辆，占比从 2018 年的 81.25% 上升到 91.61%，新增明显。其中，2019 年全市 15796 辆合规网约车中，车辆以纯电动、油电混合动力为主，丰田卡罗拉混合动力、比亚迪纯电动、丰田雷凌混合动力，分别占比 24.5%、13.8%、12.5%。2019 年新增合规网约车 9210 辆，新增车辆以纯电动（主要品牌有比亚迪、长安、北汽）和油电混合动力（主要有丰田卡罗拉、雷凌、长安）车型为主，占比分别为 54%、40%。2019 年新增网约车 9210 辆，其中租赁公司 7808 辆，个体 1402 辆，宁波一汽惠迪汽车科技有限公司、宁波京桔新能源汽车科技有限公司、福建喜滴汽车服务有限公司宁波分公司车辆增幅较大，分别为 1461 辆、400 辆、380 辆，占比为 15.9%、4.3%、4.1%。如图 4-6、图 4-7 所示。

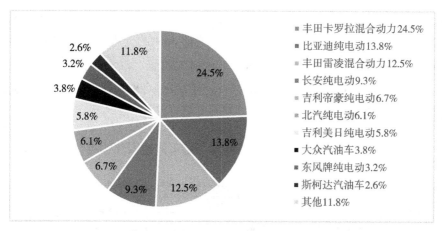

图 4-6　截至 2019 年底合规网约车车型情况统计

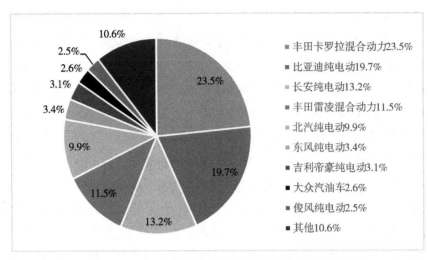

图 4-7　2019 年底新增合规网约车车型情况统计

从监测结果的数据变化中（表 4-6、表 4-7）可以看出，清洁能源成为了出租车行业的主流车型。目前国家支持推广的清洁能源类型，是多数巡游车和网约车的主推燃料类型，这也预示着未来出租车行业发展将更注重环保。且针对纯电动车驾驶员而言，充电桩布局对其营运影响很大。在充电桩信息搜索方面，手机用户可以使用百度地图 App 的充电桩地图模式，操作简单且具备筛选功能，方便找到所需充电桩的位置、供应商、充电方式、价格、快充/慢充桩分别配备的数量以及使用情况。此外，还可以通过浏览器使用"充电吧"网站进行搜索。

表 4-6　宁波市清洁能源巡游车数量变化情况

单位：辆

年份	清洁能源车辆数			合计	占总营运车辆的比重
	油气双燃料	纯电动	油电混合动力		
2018 年	4283	96	0	4379	94.60%
2019 年	4413	153	14	4580	99.60%

表 4-7　宁波市清洁能源网约车数量变化情况

单位：辆

年份	清洁能源车辆数		合计
	混合动力	纯电动	
2018 年	3280	2664	5944
2019 年	6311	8159	14470

2019 年底，宁波市巡游车剩余老旧车辆 1085 辆，2020 年宁波市巡游车到达强制报废年限（8 年）的有 1085 辆，同比上升 341.1%，给巡游车企业带来一定压力；目前网约车都是新车进入市场，没有报废车辆。政府对于报废巡游车要及时处理、严格监管，防止已经淘汰车辆二次流入出租车市场，造成安全隐患。

3. 从业人员情况

2019 年底，宁波市巡游车从业人数 9032 人，同比降低 4.9%；宁波市网约车从业人数 24808 人，环比增加 170.2%，新增网约车驾驶员 14250 人，平均年龄 38 岁，略低于巡游车驾驶员（如图 4-8）。巡游车、网约车从业人员数据变化呈现此消彼长态势，受到网约车等新业态冲击及出租车行业业绩下滑的影响，愿意从事出租车工作的驾驶员数量在减少，从事网约车行业人员增加明显。目前网约车从业人员数目剧增，人员庞杂，政府要严格落实从业人员资格审查标准，确保线上线下人、车、证相匹配，避免因管理不到位而危害社会安全；对于巡游车从业人员要尽快破解"份子钱"、经营权等难题，保障巡游车驾驶员权益。

统计发现，全市注册在岗的出租车驾驶员（包含巡游车、网约车）中男性驾驶员占比约 94%，注册在岗驾驶员宁波户籍占比 54%、非宁波户籍占比 46%。

图 4-8 出租车行业从业人员变化情况

（二）行业运营情况

1. 总体运营情况

2019年，全市巡游车总业务量6884.1万笔，市区巡游车总业务量为4082.22万笔，总营收9.98亿元，总营运里程2.63亿公里。2019年，巡游车电召业务量82.1万笔（日均接单量为2248笔）。根据网约车监管平台数据统计，2019年巡游车承接滴滴平台快车、专车业务订单共计30.7万笔（日均接单量842笔），巡游车运营情况如表4-8所示。

表 4-8　巡游车运营情况

指标	一季度	二季度	三季度	四季度	年度
日均出车数（辆）	4272	4284	4228	4272	4264
全市总业务量（万笔）	1776.4	1717.1	1673.2	1717.4	6884.1
市区总业务量（万笔）	1022.4	1023.8	1013.7	1022.3	4082.2
总营收（亿元）	2.51	2.51	2.47	2.49	9.98
总营运里程（亿公里）	0.66	0.66	0.65	0.66	2.63
电召业务量（万笔）	20.6	19.7	21	20.8	82.1
承接网约车订单（万笔）	6.2	9.4	8.8	6.3	30.7

2. 日均运营情况

2019 年，全市巡游车日均业务量 18.87 万笔，市区巡游车日均业务量 11.19 万笔。市区巡游车单车日均营收 633 元，同比降低 2.98%，网约车单车日均营收 378 元，同比降低 5.59%。巡游车单车日均业务量 26.1 笔，同比降低 8.74%；网约车日均业务量 19.3 笔，同比降低 3.5%。巡游车单车日均营运里程 168 公里，有效里程利用率 58.03%，同比上升 0.16%；网约车有效里程利用率 82.79%，同比下降 4.33%。2019 年，宁波市巡游车从业人员日均工作时长 9.6 小时，同比降低 3.1%；网约车从业人员日均工作时长 9.31 小时，同比上升 9.7%。巡游车日均运营变化情况如表 4-9 所示。

表 4-9　2019 年巡游车日均运营变化情况

日均运营指标	一季度	二季度	三季度	四季度	年度
全市日均业务量（万笔）	19.74	18.87	18.19	18.67	18.87
市区日均业务量（万笔）	11.36	11.25	11.02	11.11	11.19
单车日均营收（元）	672	630	618	613	633
单车日均业务量（笔）	27.4	25.9	25.6	25.4	26.1
单车日均营运里程(公里)	180	166	163	162	168
有效里程利用率（%）	59.50	57.70	57.40	57.50	58.03
单车日均工作时长（小时）	9.5	9.7	9.7	9.6	9.6
单车日均载客时长(小时)	5.7	5.6	5.6	5.5	5.6

从监测指标数据中可以得出（如图 4-9）：虽然巡游车有效里程利用率有所上升但未达到国际公认标准，有效里程利用率仍处于较低水平，资源配置效率不高；且巡游车从业人员工作时长、日均营运收入、日均业务量都呈现下降趋势，面对网约车的发展冲击，巡游车效益降低，较往年景气度降低，政府要及时调整巡游车定价、经营权管理等，要进一步推进巡游车改革，提升行业效益；网约车行业工作时长增加但日均营收、日均业务量以及有效里程利用率都处于下降趋势。预示现阶段车辆运力规模已基本满足乘客出行需求，建议拟进入行业投资者与经营者要谨慎选择，避免不必要的经济损失。政府也要把控网约车的增长规模，确保行业供需平衡。

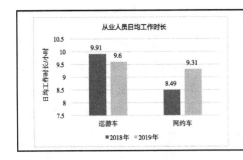
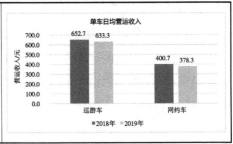

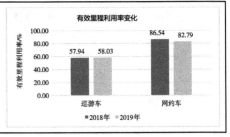

图 4-9　出租车行业运营指标动态变化情况表

另外还对 2018 年 4 季度的车辆日均营收进行排名，选取出车数 60 天以上日均营收排名第一的车辆，号牌为浙 B××××，该车辆日均载客车次 45 次，单车日均行驶里程 383.15 公里，单车日均营收 907.99 元，有效里程利用率 63.03%。跟踪其营运轨迹，发现高营收车辆上客点主要集中在医院和商业中心，如宁波市第一医院、天一广场。其中，天一广场的上客时间集中在晚 8 点左右，宁波市第一医院的上客时间集中在早 8 点左右。

（三）行业成本和景气情况

1. 燃料和维修保养成本情况

对现有出租车行业各主流车型的燃料维修保养费进行测算：2019 年，桑塔纳双燃料车型单公里燃料成本约为 0.51 元，同比上升 37.8%，吉利美日纯电动车型单公里燃料成本约为 0.22 元，同比上升 22.2%。巡游车月均维修保养 941 元，同比下降 0.9%。网约车以混合动力和纯电动为主，以主流车型丰田雷凌混合动力车为例，单公里燃料成本约为 0.35 元，同比上升 20.7%，月均维修保养费约 240 元（纯租赁模式包含在承包费内）；以比亚迪纯电动车为例，单公里燃料成本约为 0.26 元，同比上升 94.4%，月均维修保养费约 200元（纯租赁模式包含在承包费内）。

2. 车辆承包和保险情况

巡游车方面，2019 年重新承包巡游车 217 辆，承包期多为 1 年，平均承包费为 3675 元，平均押金 4.5 万元，年均保险费 1.28 万元，详见表 4-10。

表 4-10 巡游车各项费用季度变化

项目	第一季度	第二季度	第三季度	第四季度	年度
承包车辆数（辆）	43	56	29	89	217
平均承包费（元）	3706	3785	3800	3408	3675
平均押金（万元）	4.6	4.3	4.6	4.4	4.5
年均保险费（万元）	1.26	1.29	1.29	1.27	1.28

合规网约车方面，选取了丰田雷凌混合动力和比亚迪纯电动两款车型，并根据新车纯租赁、以租代购、个人购置等 3 种方式进行调查，各项费用详见表 4-11。

表 4-11 合规网约车主流车型各项费用明细

车型	车辆使用方式	费用情况（元）
丰田雷凌混合动力	纯租赁	4800（半年租期，押金 1 万，含保险） 4600（一年租期，押金 1 万，含保险）
	以租代购	3800（首付 2.6 万，含保险，无押金） 4200（首付 2 万，含保险，无押金）
	个人购置	计税车价 12.3 万，年保险 1.3 万
比亚迪纯电动	纯租赁	4800（半年租期，押金 1 万，含保险） 4600（一年租期，押金 1 万，含保险）
	以租代购	3800（首付 4.5 万，含保险，无押金） 4600（首付 2 万，含保险，无押金）
	个人购置	计税车价 12.3 万，年保险 1.3 万

3. 车辆收购情况

2019 年巡游车收购数量 87 辆，平均收购价格 17.1 万元，各车龄平均收购价格变化情况如图 4-10 所示。巡游车各车龄平均收购价格变化情况如

4-11 所示，较 2018 年的收购价格都有所下降。目前巡游车经营权受到一定规模限制，所以会出现收购现象；但现阶段政府未对网约车采取规模限制，所以网约车不存在收购情况。巡游车的收购价格能直观反映出现阶段巡游车行业发展景气程度，面对行业效益降低，政府应提高巡游车改革中问题的处理效率，助力巡游车行业复兴。

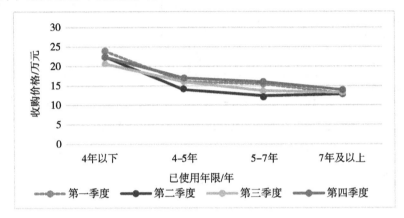

图 4-10　巡游车车龄及收购价格季度变化情况

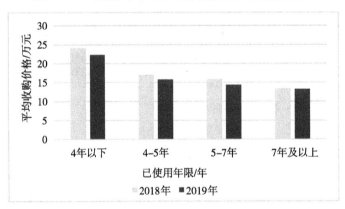

图 4-11　各年龄段巡游车平均收购价格变化情况

4. 驾驶员收入情况

2019 年，宁波市巡游车单车月均营收 17526 元（不计燃油补贴），扣除月均承包费 3675 元、月均燃料成本 3825 元、月均维修保养费 941 元后，单车月均纯利润为 9120 元，同比降低 30.03%。根据巡游车单车月均营运 273 小时，推算驾驶员时薪约 33.3 元。单车纯利润的降低更加反映出行业目前发展景气度下滑，政府在巡游车改革的同时要关注行业营运收益情况，调控巡游车行业"份子钱"，降低巡游车驾驶员从业压力，可以适当对巡游车驾驶员进行政策补贴以保障巡游车驾驶员的基本利益。

根据宁波市网约车监管平台信息分析经换算得出：2019 年网约车单车月均营收为 10731 元（未将各类补贴奖励计入），扣除月均承包费、燃料成本等费用，单车月均纯利润为 4275 元，同比降低 19.43%。主流车型丰田雷凌混合动力与比亚迪纯电动 1 年期纯租赁模式，两车型月均纯利润见表 4-12。随着网约车车龄的增加，车辆的月均承包费将会降低，加上平台公司补贴，驾驶员月均收入可达 5000 ~ 6000 元。预示现阶段网约车市场供给已进入供需平衡发展状态，建议拟从事网约车服务或者经营人员要密切关注指标监测的动态变化，客观评价投资风险，谨慎投资。出租车行业单车月均纯利润变化情况如表 4-12 所示。

表 4-12　出租车行业单车月均纯利润变化情况

单位：元

车辆费用	巡游车		网约车	
	2018 年	2019 年	2018 年	2019 年
单车月均总营收	20987	17526	11993	10731
扣除项 1：月均承包费	3374	3675	4200	4600
扣除项 2：燃料成本	3628	3825	2487	1856
扣除项 3：维修保养、检验检测等成本	950	941	已含在承包费内	
单车月均纯利润	13035	9120	5306	4275

（四）行业服务和安全情况

1. 网约车接单后乘客等车时间

通过数据监测（如图 4-12）对比可知：2019 年，宁波市巡游车平均等车时间为 4.5 分钟，同比下降 19.6%，早晚高峰平均等车时间为 10.2 分钟和 12.6 分钟，同比下降 15.7% 和 8.0%；网约车接单后乘客平均等待时间为 8.1 分钟，同比上升了 84.1%，早晚高峰接单后乘客平均等待时间分别为 6.9 分

钟和 9.4 分钟，同比上升 46.8% 和 95.8%。各平台网约车接单后乘客平均等
待时间如图 4-13 所示。巡游车早晚高峰乘客等车时间有所降低是因为现在
越来越多的人选择网约车出行，乘客对巡游车需求有所下降，但平均等车时
间仍然比网约车长，政府要顺应巡游车网约化趋势，充分发挥巡游车安全规
范统一的监管优势，形成巡游车特有的竞争优势，提升巡游车资源配置效
率。网约车早晚高峰乘客平均等车时间都有所上升，是因为越来越多人选择
网约车出行，网约车规模也不断增大，加大了道路交通负荷，一定程度上加
剧了道路拥堵的发生，造成等车时间增加。政府对网约车的规模也需要采取
一定的控制措施，不能任由其无限制发展。

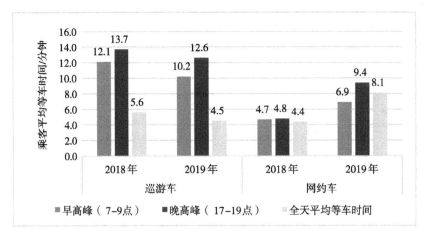

图 4-12　宁波市出租车乘客平均等车时间

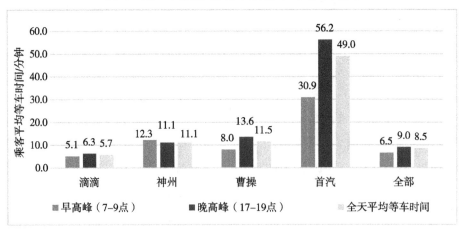

图 4-13　宁波市网约车接单后乘客平均等车时间

2. 乘客举报投诉案件

2019 年，巡游车投诉案件总数为 8941 件，单车举报投诉案件数 1.9 起，同比上升 18.75%，网约车投诉案件总数 201 件（不含平台投诉）。各辖区巡游车年均单车举报投诉率从高到低排序为江北区 2.14、海曙区 2.04、鄞州区 1.97、镇海区 0.76、北仑区 0.40，详见表 4-13。江北区、海曙区、鄞州区乘客举报投诉比例较多，应加大乘客举报投诉处理力度，督促辖区企业加强驾驶员在岗教育培训。

表 4-13　2019 年巡游车投诉案件分区统计情况

分区	江北区	海曙区	鄞州区	镇海区	北仑区
案件数（件）	1328	3531	3961	56	65
年均单车举报投诉率	2.14	2.04	1.97	0.76	0.40

巡游车乘客举报案件主要涉及服务质量问题、拒载抛客问题、收费问题及其他问题等 4 个类别。绕道多收费问题占比 36.2%、服务态度差问题占比 33.7%、拒载抛客问题占比 13.6%、其他问题占比 16.5%，各案件类型占比见表 4-14。其中巡游车投诉绕道多收费问题、服务态度差问题占比最大，建议有关部门对驾驶员加强培训以及开展计价器排查工作，同时督促辖区企业加强驾驶员在岗教育培训。目前网约车订单的投诉基本都是通过平台反馈，未投诉到政府部门，政府要尽快将网约车平台数据接入监管范围，以便更好地掌握网约车服务和安全状况。

表 4-14　2019 年宁波市巡游车举报投诉案件类型统计

案件类型	绕道多收费问题	服务态度差问题	拒载抛客问题	其他问题
案件数（件）	3241	3017	1212	1471
占比（%）	36.2	33.7	13.6	16.5

3. 巡游车电召情况

由表 4-15 可知，2018 年宁波市巡游车总电召数为 710461 次，下半年环比增加 15.18%。巡游车电召数据类型包括手机门户、各类客户端、合作机构及调度坐席，其中调度坐席类占比最多。各类客户端电召数据在上下两个半年变化幅度最为明显，android 和 ios 客户端电召数量环比增加超 250%，而其他手机客户端电召数量环比减少 67.5%。具体巡游车电召上客频次如表 4-15所示。

表 4-15　2018 年宁波市区巡游车电召情况统计表

下单类别	电召上客频数（次）	占比（%）
手机门户	222	0.03
android 客户端	1777	0.25
ios 客户端	1856	0.26
未知手机客户端	106	0.01
合作机构	66316	9.33
调度座席	640184	90.11
合计	710461	100.00

表 4-16　2018 年宁波市区巡游车电召上客频数对比

下单类别	上半年电召上客频数（次）	下半年电召上客频数（次）	同比增加（%）
手机门户	98	124	26.5
android 客户端	368	1409	282.88
ios 客户端	402	1454	261.69
未知手机客户端	80	26	−67.5
合作机构	31772	34544	8.72
调度座席	297446	342738	15.23
合计	330166	380295	15.18

从全天分时段分区域电召数量变化情况来看，8—9 点和 16—17 点是电召的早晚高峰时段。从电召数排名表 4-18 中可以看出，酒店、饭店这些地方电召需求旺盛，宁波东港喜来登酒店电召频率最高。由 2018 年 12 月 18—20 日（周二、三、四）早晚高峰电召位置 GPS 对比图可见，三江口附近及老

江东是电召需求旺盛片区，晚高峰需求高于早高峰需求。

表 4-17   2018 年宁波市区电召数排名前 10 位的地点

电召地点	电召上客频数（次）
宁波东港喜来登酒店	11664
宁波香格里拉大酒店	11123
宁波阳光豪生大酒店	6599
宁波南苑饭店	6434
宁波开元名都大酒店	6205
宁波南苑环球酒店	5990
宁波万豪酒店	4999
宁波开元大酒店（百丈东路店）	4407
宁波洲际酒店	3819
宁波泛太平洋大酒店	3538

二、宁波市出租车行业供需预警

1. 行业供需预警指标阈值设定

选取宁波市出租车行业敏感性指标，建立行业动态供需预警指标体系，且各指标数据都能从出租车协会、企业、行业主管部门等现行的数据报表中取得，并能够进行定期（按月、季度、年）监测，及时反映出租行业发展情况，在问题显现初期及时"报警"，以便及时采取相关措施。

预警阈值是四个数值，也称为"检查值"。以这四个检查值为界限，确定"红灯""黄灯""绿灯""浅蓝灯""蓝灯"五种信号，当监测的序列超过其一检查值时就分别亮出相应的信号。本章基于宁波市出租车行业发展，采用历史经验确定法和集值统计估算法相结合的方法来确定单个指标的阈值。这两种方法都需要专家参与研究定论。但由于专家大多是按照自己对出租车行业的知识积累、经验研究而做出判断，具有很大的个人主观性，且相同领域的专家对于同一事物也有自己的不同看法。所以，要选择合适的专家参与定论至关重要。在本次调研中，基于宁波市出租车行业的特殊性，专家的选取主要分为两类：一类是对宁波市出租车行业发展有研究的专家、学者，他们对行业领域的发展和变化有权威的分析能力和较强的洞察力；另一类是宁波市出租车行业的领导和高级主管人员，他们对宁波市出租车行业的发展不仅有其深刻的理解，而且还有丰富的实践经验积累，对于宁波市出租车行业发展动向变化有较高的敏锐度。本文综合上述各方意见并结合历史经验确定法和集值统计估算法，确定已选指标的预警界限如表4-18、表4-19所示。

表4-19 宁波市巡游车预警指标阈值设定

指标名称 ＼ 阈值	S_1	S_2	S_3	S_4
从业人数增速	−2%	0%	1%	3%
巡游车规模增速	−2%	0%	1%	2%
单车日均营运收入增速	−5%	0%	5%	10%
有效里程利用率	55%	60%	65%	70%
平均等车时间增速	−20%	−5%	0%	5%

表4-19 宁波市网约车预警指标阈值设定

指标名称 ＼ 阈值	S_1	S_2	S_3	S_4
从业人数增速	−10%	0%	25%	50%
网约车数增速	15%	10%	30%	45%
单车日均营运收入增速	−5%	0%	5%	10%
有效里程利用率	60%	70%	80%	90%
平均等车时间增速	−10%	0%	10%	20%

根据上表敏感性指标临界点的确定和景气信号法，巡游车、网约车各预警指标临界点对应的灯号系统分别如表4-20、表4-21所示。

表 4-20　宁波市巡游车预警指标灯号系统

灯号系统 指标名称	红灯	黄灯	绿灯	浅蓝灯	蓝灯
	5分	4分	3分	2分	1分
从业人数增速	3%	1%~3%	0%~1%	−2%~0%	−2%
巡游车规模增速	2%	1%~2%	0%~1%	−2%~0%	−2%
单车日均营运收入增速	10%	5%~10%	0%~5%	−5%~0%	−5%
有效里程利用率	70%	65%~70%	60%~65%	55%~60%	55%
平均等车时间增速	5%	0%~5%	−5%~0%	−5%~−20%	−20%

表 4-21　宁波市网约车预警指标灯号系统

灯号系统 指标名称	红灯	黄灯	绿灯	浅蓝灯	蓝灯
	5分	4分	3分	2分	1分
从业人数增速	50%	25%~50%	25%~0%	−10%~0%	−10%
网约车数增速	45%	35%~45%	20%~35%	15%~20%	15%
单车日均营运收入增速	10%	5%~10%	0%~5%	−5%~0%	−5%
有效里程利用率	90%	80%~90%	70%~80%	60%~70%	60%
平均等车时间增速	20%	10%~20%	0%~10%	0%~−10%	−10%

2. 行业供需预警分析

根据临界点数值和信号法，得出各预警指标景气信号图如图 4-14 所示。

年份	巡游车从业人数增速	网约车从业人数增速	巡游车车辆增速	网约车车辆增速	巡游车单车日均营运收入增速	网约车单车日均营运收入增速	巡游车有效里程利用率	网约车有效里程利用率	巡游车平均等车时间增速	网约车平均等车时间增速
2018 年	○	●	○	●	○	○	○	■	△	■
2019 年	◇	●	△	●	○	◇	○	■	○	●

注：●过快　■较快　△稳定　○较缓　◇缓慢

图 4-14　宁波市出租车各指标景气信号图

通过各指标景气信号图及动态监测结果对比分析可知：2019 年，宁波市巡游车、网约车车辆规模的增速均大于巡游车、网约车的从业人员增速；巡游车、网约车乘客平均等车时间均小于最大等车时间；巡游车有效里程利用率大于最低有效里程利用率，但有效里程利用率仍不高。现阶段主要在于提高巡游车车辆运行效率，减轻道路交通负荷压力，提升资源配置。而网约车的运力已基本满足市场需求，政府要调控好网约车运力增长速度，并提醒从业者要密切关注行业动态监测变化，谨慎投资、科学择业，以免遭受经济财产损失。

三、宁波市出租车行业分析及建议

通过对比分析宁波市出租车行业动态数据监测可知，宁波市出租车行业发展景气程度不够。2019 年，宁波市出租车行业发展还存在如下问题：（1）巡游车行业改革进度较慢，行业运营体制、运价结构等问题仍没有得到有效解决，政府要根据监测结果及时调整巡游车运营结构，巡游车多以"松绑"为主，通过调控来提升行业运营效益；（2）网约车数量虽新增明显，但目前网约车运力供给已能够基本满足现阶段出行需求，对于想从事网约车经营的从业人员来说需要密切关注行业动态变化，充分考虑市场投资风险，建议谨慎投资入行，以免造成经济损失；（3）巡游车有效里程利用率较低，空载率较高，相较于网约车仍有一定差距，建议继续推广电召出行的方式，并加强巡游车与网约车平台的合作，提升巡游车有效里程利用率；（4）出租车乘客投诉举报案件仍有所上升，行业管理部门应当继续加强查处，区县市要督促企业加强驾驶员的教育培训，提升驾驶员服务质量，针对频发投诉问题，需不断完善各平台、企业的乘客投诉维权机制，保障乘客利益，从而提高乘客出行满意度。

根据监测结果反映的各种问题，未来需要继续沿着市场化方向，以深化行业改革为契机，以信息技术提升为保障，以行业基本稳定为前提，以服务质量提升为目的，全力推进网约车规范管理和巡游车转型升级，促进行业持续健康发展，更好地满足社会公众出行。在重点工作推进方面建议做好以下几方面的工作。

一是推进绿色出行，鼓励引导新能源车辆更新。全市车辆清洁能源化比例不断提高，行业发展更加注重往绿色、环保型方向发展。

二是深化行业改革，强化行业管理。一方面，积极推进巡游车转型升级，大力发展巡游车网约服务，鼓励引导巡游车借助互联网服务质量评价应用机制，完善以服务质量为导向的承包费考核奖惩机制，实现优胜劣汰；另一方面，强化行业动态监测，完善动态监测指标体系，理顺数据指标采集机制，分析行业发展现状，定期向社会发布行业动态监测指数结果、白皮书，提升行业透明度，实现运力动态调整，引导行业健康有序发展。

三是提升科技监管。一方面，积极配合开展巡游车服务管理信息系统到期评价工作，做好智能车载终端升级改造等相关准备工作，推进巡游出租车服务管理信息系统应用，提升巡游车信息化监管效率和服务水平；另一方面，要积极配合网约车监管平台的建设和功能完善，建立"以网管网"的创新监管模式，利用科技手段，通过各部门之间的数据共享和大数据分析，实现对网约车行业发展的事前、事中、事后全过程动态监管。另外，要保持打击非法营运的高压态势，不断规范出租车管理，提升服务质量和安全性，通过服务升级来优化出行体验。

第四节 信息监测实施的保障措施

一、部门协同保障

出租车行业管理涉及运管、公安、税务、物价等多个部门，对于出租车行业的有效动态监测与调控，必须取得相关部门的全力支持与配合。出租车是重要的城市交通工具之一，其灵活性对城市道路交通状况影响很大，因此，交警部门对出租车运力规模的控制非常重视。建立出租车市场需求与运力供给监测体系，对科学调控出租车运力规模具有十分重要的作用，交警部门一定会全力支持。同样，出租车交通违章占城市交通违章总量比例较高，对交警部门的交通管理工作造成的压力很大。建立出租车服务质量监测则能够十分有效地遏制出租车司机的各类交通违章行为，将有助于改善城市交通秩序，也将大大减轻交警的工作压力。因此，交警部门对出租车服务质量监控工作也一定会全力支持。

出租车实行政府定价。制定和调整出租车运价的职能部门是宁波市物价局。出租车定价是一个十分复杂和敏感的问题。出租车营运状况监控体系能够全面获取有关出租车营业收入、成本支出、有效里程使用率等数据，是制定和调整出租车运价的重要依据。由于营运状况监控可能会涉及出租车经营者的商业秘密，因此，单独由公管部门完成该项工作具有一定难度，需要立法机关、物价部门、审计部门等共同配合。立法机关要修改出租车客运管理条例，确定出租车经营者有提供有关营运数据并接受审计的法律义务。公管部门负责监控体系的部署和数据采集、处理。物价部门根据监测数据并结合其他有关经济社会状况组织运价听证并进行决策。涉及企业的出租车经营权有偿使用成本、车辆折旧成本、内部管理成本等可以由审计部门审计获取。

总而言之，政府的主导作用就是让出租车这一特殊的服务行业能够持续、健康、有序发展。首先，政府要科学决策出租车的发展方向，要坚持出租车发展紧跟城市社会发展的步伐，实时掌握市场的供需变化而对出租车总体运力规模进行调控；其次，要根据数据动态监测结果，不断完善出租车行业的准入、退出机制，制定相关的政策机制，提升行业的服务水平，形成监管合力，加大对不合理营运的执法力度；最后，政府要加强基础设施建设，为出租车行业健康发展创造条件，并且要大力发展智能交通，运用科技手段调控出租车行业相关指标，使城市交通的建设与社会发展相适应，通过多样化的出行体验来满足不同出行需要，为乘客提供高效、安全的服务。

二、经费保障

出租车行业的动态监测是一项长期性的工作，对于行业中运营状况、出行特征、服务水平、安全状况等动态指标的选取监测工作需要一定的经费保障，监管服务平台的设立与维护都需要资金支持。政府宏观调控的根本以及管制的主要手段就是对出租车行业的监控，因此，政府对于行业监控过程中的资金保障有不可推卸的职责，势必要为此设立专项基金，把行业的动态监测纳入政府工作中去。具体的经费及保障途径基本包括出租车服务质量评价第三方测评费、出租车营运状况监测技术装备安装费、出租车电话调度平台的建设及运行经费，以及出租车全球定位监控管理系统的升级装备安装经费这四部分。

三、政策法规保障

开展出租车行业动态监测工作势必会涉及行业的改革，而改革的施行必须要制定相应的制度，以保障改革有法可依。为保障出租车动态监测工作的顺利实施，对于出租车行业的相关管理条例及细则也要做出一定的修订。对于日后出租车行业的发展，建议将出租车行业动态监测指标体系的分析结果纳入政府出租车运力投放计划、行业运价调整以及各企业平台相关服务评价等政策机制中。

对于出租车经营者来说，现行的出租车行业相关管理及细则并没有对他们做出义务规定，这就导致在实际监管中物价部门难以获得行业实际的运营数据，无法掌握行业运营真实状态，从而对行业的定价缺乏一定的科学性以及准确性，最终影响出租车行业相关管理部门对出租车行业的利益分配，出租车司机的权益也难以得到保障。出租车行业营运监测过程中会涉及一定的隐私秘密，也需要通过法律来明确相关人员提供动态监测所需数据内容，为有效实施出租车行业动态监测提供有力的数据支撑。因此，需明确出租车供需状况的监测结果作为制定新增运力投放计划的主要决策依据，明确出租车服务质量测评结果作为新投放运力及其服务质量招投标的主要依据，要规定出租车经营者向有关部门提供有关营运状况数据。

四、人才技术保障

出租车行业信息监测主要是从政府管制和行业管理角度出发，对出租车供需状况、服务质量、营运状况等进行监测并根据监测结果实现宏观调控和管制，利用出租车GPS全球定位监控管理系统对运行车辆进行实时监控并实现出租车运营管制、电话调度、安全监控、运营稽查等。因此，构建和实施行业监测系统需要一定技术保障并配备相应技术和管理人才。

首先，为加强行业管理，行业管理部门需要建立完善出租车管理系统，对所有出租车企业、个体出租车及出租车司机建立管理数据库，并对顾客投诉、违章违规、好人好事等进行质量记录、汇总、分析。出租车管理系统技术要求很高，不仅要求出租车行业管理部门各分支机构实现联网，同时也要与城管和交警违章处理管理系统联网。在这个信息化时代，只有共享管理信息才能更好地保障出租车行业健康持续发展。而行业管理部门一般不具备独立开发能力，需要委托专门软件开发机构进行开发。但系统的实际操作是由行业管理部门承担的，因此，行业管理部门需要配备能够运用管理系统的技术人员，其他有关人员也需进行必要的培训。

其次，为监测出租车营运状况，需对重点监控车辆的计价器进行改造，对出租车营运过程的上下客时刻、行驶里程、计费、油耗等数据进行记录和存储。同样，行业管理部门一般不具备独立开发能力，需要委托专门机构改造出租车计价器并开发配套的数据处理软件。行业管理部门需要配备能够运用出租车营运状况分析系统的技术人员，其他有关人员也需进行必要培训。

另外，出租车 GPS 全球定位监控管理系统需要较强的通信、计算机等有关技术支持，作为提供电话调度等服务的 GPS 信息服务公司需要配备较强的技术管理和信息服务人员。出租车行业管理部门必要时也需要利用 GPS 全球定位监控管理系统开展营运稽查等管理工作，相关人员需要进行必要的培训。

第 5 章

行业监管模式

第一节　出租车行业管制的形成

一、行业管制格局的形成

（一）国外出租车行业管制格局形成

国外政府管制的实施时间较早，国外学者也很早就已经开始研究出租车行业的政府管制问题，并形成较为全面和系统的研究结论。英国早在 1653 年就已经开始对出租车行业的发展实施政府管制。英国国王出台了特许经营制度，专门用于限制伦敦和威斯敏斯特地区的出租马车的数量和经营范围；20 世纪 20 年代末经济危机以后，美国政府也开始对西雅图、纽约等发达城市的出租车行业实施政府管制。学者们不仅在理论分析中探讨了出租车行业的发展特征和市场的运行机制，也全面论述了政府出台管制措施的动因以及管制的整体框架。除此以外，学者们也通过实证分析的方式，就数量、价格、准入等各种管制措施对出租车市场的影响机制进行系统探究。

智能手机的横空出世改变了人们的生活方式和工作方式，英美等西方国家也出现了大量的打车软件，这些打车软件可以帮助人们解决打车难的问题。波森（2015）在研究政府是否应当加强对打车软件进行管制时，主要从共享经济角度着手分析。以优步为代表的打车软件横空出世以后，侵占了传统出租车行业的市场份额，给传统出租车行业的发展带来了巨大的竞争压力。发达国家为了有效平衡传统出租车行业和网络约租车行业，提出应当对打车软件进行准入管制和价格管制的讨论。波森认为政府的准入管制和价格管制必然会对网络约租车行业的健康发展带来巨大冲击，他认为政府只需要加强对网络约租车行业进行安全监管即可。

美国 14 个州和市政府在 2014 年 10 月针对网络约租车行业的发展现状出台了专门法规，以加强对网络约租车的政府管制。例如，2014 年 10 月 28

日，华盛顿议会出台修正法案，宣布网络约租车行业的合法性，该修正案也为网络约租车行业的发展提供了法律依据。法案中的主要规定包括：第一，与传统巡游出租车的政府管制政策相比，网络约租车尽管不需要获得营业许可证，但是其司机必须经过法定部门的背景审核，且车辆必须购买最小责任保险，通过安全质量标准；第二，法案中将私人约租车正式纳入运输体系中，乘客和司机可直接通过手机代理交易；第三，禁止网络约租车司机在接单时出现歧视行为，法案也制定了具体的惩治机制，专门用于惩罚司机的违规行为。美国加强对网络约租车行业的政府管制，能够更好地完善网络约租车的服务体系，为政府对网络约租车的日常管制提供了法律依据。

（二）国内出租车行业管制格局形成

我国出租车行业开始于 19 世纪末期，政府正式对出租车行业实施管制则是在改革开放后。改革开放初期至 20 世纪 90 年代，由于人们生活质量不断提高，对出租车的需求量也与日俱增，在这一时期，政府鼓励出租车发展，对其实行宽松的管制政策，使出租车数量迅速增加；20 世纪 90 年代至 21 世纪初期，政府逐步加强了对出租车数量及价格的管制，1997 年，建设部与公安部联合发布《城市出租车管理办法》规定"国务院建设行政主管部门负责全国的城市出租车管理工作"；21 世纪以来，我国政府开始对出租车行业实行全方位的严格管制，具体的管制内容与政策集中在准入、数量、价格、安全和服务质量四个方面；2008 年开始，为了避免政府职能交叉、多头管理，切实提高行政效率，降低行政成本，国务院开展大部制改革，将城市出租车管理职能逐渐划归给交通运输行政主管部门。

改革开放以后，我国政府也开始学习英美等发达国家对出租车行业实施政府管制，但由于我国实施政府管制的时间较短，学者们研究出租车行业政府管制的时间也较短。国内学术界则一般从交通运输、社会管理、经济学等视角入手，整体分析政府针对出租车市场的管制内容与方法，并全面探讨了政府准入管制、数量管制、价格管制和质量与安全管制等方面对出租车行业健康可持续发展带来的影响。另外，面对出租车行业发展所存在的诸多问题，我国学者也分析了出租车行业中实施政府管制的必要性，提出了深化改革方案，逐渐降低管制力度。放松管制的初衷在于改善管制效果，从而推动出租车市场的良性可循环发展。

1. 经营模式管理

在出租车经营主体满足从业标准的前提下，交通运输主管部门利用法定程序的方式，设置行业准入限制，通过控制出租车经营主体的营运资格，进而实现对出租车行业规模的管制。这种管制方式是属企业组织层面的管制，因此也称之为组织形式管制。在国内部分城市，不允许个人从事出租车经营服务，只有国家认可的公司制出租车企业可以从事出租车经营服务。在理论层面上，这种管制方式不符合市场经济的普遍规律，也有悖于出租车行业的基本属性。目前，我国出租车行业经营模式主要有挂靠模式、公司承包模式、个体经营模式，呈多元化发展。

（1）挂靠制经营模式

挂靠经营模式主要集中在大中城市，在挂靠模式下，车主拥有车辆的产权和经营权，即个人自行购买车辆，并和有运营资质的出租车企业签订运营合同，按照出租车企业的规章制度从事出租车运营服务。按照挂靠模式的运作机制，车主需要在特定时间内向企业上缴管理费，而出租车企业则为车主基本的运营提供服务。

（2）公司承包制

公司承包制主要存在于北京、上海、深圳等经济发达城市，在公司承包制经营模式下，出租车企业拥有车辆的产权，通过和满足条件的个人签订经济合同，将经营权出让给个人。按照公司承包制的运行机制，个人经营者需要向出租车企业缴纳一定的保障金和承包金，并按照出租车企业的规章制度从事出租车经营服务。

（3）个体化经营模式

在国内很多地区，各级政府出于多方面的原因，普遍限制个体化经营的整体比例。在个体化经营模式下，个人拥有车辆的产权，在获得行业要求的经营许可证后，即可从事出租车经营服务。即驾驶员个人同时拥有产权和经营权，个人自主经营，在承担市场风险的同时，可以实现收益最大化，这对个体经营者具有一定的吸引力。在市场机制的推动下，个人的服务意识和竞争意识都有所改善，有利于激发整个市场活力。不仅如此，作为私有财产，个人司机会更加爱护车辆，并定期维护，以保障车辆性能的稳定性，有利于提升乘客出行的安全性。浙江温州等地区广泛采用了这种模式。

2. 数量管理

交通运输主管部门通过制度或者政策等各种方式对出租车的整体数量进行控制，即为数量管制。在数量管制方面，国内政府主要采取制度管制，即通过控制营业许可证的数量，实现对出租车数量的控制。按照我国的相关规定，一个出租车经营主体可以运营的出租车数量，取决于该主体拥有的运营许可牌照的数量。

目前，数量管制的主要措施包括：（1）根据交通主管部门的科学规划，确定出租车数量上限，如果出租车总量接近或者已经达到该上限值时，交通主管部门就会停止颁发新的牌照，从而控制出租车的运营数量；（2）根据特定比例控制出租车数量，交通管理部门会根据当地的人口基础，设定一个合理比例，进而确定出租车的临界数量，如果当地人口基数发生变化，允许发放的牌照数量也需要相应调整；（3）特许经营的方式，出租车运营主体按照规定缴纳一定数量特许费后，拥有在特许数量范围内可经营的出租车数量。

3. 价格管理

基于优化资源配置的目标，通过价格调节工具，调整出行市场供需关系，从而形成对出租车行业的有效控制，这是经济管制的一种重要手段。政府通过价格调节的方式管制出租车行业，核心目标在于充分发挥市场调节机制的作用，从而更加客观地体现出租车出行市场的真实供需关系，有针对性地优化资源配置。

出租车的定价机制涉及多方面因素，例如当地的经济发展状况、城市交通状况、大众的出行特点，政府的宏观调控等各种因素。通常情况下，出租车运营的市场价格基本部分包括起步价、里程价以及返程空驶费，而附加费用则按照不同的运营时间或不同的道路拥堵情况叠加，一般不会对运价的基本结构造成影响。部分提供电召服务的出租车还会按次收取一定的电召费。

4. 服务质量管理

出租车行业服务质量管制涵盖以下几方面内容：车型管制以及驾驶员业务能力管制。在车型控制方面主要针对两点：一方面，车辆性能和外形的管制，包括空调、音响、计价器等等，如果任何一点不满足要求，都严禁进入市场；另一方面，控制出租车的服务标志，例如专用牌照、驾驶员名牌、车顶灯牌等。服务质量管制的重点在于提升驾驶员的业务能力和综合素质，包括驾驶能力、安全意识、应急能力等等。

和其他几种管制方式相比，法定许可的方式在服务质量管理中并不适用，从本质上讲，质量管制一般通过行政方式进行检查和惩处，类似于事后监督。根据分析质量管制的措施可以发现，这种管制方式效率较低，且管制成本较高，常用于辅助性管制。当前，出租车不打表、故意绕远路、拒载等各种问题十分普遍。所以，除了通过质量监管外，还需要加大执法力度，加强驾驶员的素质教育，从两方面抓起，以达到预期目标。

二、网约车商业模式的冲击

（一）网约车市场发展历史阶段

2010年，网络约租车横空崛起，尤其是2013年以后，网络约租车行业得到迅猛发展，抢占了传统巡游出租车的大量市场份额，巡游出租车和网络约租车之间的矛盾日趋激化。国内政府为确保出租车行业良性、平稳发展，加强了制度创新，对既有的政府管制政策进行深化改革。一方面，由于存在管制失灵问题，我国传统出租车行业长期存在的服务质量差、打车难、黑车运营等问题，这些由于严重供需矛盾导致的问题已经引起广大人民群众的不满；另一方面，在当前互联网时代，移动智能终端改变了中国广大群众的生活方式和出行方式，国家也应当对"互联网+"的经济发展模式表示高度支持。

"互联网+便捷交通"催生了网络约租车行业。网络约租车被媒体广泛报道为互联网专车，是通过打车软件帮助乘客和司机进行网络预约的出租车模式。根据滴滴媒体研究院、第一财经商业数据中心和无界智库联合发布智能出行的相关数据，到2015年，国内智能出行平台的乘客和注册司机的数量分别超过了3亿人和1000万人，智能出行平台已经覆盖了我国所有的省、市、自治区。截至2015年，滴滴出行平台就完成了14.3亿订单，累计行驶里程高达128亿公里。根据iiMedia Research发布的《2017—2018中国网约专车行业市场研究报告》，2016年网络约租车整体呈爆发式增长，2017年用户规模达到2.36亿人，2018年有望达到2.82亿人。滴滴、首汽、神州、易到、曹操是我国网络约租车服务中排名前五的网络约租车平台，它们的活跃用户量占比分别为63%、8.5%、7.2%、5.1%、3.9%。

自 2010 年以来，网络约租车服务经历了从无到有、从小到大、从弱到强的飞速发展态势，也经历了四个发展阶段，如图 5-1 所示。

试水阶段	2010 年	易到用车上市运营
	2011 年	我国第一款移动打车应用软件上线试运营
发展阶段	2012 年	滴滴打车、快的打车正式上线运营
	2013 年	优步正式在中国大陆上线运营
	2014 年	滴滴专车、一号专车、人民优步等正式上线运营
整合阶段	2015 年	滴滴专车和快的专车兼并重组；首汽约车和神州专车正式合并
	2016 年	滴滴和优步合并
合法阶段	2016 年	多部门针对网络约租车出台专门法规
	2017 年	首汽约车获得北京首张网络预约出租车经营许可证

图 5-1 中国网约车发展时间轴

第一阶段是试水时期（2010—2011）。在试水阶段，相关的网络约租车平台尚未成熟，各种打车软件处于初创时期，行业的资金和业务量都有限，只能通过补贴吸引客户，培养消费习惯。同时，受限于智能手机用户规模和移动支付技术的不成熟，网络约租车行业正处于常识性发展状态。

第二阶段为发展时期（2012—2014）。在此期间，网络约租车的平台建设日益成熟，由于资本市场的助力，网络约租车企业改变发展和营销策略，通过大幅增加乘客和司机的补贴，培养移动支付和网络约租车的消费风潮，网络约租车的市场规模迅速扩大。同时，我国步入移动互联时代，智能手机得到大范围普及，软件开发技术也大幅提升，打车软件移动客户端的用户基数迅速增加。这一时期，以滴滴、快的、优步为代表的网络约租车企业蓬勃发展。

第三阶段是整合时期（2015—2016）。滴滴和快的在此阶段内兼并重组，扩大了滴滴在市场中的覆盖率，并首次转亏为盈。国家为推进网络约租车行业的发展，出台了"互联网 +"行动计划，为网络约租车行业创造了良好的政策环境。截至 2015 年 12 月，我国移动智能终端用户的数量超过了 13 亿，移动互联网的快速发展，为网络约租车行业发展创造了有利条件，但移动智能终端用户的整体增长速度逐渐放缓。

第四阶段是合法时期(2016年至今)。2016年11月1日起,交通运输部、工业和信息化部、公安部、商务部、工商总局、质检总局等多部委共同出台《网络预约出租车经营服务管理暂行办法》,并在全国范围内广泛实施。网络约租车有了合法的身份,但在具体的平台、车辆、驾驶员方面有了较高的标准。新的管制政策的出台,改变了网络约租车市场竞争的状态。

(二)商业模式

在"互联网+"升级成为国家层面倡导的行业大背景下,在4G通信、移动互联网支付、信息大数据、云计算为基础的软硬件平台助力下,以网络约租车平台为基本依托,出现了一种有别于传统出租车运营的全新模式,从根本上推动出行市场的生态转变。具体而言,网络约租车在四个维度上,推动短途出行业态的升级:打破出租车行业的准入条件和标准,改变供求关系,价格实现动态调整,运后反馈的信息化管理。

1.打破出租车行业的准入条件和标准

针对传统的出租车市场,我国采取比较严格的管制措施,对出租车经营主体而言,不但要按照国家要求,统一出租车车型,以便获得独立的经营资质,还需要消耗大量的时间和精力获得客运主管机构的审核与批准,且购买政府指定出租车车型的成本较高。相比较而言,网络约租车只需要对司机的驾驶证、汽车进行基本审核,司机就可以成为网络约租车平台的租车司机。由此来看,网络约租车的运营服务,拥有准入门槛低、耗时短、实时在线审批、上线时间自由等优势,使得短时间内网络约租车能够大规模出现,打破了传统出租行业门槛高、行政审批麻烦、背景调查烦琐等准入条件。

2.网络约租车改变供求关系

20世纪90年代中后期以来,各个城市地方政府对于增加的出租车经营牌照实施严格的数量控制,限制城市客运运力的跨越式增长。以人口规模近千万的北京、上海、广州、深圳、杭州等特大型城市为例,十多年来出租车数量均保持在恒定区间,随着出行需求的进一步扩大,供求关系失衡的现象越来越严重。2010年以后,伴随着出行市场需求的变化,特别是互联网、大数据、通信、手机app开发等基础性技术的爆发式发展,网络约租车这种新兴的出行方式成为流行趋势。网络约租车平台在资本的助力下,以高额补贴为基础（即烧钱模式），积极鼓励大量不符合运营性质的私家车、非专职从事客运服务的司机、出行乘客在手机客户端注册，对参与营运的车辆基本不做数量限制，这种"野蛮"侵占出行市场的模式，在短时间内整合了社会上的闲置出行资源（主要是私家车），使大量没有营运资质的车辆进入网络约租车平台，以"合理但不合法"的姿态迅速增加了客运市场的运力规模，短时间内满足了乘客的出行多样化、个性化、定制化的需求，在适应了时代需求和技术发展的同时也带来了网络信息安全、乘客出行安全等方面的隐患，给整个网络约租车行业的发展埋下了隐患。

3. 网络约租车实现了营运价格的动态调整

传统的巡游出租车市场遵循严格的政府价格管制，在有效的经营权周期内，司机或者出租车公司都只能按照政府定价营运。相比较而言，网络约租车平台会根据市场供求关系，通过互联网大数据技术和信息技术，对该地区或部分时段内的市场供需情况进行分析和预测，恰当地调整营运价格。比如，在出行环境比较恶劣的情况下，出行市场为供方市场状态，网络约租车平台会适当上调营运价格，甚至鼓励乘客通过加价来抢车，即通过另外付费的形式获得服务。这种综合用车需求、拥堵状况、司乘距离等信息的定价策略，兼顾了司机、乘客和道路情况的因素，更为合理，也更能有效地激励网络约租车服务的提升。

4. 网络约租车可以通过技术手段实现服务的事后追溯

虽然各个地方政府对于巡游式出租车在服务和安全方面制定的具体标准细则不尽相同，但是激励性政策的整体力度不足，导致服务的差距不能体现在收入差距方面。除此以外，我国各地政府对出租车行业采取的事后监管机制较为宽松，缺乏可追溯的信息，也缺乏健全的惩治机制，无法有效地控制司机的违法违规问题，进而造成出租车行业乘客满意度整体较低、打车难等问题。与之不同的是，网络约租车平台在每一次乘车服务结束以后，会邀请乘客对此次乘车服务给予评价，包括车辆情况、司机的服务态度、司机的驾驶水平、等候时间等等，平台在详细地记录了乘客所给予的评价内容后，会根据其评价结果为司机发放奖励或补贴，完善的激励机制可鼓励司机主动提高服务质量，为乘客全心全意服务。另外，网络约租车平台也会记录乘客和司机发生的纠纷，平台工作人员也会事后对司机是否存在违法违规行为进行调查，并将其调查结果上传至平台中，乘客和司机都能在平台中查阅相关信息，解决了乘客和司机的信息不对称问题，也实现了对网络约租车的事后监管。

三、行业管制发展的困难

（一）传统巡游出租车行业管制发展的困难

随着市场经济的发展，我国城市出租车行业也逐渐发展成为城市交通不可缺少的部分，但也存在着不少问题，如恶性竞争、宰客等。政府为了解决这些问题采取了管制措施，用特许经营权的方式管理出租车市场。管制，也称规制，又称政府管制，有时被经济学用来描述所有决定或者改变市场运行的国家行为，在此意义上，它一般是指政府通过制定和执行规则对企业和消费者的经济行为进行干预和限制。政府管制的出发点是好的，但事与愿违。近年来，我国出租车行业出现了诸如出租车公司暴利、黑车大量存在、出租车司机生存状况恶劣等问题。

1. 高位阶的法律规定空缺

目前，我国对于巡游出租车市场的管理性规定大都为地方性法规、政府规章、部门规章或是一些相关文件，这些文件内容的严谨程度远远不如法律规定，在实际适用时也遇到了诸多阻碍。其次，规章的法律效力较低，在实际适用或是落实法律规定时存在一定困难，导致规章本身往往并不能发挥其固有的规范作用。同时，地方规定通常更强调地方利益，而容易忽视整体布局和人民群众的实际需求。

此外，巡游出租车市场全国性法规的缺失使得地方立法部门在立法时找不到确切依据。在此情形下，地方立法部门倾向于考虑本地区的实际利益需求，而忽视整个出租车行业的健康发展。总而言之，无论是出于政府的管理需要，还是出租车运营商、普通消费者的利益需求，出租车市场都亟须明确、有力的高位阶法律规范作为市场运行的依据。高位阶法律规范的出台也可避免地方规章、部门规章之间的冲突，并将部分过于冗杂，甚至自相矛盾的规章进行简化和删改。

2. 司机利益

政府管制失灵下首先损害的是出租车司机的利益。在政府行政干预下，致使出租车市场出现竞争不充分、经营成本上升、价格居高不下、非法炒卖牌照、企业兼并不规范等问题。出租车司机成为收入低、风险高、社会负担重、不稳定因素多的职业。出租车司机工作时间长、上交费用多、工作环境恶劣的问题极其严重。有些司机的工作时间甚至长达十几个小时，频频出现的司机"过劳死"现象正是这样一种恶劣工作环境造成的恶果。出租车司机因此被戏称为"新骆驼祥子"。

这几年随着市场环境的变化，如国际油价上涨，公司"份子钱"提高，司机的利润进一步降低，大大增加了如出租车司机罢运等群体性事件发生的概率。

3. 企业暴利

获得垄断地位的出租车企业是出租车行业管制的直接与最大受益者。在严格的准入管制和特许经营权下形成的出租车企业是一个对出租车运营并没有多大贡献的食利阶层。出租车企业在政府管制政策的保驾护航下，出租车里程价是固定的，不必担心价格波动影响收益；每月收取的管理费用雷打不动，不存在风险；油费、维修费、人工费及部分融资由司机负担，没有必要担心运营成本的增加；资金由银行提供，做无本生意，获取如此之高的暴利，这在任何行业都是极为罕见的。

4. 城市"黑车"

所谓"黑车"，是指那些未经政府部门批准，没有取得出租车营运许可证，擅自经营出租车业务的客运车辆。由于政府在出租车行业采取了准入管制和数量控制，正规的出租车数量难以满足市场的需求，于是存在着大量违法经营的"黑车"。对正规出租车司机而言，他们每月要向公司上交巨额的管理费。而"黑车"逃避管理以低廉的价格吸引消费者，使得正规出租车空驶率高，正规出租车司机的经营收入下降，打乱了公平竞争的市场秩序。"黑车"的大量存在也损害了消费者的利益。由于"黑车"是非法经营，因此在营运过程中必须想方设法逃避相关部门的查处，从而使"黑车"车主精神处于高度紧张状态，极易诱发交通事故，对消费者的生命安全和财产权利造成损害。

5. 政府寻租

在出租车行业的管制政策下，出租车经营企业凭借准入管制和数量控制特别是特许经营的权力，取得了垄断地位，获取垄断利益。政府过度管制的存在是滋生腐败的土壤。出租车企业为了保有垄断利益，在雄厚的财力物力支持下，进行各种贿赂游说活动，诱使管制机关制定有利其利益的政策。在各种原因的共同作用下，行政机关的政策也往往偏向于企业一方，从而使政策往往对消费者团体等不利。正如《公共行政学》一书的作者所指出的那样："管制机构在执法的过程中时有偏袒企业的行为。"因此，这种寻租活动的结果使政府代表公共利益的形象受损，造成社会资源的浪费和社会财富的不公平分配，导致整个社会福利的损失。

（二）网约车行业管制发展的困难

1. 网络预约出租车行业立法上的不足

《网络预约出租汽车经营服务管理暂行办法》（简称《暂行办法》）是目前我国法律框架下，用于规制网约车行业的最高位阶的立法。然而，《暂行办法》属于部门规章，是对上位法的细化，其本身并不能替代上位法。《暂行办法》的颁布是为了规范网约车行业的各种经营服务行为，保障网约车在合法的前提下安全运营。

根据《立法法》第 80 条规定，部门规章不能设定任何减损公民、法人和其他组织权利或者增加其义务的规范，也不能增加本部门的权力或减少本部门的法定职责。因此，《暂行办法》的条文大都为"建议性"意见，属于原则而非规则。网约车行业目前在法律法规方面仍属于立法空白的状态，仅仅通过部门规章对其进行规制是远远不够的。

2. 网络预约出租车市场中的垄断问题

作为"互联网+"时代典型代表的网约车，我们不能简单地将垄断的法律概念套用于约车平台，但是约车平台的集中化和经营行为已经呈现出经济垄断的形式外观。2015 年 2 月 14 日，滴滴出行和快的打车合并；2016 年 8 月 1 日，滴滴出行和优步中国合并。自此，滴滴占据了国内专车市场 87% 以上的份额，快车市场接近 100% 的市场份额。根据我国《反垄断法》规定，"经营者在相关市场的市场份额达到二分之一的，应当推定该经营者具有市场支配地位"。由此可以认定，滴滴出行在网约车市场具有市场支配地位。随着滴滴出行在网约车市场中规模的增大和市场份额的累进，新创立的网约车平台公司很难继续进入该市场，更别说与滴滴这样实力雄厚的平台公司进行公平竞争。

一旦网约车平台凭借资金优势在市场中一家独大后，其难免会利用自身的市场优势地位对其他企业设置市场进入壁垒。这种滥用市场支配地位的行为将会破坏正常的竞争秩序，最终损害消费者的合法利益。因此，在网约车行业规制中，平台的垄断问题也是值得重视的问题之一。

3. 网络预约出租车行业公共安全问题

在网约车提供服务的过程中，网约车司机与乘客处在一个相对封闭的空间内，这在一定程度上为网约车刑事犯罪提供了便利。近些年，网约车杀人案、敲诈案、强奸案屡见不鲜。在网约车交易中，网约车司机与乘客的安全问题也是重要的规制目标之一。网约车通常采用较为灵活的交易方式，因此其监管的难度也比较大。

目前大部分网约车平台对申请成为网约车司机都设置了较为宽松的条件。只需上传本人的驾照、本人或他人的行驶证即完成注册，车辆可以在本人名下，也可以在其他人名下。从经济学的角度来看，司机审核是一项内容复杂、成本较高的工作。较为宽松的注册条件使得平台得以凭借较少的成本获取更多的利润。网约车平台如果审核不严，就会产生漏网之鱼。如果平台不对注册司机进行有效的监管，那么乘客的人身权利和财产权益将无从保障。

第二节　出租车行业管制历史问题利弊分析

一、市场准入机制

"市场准入"的概念，最先由国外引入，我国学者对"市场准入"尚无统一说法。一般认为，市场准入制度是有关国家和政府准许公民和法人进入市场，从事商品生产经营活动的条件和程序规则的各种制度和规范的总称。市场准入制度是政府对市场主体进入市场所进行审核的制度。

出租车市场准入在出租车经营者、车辆和驾驶员符合条件的前提下，出租车主管部门允许其在一定期限内从事出租车运输服务经营活动的资格。出租车市场的准入模式实质上就是经营权的配置方式。

（一）出租车市场准入制度的演进

出租车市场准入制度的规范化有利于出租车行业健康稳定地发展，为了更好地构建出租车市场准入制度规范化体系，我们应该对出租车市场准入制度的现状进行分析。由于各时期我国的国情不同，出租车行业的准入制度也不同，根据各时期的特点，我国出租车行业的准入制度分为四个阶段：计划经济阶段、市场准入阶段、准入管制阶段、特许经营阶段。

1. 计划经济阶段（1984—1992）

在计划经济时期，出租车服务是一种身份的象征，车费十分昂贵，普通的市民无法经常消费。此时的出租车市场处于起步阶段，消费需求少，出租车数量也相对较少，而经营者想要进入此行业也十分困难，其投资主体仅限于国有、集体性质单位。出租车需通过电话召车，很少上街巡游，市场被几家国有、集体性质的出租车公司垄断，服务对象主要是外宾和外省市的旅客。

2. 准入放开阶段（1992—1994）

随着经济水平的提高，人们增加了对出租车出行的需求，但此时的城市公共交通发展不足，出租车市场得以发展了壮大。此时对出租车数量没有限制，想要取得经营权的方式很简单，只要向主管部门提出申请，经审核符合条件就会被批准。北京市还向出租车经营者提供了优惠政策，如政府无偿提供出租车经营权、未规定使用年限、降低出租车养路费、放松对车型的限制、支持个人贷款申请出租车等。因进入出租车行业十分简单，政府对出租车数量没有控制，而人们对出租车的需求又大幅增加，越来越多的经营者被丰厚的收益吸引到出租车市场中来，于是出租车的数量快速膨胀。

3. 准入管制阶段（1994—2004）

出租车数量的膨胀造成了出租车行业的过度竞争，与此同时，城市公共交通发展迅速，与其他城市公共交通相比，出租车的客运量低，资源利用率低，能源消耗高，占用城市道路资源高，过多的出租车易引发交通拥堵，因此各大城市逐渐关闭了出租车行业的准入大门，出租车行业进入了准入管制阶段。1998 年，建设部和公安部联合发布的《城市出租车管理办法》确立了城市出租车市场总量控制的格局。

4. 特许经营阶段（2004 至今）

2004 年，原建设部发布的《市政公用事业特许经营管理办法》（建设部令第 126 号）规定："城市供水、供气、供热、公共交通、污水处理、垃圾处理等行业，依法实施特许经营的，适用本办法。"这意味着出租车市场准入进入到特许经营阶段。2004 年，国务院办公厅《关于进一步规范出租车行业管理有关问题的通知》（国办发〔2004〕81 号）明确了出租车经营权的无偿使用原则，并对出租车经营权的转让进行了严格控制。

（二）出租车市场准入制度的现状

随着出租车数量大幅增加，出租车也从计划经济时期的"奢侈品"演变到如今人们日常生活所不可缺少的出行工具，成为城市综合交通运输体系的一部分，然而出租车市场仍存在很多不规范的因素。在我国，出租车市场没有规范的法律法规是造成出租车市场不足的原因之一。

1. 国家层面

我国并没有专门规范出租车市场的高位阶法律，在法律层面，《行政许可法》第 12 条中有涉及出租车准入及管理的规定。出租车提供的公共服务涉及公共资源配置、生命财产安全，故出租车准入应设定行政许可。出租车车辆是关系到生命财产安全的重要设备，应该需要按照技术标准和规范，通过检验、检测等方式进行审定。

我国先后出台过六个部门规章以规范出租车市场，目前仍有效的是交通运输部 2016 年修改的《出租车驾驶员从业资格管理规定》和《巡游出租车经营服务管理规定》，以及交通部、工信部、公安部等 2016 年发布的《网络预约出租车经营服务管理暂行办法》。目前，在中央层面的关于出租车行业管理的法律，只有部门规章和一些非立法性文件，法律位阶不高。

2016 年，交通部、工信部等发布的《网络预约出租车经营服务管理暂行办法》（交通运输部令 2016 年第 60 号）提到"按照高品质服务、差异化经营的原则，有序发展网约车"。对申请从事网约车经营者，做出了具体的要求。网约车平台公司首先要取得相应《网络预约出租车经营许可证》，其次向企业注册地省级通信主管部门申请备案，才可以开展网约车业务。从事网约车经营的车辆，应取得《网络预约出租车运输证》，并由相应的出租车行政主管部门结合本地实际情况，确定具体的标准和要求。

2. 地方层面

我国关于出租车行业的管理规定没有高阶法律法规，只出台过部门规章，而国家出台的关于出租车行业的规定，原则性强，比较笼统，很多具体的内容都没有细化，并且各地的具体情况不同，对出租车行业的规定不能一概而论，故各地方人民政府还应根据具体情况，发布切合自身发展需要的出租车管理规定。以下我们选取几个代表城市，对其出租车行业的管理规定进行解读。

（1）北京

北京市出租车市场现行使用的是2002年修订的《北京市出租车管理条例》，条例中规定出租车经营者应符合以下条件：有经检验合格并符合规定数量的车辆、有固定的经营场所和相应的车辆停放场地、有合格的驾驶员以及相应的管理人员和管理制度。对出租车驾驶员的要求应符合下列条件：经市交通行政主管部门考核并取得合格证书、有本市常住户口并取得驾驶证3年以上、男60岁女50岁以下、被吊销营运资格证件须满5年以上。对出租车营运车辆的要求："经公安交通管理机关检验合格，符合本市规定的车型、颜色及使用年限，按照规定安装计价器，张贴营运证及收费标准，有空车标志及停运标志。"

2016年12月，由北京市交通委员会、北京市发改委联合发布了《北京市网络预约出租车经营服务管理实施细则》，细则中规定在北京市申请从事网约车经营的平台公司，应具备《网络预约出租车经营许可证》，经营许可有效期为4年，并结合自身情况，对交通部出台的《网络预约出租车经营服务管理暂行办法》所规定的网约车平台应具备的条件进行了补充。北京市和交通部都要求网约车平台具有企业法人资格、具备开展经营的线上和线下能力，但北京市对网约车平台应该具备的制度进行了细化，对在本市设立的服务机构、办公场所及相关技术人员做出了具体要求。

（2）广州

广州市出租车行业现行使用的是2009年公布的《广州市出租车客运管理条例》，条例中规定出租车运力指标由市交通行政主管部门通过招标等公平竞争的方式投放。广州市对从事出租车经营的企业的条件与国家规定的基本一致。出租车驾驶员应办理《出租车驾驶员客运资格证》，广州市对出租车驾驶员的要求新增了一些项目，具体为：男性不超过60周岁、女性不超过55周岁、初中以上文化程度、一年以上的驾龄。出租车运营车辆应取得《出租车汽车车辆运营证》，广州市对出租车车辆的规定相比国家层面的规定增加了要求行驶证未满一年、具有本市合法的机动车牌照和行驶证、符合本市排放标准、配备公共交通电子收费设备、配备全球卫星定位等设备等。

2016年12月，广州市人民政府颁发《广州市网络预约出租车经营服务管理暂行办法》，要求从事网约车经营的平台公司应办理《网络预约出租车经营许可证》，有效期为5年。广州市对拟从事网约车经营的车辆，新增了一些要求，对普通车辆和新能源车的车长车宽车高均做出具体要求；要求排量不小于1.75升；纯电动的续航里程不低于100公里；网约车为取得行驶证一年以内的车辆；将卫星装置接入政府监管平台；不得与巡游车的外观颜色相同或近似。对网约车车辆的退出规定与北京相同。从事网约车服务的驾驶员，应办理《网络预约出租车驾驶员证》并符合"具有本市户籍或在本市办理居住证，未达到法定退休年龄且初中文化以上水平的公民，具有本市核发的相应准驾车型机动车驾驶证"。

（3）西安

西安市出租车行业现行使用的是2010年公布的《西安市出租车管理条例》，条例中规定出租车经营权实行有偿、有期限使用制度，出租车经营权通过招投标方式取得。条例中规定在西安市经营出租车的企业，应该有相应的停车场地和固定的经营场所、有相应的管理制度和驾驶员、有符合规定的车辆及配套设施。经营出租车的个体工商户，应该有符合行业规定的出租车辆、有本市常住户口或暂住证、取得出租车驾驶员从业资格证。西安的出租车驾驶员，需满足年龄在60周岁以下、初中以上文化程度、身体健康、有本市的机动车驾驶证并有2年以上驾龄、无重大以上责任事故记录、有本市常住户口或暂住证、取得出租车驾驶员从业资格证的要求。2016年，西安市交通运输局发布的《关于深化改革推进出租车行业健康发展的指导意见（征求意见稿）》中明确，新增出租车经营权一律无偿、有期限使用。

2016年10月，西安市交通运输局草拟了《西安市网络预约出租车经营服务管理暂行办法（征求意见稿）》。其中明确了网络预约出租车经营许可

有效期 4 年，网约车运输证有效期最长为 8 年，网约车车辆行驶里程达到
60 万公里时强制报废；驾驶员应取得《网络预约出租车驾驶员证》。西安市
网约车车辆对车辆轴距和排量做出了要求，要求轴距 2700 毫米以上，排量
在 1.8 升以上，3.0 升以下；纯电动车轴距 2650 毫米以上，续航 250 公里以
上。同时要求车辆为取得行驶证之日起 2 年内的车辆。西安市对网约车驾
驶员要求具有本市户籍或者居住证，其他条件与国家对网约车驾驶员的要
求基本相同。

（三）出租车市场准入制度的利弊分析

出租车市场准入制度可以促进出租车市场健康稳定地发展，在发展过程
中逐渐完善，但仍存在一些问题。结合前面整理的现状，分析准入制度上存
在的问题，并进行利弊分析。

1. 巡游出租车

交通运输部 2016 年修改了《巡游出租车经营服务管理规定》，新规对巡
游出租车经营者所具备的条件做出了规范，2016 年发布的《出租车驾驶员从
业资格管理规定》对出租车驾驶员做出了要求，对于在巡游出租车经营权的
投放方面，巡游出租车车辆的车龄及规格方面并未做出严格的规定。新出台
的规定原则性强，具体要求比较笼统，大部分城市也并未修改之前的出租车
经营管理规定，各地的出租车经营管理规定差异性大。我们从经营权配置和
使用方式、准入管理机构、服务质量管理等方面来分析巡游出租车准入制度
存在的问题。

（1）经营权配置方式

由于各个时期发展的需要，出租车经营权配置方式从行政审批、经营权
拍卖发展至以服务质量招投标为主流的方式，这种由时代发展需要形成的出
租车经营权配置方式的变迁，造成了出租车市场现有的经营模式混乱，有承
包经营的模式、公司直营的模式和个体经营的模式，国家对个人开放的出租
车市场经营权配置，也形成了出租车产权所属不一现象，造成了出租车市场
管理的困难。

（2）经营权使用方式

我国出租车现有的政策鼓励对出租车的经营权实行无偿有期性使用。但

在改革开放后，我国部分地区限于地方财政压力，曾对出租车经营权实行有偿使用，存在诸多问题：一是有偿使用不利于出租车经营权到期后的回收和重新配置，容易造成政府在管理中处于被动地位；二是有偿使用导致出租车经营权私下交易和转让行为，市场过度炒作导致经营权价格畸高；三是有偿使用客观上增加了出租车经营者的负担，容易引发市场波动。而一些地区对出租车经营权的使用期限规定也并不相同，规定的使用期限太短或太长都不合理，很多城市都规定出租车经营权的使用期限为 8 年。

（3）准入管理机构

出租车市场准入管理机构是应该负责制定出租车行业规范、服务标准，规定出租车数量、运营方式、收费标准的行政管理机构。我国对出租车市场的管理机构设置并不规范，有的属于地方交通行政部门的内设机构，有的属于地方交通行政部门的下属机构，而有的属于独立的机构，接受地方交通行政部门的业务指导；叫法也不统一，有的城市叫出租车管理处，有的叫运输管理处；对出租车的监督执法队伍的权责划分较不明朗。这些问题都对出租车市场的规范化管理造成了障碍。

（4）服务质量管理

出租车因其自身的非竞争性，对服务质量管理并不重视。出租车的运力规模应该随着城市发展的需要而调整，为了城市能够更好地调整出租车运力规模，同时为了提升出租车的服务质量，建立更加合理规范的出租车市场准入制度，建立合理的退出机制，服务质量信誉考核制度的建立必不可少。

2. 网络预约出租车

随着经济的发展，人们与日俱增的出租车运输需求与出租车运力规模产生了矛盾，出租车市场供不应求。网约车的出现，是市场需求衍生出来的产物，随着网约车的出现，一定程度上缓解了出租车市场的供不应求状况。2016 年，交通部、工信部等联合发布了关于网约车的管理暂行办法后，各地方政府也相继发布了网约车管理暂行办法，对网约车经营者、网约车车辆以及网约车驾驶员提出了一定的要求，对网约车经营也提出了相应的规范。新出台的《网络预约出租车经营服务管理暂行办法》比较笼统，原则性强，各地后来相继发布的网约车管理办法根据新规的要求并结合了当地的具体情况做出了具体的规定，对网约车车辆的要求高于巡游出租车，也体现了"高品质服务、差异化经营"的原则。

网约车新规的出台，允许私家车加入到网约车运营的行列中来，可以看出我国在开放市场、鼓励竞争方面的态度。虽然网约车新政比较规范和完善，但市场准入方面还存在一些问题。网约车实施细则中要求的本地驾驶员和本地车辆的规定，存在门槛过高的问题。同时对车辆的保险覆盖也并没有做出明确的要求，这不利于保障乘客和网约车驾驶员以及车主的权益。

二、经营权配置方式

（一）经营权配置方式分类及利弊分析

我国在出租车经营权配置方式上主要有行政审批、公开拍卖和服务质量招投标三种，其中服务质量招投标方式正在成为出租车经营权配置的主流方式。美国著名监管经济学家丹尼尔·F.史普博认为，监管是行政机构制定并执行的直接干预市场或间接改变企业和消费者供需决策的一般规则或特殊行为。政府对出租车行业进行监管是由于行业自身的特点和政府希望达到的社会效益共同决定的。

出租车行业的服务具有明显的竞争性和排他性的特点，因此属于可以通过供求规律和竞争规律来进行调节的范畴，但是与此同时，它又是城市公共交通的重要组成部分，是介于个人物品和准公共物品之间，并且具有明显个人物品性质的服务。在自由竞争的市场经济条件下，在这一领域中不可能做到企业的个别利益与社会利益的完全一致，这就不可避免地出现了市场失灵的现象，从而危害公众利益，使社会福利受到损害，从而决定了政府对行业进行监管的必要性。政府部门对于出租车行业的监管主要体现在数量监管、准入监管和价格监管三个方面。

我国出租车经营权配置方式如表 5-1 所示。

表 5-1　我国出租车经营权配置方式分类

配置方式	代表城市或地区
行政审批	我国大多数城市曾经的许可方式
经营权拍卖	香港以及过去深圳、珠海、广州等城市的做法
服务质量招投标	我国大多数城市现行的许可方式

1. 行政审批的利弊分析

出租车经营权的行政审批，是指出租车行业主管部门根据个人、组织的申请，依法审查，准予其从事出租车经营活动的行政许可。

通过行政审批，可以实现政府力量主导出租车行业发展，实现出租车经营资源向规模大、实力强的企业集聚，提升出租车行业的规模化、集约化发展水平。市场经济的运行带有一定的规律性，也存在着难以克服的缺陷——市场失灵，政府通过对出租车经营权的管制，来弥补这种市场的缺陷。市场发展初期，通过行政审批方式无偿给予出租车公司或个体业主经营权，曾是各地出租车市场准入的通行做法。当时由于需求较小，出租车数量相对较少，出租车行业还处于起步壮大阶段，经营权由行政审批获得。但是发展至今，行政审批存在明显的制度性缺陷，由于缺乏公开的竞争，不利于建立优胜劣汰的市场竞争机制，同时容易引发腐败问题。

经济性管制的行政审批实际上就是传统计划经济的普遍管制政策在客运出租领域的体现。这种方式从现代经济学中很难找到存在的根据，其理论依据只能在传统计划经济的教科书中发现。而且这种方式与《行政许可法》的立法精神以及国家总体改革方向并不相符，属于今后改革的对象。事实上，实施这一模式的一些地方，如北京市，也在酝酿通过"特许经营"的方式对其进行改革。

2. 经营权拍卖及其利弊分析

拍卖是指在符合许可条件的前提下通过公开竞价，价高者获得资源使用权和占有权的交易方式。拍卖是在主体公平、公正、公开的基础上订立竞买契约的行为，出租车经营权作为一种有限的公共资源，通过拍卖方式予以配置，能够很好地体现其经济价值。通过拍卖方式确定的出租车特许经营权，最终价格一般会高于政府部门的政策性定价，作为公共资源所有者代表的政府获得了利益最大化，这也是部分地方政府使用这一方式的主要原因。

行政审批制度可能会导致分配不公甚至产生权力寻租，政府通过拍卖方式配置资源，能保证竞争更加公平。由于出租车的总量控制，出租车经营权可能会发生溢价，因此通过公开拍卖的方式配置经营权，能够保证公平。拍卖通常分为限价与不限价两种形式。限价拍卖是指由政府确定每个出租车营运牌照最低限价与最高限价。2007年之前，深圳市拍卖出租车营运牌照采用的就是限价拍卖方式。不限价拍卖是指不限定最高价，香港特别行政区、珠海市和深圳市 2007 年的出租车营运牌照拍卖采用此方式。经营权拍卖方式增加了运营成本，最终经营者会将这种成本转嫁至消费者。同时竞拍者只要有足够的资本便可以获得出租车经营权，而竞拍者采用何种运营管理模式、能否提供优质的出租车服务与是否中标没有必然联系，这在制度设计上不利于出租车行业的健康发展。

3. 服务质量招投标及其利弊分析

服务质量招投标配置出租车经营权是指出租车行业主管部门确定一套综合考评体系，对出租车经营者在一定期限内的经营资质、管理水平、经营行为、安全生产、服务质量、社会评价等情况进行综合测评，以经营者在经营过程中服务质量综合测评结果或拟在经营过程中实现的服质质量承诺作为主要竞标条件，择优发放出租车经营权。

服务质量招投标以服务质量为主要考察条件，促使出租车经营者重视服务质量，择优配置出租车经营权，避免竞争关系的扭曲。在实践中，一些城市以服务质量招投标方式配置出租车经营权，取得了良好的效果。原因在于，与行政审批制度相比，服务质量招投标方式对于出租车的配置更加公平，也有利于实现市场经营主体优胜劣汰，与经营权拍卖相比，服务质量招投标降低了运营成本，能够促进出租车服务水平的提高。

三、经营权使用费用问题

从政策导向上来看，定额收取经营权使用费并不是国家所积极倡导的。根据《行政许可法》第 12 条第 2 项和第 53 条规定，公共资源配置等行政特许行为，行政机关应当通过招标、拍卖等公平竞争的方式做出决定。在 2003 年 9 月 28 日国务院下发的《国务院关于贯彻实施〈行政许可法〉的通知》中也明确要求"能够招标、拍卖的，都要进行招标、拍卖"。因此，从政策走向上来看，定额收取经营权使用费将会逐步被招标、拍卖等形式替代。

改革开放后，我国部分地区限于地方财政压力，曾对出租车经营权实行有偿使用。经营权有权使用方式虽然一定程度地缓解了财政压力，但是也存在很多问题。

1. "黑车"泛滥导致政府高昂的治理成本

政府相关部门对出租车行业进行数量管制与价格管制，数量管制的门槛使得该行业即使供需严重失衡，仍然难以通过合法渠道进入该市场；而在价格管制下，由于非合法出租车不需要支付高额的经营权拍卖费用，自然可以获得较为丰厚的利润，使得更多的人购买较为便宜的车辆，进入出租车行业进行非法营运，成为所谓的"黑车"。对消费者而言，受政府所制定的偏高价格的影响，消费者的需求必然会部分转移到价格更为低廉、服务更为便捷的"黑车"上，这在客观上助长了"黑车"的泛滥，同时也给政府带来了高额治理成本。

2. 收费制度对乘客利益造成损害

对出租车行业的数量管制，导致出租车经营权在全国各地的拍卖价格不停地被刷新。支付了高额拍卖费的车主或者公司，必然要把这些高额费用通过价格转嫁到消费者身上。最为明显的就是起步价格的制定，以及超过起步里程数的计价以公里作为计价单位的收费。第一，关于出租车起步价问题。如贵阳的出租车起步价二十多年来一直按照10元收费。理论上来说，起步价主要分担的是车辆的固定费用，这一费用的分摊应该具有一个合理的比例，完全可以采取第1～3公里的计价费用逐步递减，超过3公里以后的每公里价格按照另行的标准来处理更显公平。第二，关于超过起步里程数的计价按照公里为计价单位的不公平问题。随着科学的发展和技术进步，许多行业都在向准确化方向发展，从技术层面来看，可以做到以米为计价单位。而目前的状况是，如果乘客乘车距离超过哪怕是1米，计价器也要上调为1公里的收费，乘客要多支付1公里的里程费。

3. 对出租车司机的利益的影响

当前的出租车经营权是采取拍卖的方式进行发放的，在发放的过程中，由于对拍卖数量进行了控制，导致拍卖的价格大都非常高，从而使通过高价获得出租车经营权的车主或者公司，为了赚回所支付的成本，往往要出租车司机支付更高的承包费，以此收回成本，增加盈利。此举无疑加大了出租车司机的营运成本，使得出租车司机的盈利空间受到极大的挤占。比如目前贵州省省会贵阳，大约有90%的出租车由驾驶员向车主承包，驾驶员每天要向车主交纳360元的承包费，一个月按照30天计算，月承包费就是一万多元。

其中承包白班的驾驶员一般汽油车每班交 230 元、柴油车每班交 250 元；承包夜班的驾驶员每班交纳 130 元。另外还需加上每个班 120 元左右的油费。白班出租车驾驶员一般平均下来一天能跑到 300 ～ 400 元钱，扣除承包费、油费后，收入并不高，如果碰到一些意外事故比如严重交通拥堵及其他交通事故，还可能面临亏损。

4. 特许经营下的垄断与寻租问题

出租车市场的垄断主要表现为以地方政府职能部门为权力主体的区域性行政垄断。其特征是 : 第一，运用行政分配手段，将出租车运营指标无偿或有偿地给予出租车公司或者个人。第二，凭借优势背靠政府进入管制。出租车公司占有绝大部分市场资源，北京目前拥有出租车汽车 6.66 万辆，98.6 % 的出租车集中在出租车公司。第三，运用行政权力控制出租车总量，并实行严格的市场准入，维护市场现有格局。第四，运用行政权力决定出租车车型的选择，限制外地产品进入。

如果对特许经营权采取拍卖的方式，一方面，政府取得一定的特许经营收入，对地方经济社会发展发挥了一定的作用；另一方面，负面作用也日益显露。政府通过拍卖经营权，可一次性预收出租车数十年的收益，而出租车的收益是乘客每天付出而创造的，除正当的税赋外，这无疑是出租车司机的额外负担；政府预收数十年的特许经营费用，却不分担任何风险。此外，在拍卖后一次性收取了众多车主的巨额费用之后，政府就承担了为车主或者公司将来逐步收回成本、获取利润起到隐性担保的责任，必然要提高起步价和限制新增出租车的投放量，由此造成的社会成本巨大，甚至阻碍了交通运输行业的价格市场化改革趋势。

四、经营权期限问题

（一）经营权期限优势

出租车经营权使用是有期限规定的，出租车经营系特许经营的特定行业，为充分体现竞争，提高公共资源配置的服务质量，保障公众权益，出租车经营权的使用一定是有期限规定的。城市出租车经营权并非永久使用，而是限定时间使用，经营权使用期限不同，可分为长期（永久）、中期（如 10 ～ 15 年等）、短期（如 5 ～ 8 年等）。营运证到期后，需要重新竞拍购买营运资格。

出租车营运权的使用涉及对社会公共交通工具经营权的一种分配，其是否有期限，以及期限的长短将会涉及公共资源的分配是否平等的问题，同时，在有期限使用的方式中如果不能够确定一个比较合理的使用期限，将会引发一系列的社会问题。期限太长不利于出租车行业内部竞争机制的发挥；期限太短又不利于出租车行业内部的稳定性。

在出租车经营权无偿取得的情况下，政府在行业中扮演的是市场秩序的管理者的角色，不会涉及对于出租车经营权的分配。所以，由无偿方式取得的出租车经营权通常具有无期限使用权。但在有偿使用中，政府兼具分配经营权和市场秩序管理的职能，角色的转变必然使出租车营运权的使用期限由无期到有期。

从行政法学理论来看，行政许可权具有附期限性。首先，如果将行政许可权永久授予权利人，则该权利所指向的资源归属形式实际上已经改变了性质，不再成为政府所控制的资源而成为私人资源。其次，限定期限可以增加竞争压力，为了将来再次获得行政许可权，权利人就会努力改善经营管理，提高技术水平，促进整个产业的进步。出租车经营权通过行政许可取得，当然具有附期限性特征。

（二）经营权期限劣势

出租车经营权应当具有一定的使用期限，其期限可以与其车辆报废时间的倍数基本保持一致。政府通过授予出租车经营权的期限限制，可以促进政府对公共服务的灵活管理，政府通过建立和完善退出机制，根据社会的发展在经营期限内对出租车经营权范围进行调整，从而实现并加强政府对出租车行业的宏观调控。出租车经营权到期后，整体实力强、服务水平高的出租车公司可以继续从事经营，有利于维护出租车行业稳定和城市良好形象，而对服务质量差、经营不佳的企业，政府可以收回经营权进行再次分配，实现资源的优化配置。

如果经营权无明确期限或永久性出让，容易引发诸多问题，弊多利少。一是容易导致出租车经营权人长期占有出租车经营权，不利于出租车行业良好秩序的形成。二是为非法炒卖、哄抬出租车经营权价格提供了空间。三是由于缺乏退出机制，优胜劣汰的市场竞争机制难以发挥作用。四是不利于政府运力调控，即使供大于求时，政府也难以减少运力总量，运力发展规划难以实施。五是不利于政府实行监管。这种方式导致了出租车经营者对社会公共资源的永久占有，是对公共利益的一种侵害。

从我国目前实际情况来看，出租车经营权的期限可以与车辆的车型和报废周期相结合来确定。对于出租车经营权的具体期限，各地可以根据当地具体情况而定。新投放的出租车经营权期限一般为8年。对于已经配置出租车经营权却明确使用期限的，应当按照原期限执行。已经配置出租车经营但未确定期限的，应当合理确定经营期限。

五、数量管制问题

（一）数量管制的优势

1. 有利于缓解降低污染、交通拥堵

我国很多城市拥有大量的出租车，占据大量稀缺的道路资源，制造大量尾气、污染环境，而且诱发公车私用等现象，造成财政资金与纳税人税款的浪费。而像北京市这样不再增加党政机关与事业单位公务用车指标，乃至在此基础上压缩保有数量，既有利于有效缓解城市交通拥堵程度，并在一定程度上促进环境保护建设，也有利于节约财政资金使用，促进廉政建设。所以，治理城市交通拥堵问题，应该是治理出租车数量问题的一个重要切入点。

2. 有利于避免行业过度竞争

竞争是经济生活最为常见的现象，也是经济学家特别关注的命题。竞争是相互独立的利益主体在市场上的行为表现，一个被广泛接受的竞争的定义是"力图获得他人也力图获得东西的行为"。经济学家从不同的角度构造了许多分析竞争的理论模式，这些模式包括完全竞争、不完全竞争、垄断竞争等等，各自独立的经济行为主线不仅可以通过价格、产量、广告以及营销策略等表面的手段来实现自己预期的收益，而且可以通过人才、组织机制和发展战略的深层手段来保证自己长期竞争优势。无论以何种形式面对市场，每一个独立的经济利益主体总是按照自己独特的竞争策略来生存。对于一个丰富的市场经济类型而言，竞争是必需的，因为它一方面可以保证市场秩序的不

断扩展，同时也保证了消费者"日常问题"的解决。

（二）数量管制的劣势

1.无法消除出租车行业的负外部性

出租车并非城市机动车的主要组成部分，控制出租车数量对减轻道路拥堵或空气污染无显著作用。目前，我国绝大多数城市道路规划落后且承受能力有限，机动车数量增长过快会造成道路拥堵，加剧空气污染。但存在这一负外部性是因为机动车固有的性质，而不是其出租车身份，仅对出租车进行数量管制是舍本逐末。以北京为例，2006年中非论坛期间，媒体曾报道北京封存了49万余辆公务用车。即使按照北京市财政局官方网站公布的数据，截至2010年底，北京市党政机关、全额拨款事业单位公务用车实有数为62026辆。很多人对放松数量管制会导致出租车数量无限增加充满担心，从世界各国放松管制的效果来看，取消数量管制确实无一例外导致了出租车数量的增加，但是出租车数量的增长仍然远远低于私人轿车的增长，而且导致交通压力增加和环境污染加重的主要因素仍然是私人轿车的急速增长和公务用车的过度使用。

放松数量管制并不必然导致"过度竞争"以及安全和服务品质降低。对于竞争性行业来说，竞争压力必然不可避免，没有证据显示出租车行业的竞争会比其他行业的竞争带来更加严重的后果，而竞争最终也将达到适度平衡的状态，问题在于行政权力的介入是否人为恶化了司机的竞争地位或竞争成本。目前我国各地普遍实行租赁制（或承包制），出租车公司成为拥有稀缺牌照而成本很低的食利阶层，他们的市场地位是法律特别保护而非竞争胜出的结果，驾驶员成为市场竞争压力的终端承受者。

2.数量管制导致权力寻租和社会福利损失

在政府与市场的关系问题上，政府的作用要限制在补充的地位上，只有当市场处理显然失灵而政府干预显然有效时，才采取行动；不适当的政府干预只会妨碍市场的正常发展，人为地使供求不时偏离市场的均衡位置，会导致资源配置的低效率，社会福利无法达到最优化。

首先，对于政治制度并未完善的社会，管制本身更会酝酿出众多权力寻租空间，越接近权力核心越享有利益分配的机会。经济学家斯蒂格勒认为，规制的主要受益者是受规制的企业，产品价格会不断被提高，以至于接近生产者收益最大化的价格水平。其次，在"份子钱"制的经营模式下，出租车公司所扮演的角色更多的是一个方便政府对出租车行业进行管制的机构，在拿到经营权指标后，通过收取"份子钱"和保证金等形式，将风险完全转嫁给出租车司机。可以说，出租车公司的暴利和"零风险"不可能存在于任何一个具有竞争性的行业。有些出租车公司在通过拍卖获得经营权后，还会将经营权转包给小公司，小公司又会再转包给主驾驶员，主驾驶员分包给副驾驶员，副驾驶员分包给顶班驾驶员，整个过程就是典型的寻租过程。

3. 数量管制导致直接社会成本增加

数量管制的实际效果不仅背离了管制的初衷，为了维持数量管制，政府还需要直接支出额外成本，造成更多无谓的投入和损失。一方面，数量管制使经营权沦为投资工具，但为了限制经营权过度流转，建设部发布《城市公共客运交通经营权有偿出让和转让的若干规定》，要求"经营权转让获得的经营权转让费的增值部分，上缴城市建设（公用事业）行政主管部门的比例不得少于40%"。实际上直接导致执照非法转让、企业不规范并购、承包合同混乱，由此引发大量矛盾而难以调和。同时，由于各地经济发展水平的差异，各地经营权出让费必然存在差额，政府不得不禁止出租车异地营运以预防投机。比如《深圳经济特区出租小汽车管理条例》规定，在特区范围内外地出租车不得从事起点和终点的载客业务，大连将市区内的六个区划分为三个区域进行市场割据。由此，必然造成空载率的上升、社会总福利的损失和市场的混乱，增加了大量监管成本，而司机违反规定的现象仍然相当普遍。

六、经营权转让问题

（一）出租车经营权转让概述

理论上，政府有权经营出租车行业。政府要有效管理出租车市场，就面临两种选择：要么大幅度增加政府部门的监管资源，形成庞大的政府监管机构；要么在中间衍生出新的政府代理机构，也就是事业单位。这两种行政管理的方式，都需要由政府承担巨额的监管成本。

实际上，由于要承担巨额监管成本，政府可以将监管成本社会化，即有偿转让或是有偿出让出租车经营权。城市公共客运交通（包括公共汽车、电车、地铁、轻轨、出租车、轮渡等）经营权有偿出让（以下简称经营权有偿出让）是指政府以所有者的身份将城市公共客运交通经营权在一定期限内有偿出让给经营者的行为，而城市公共客运交通经营权有偿转让是指获得经营权的经营者将经营权再转移的行为。

（二）出租车经营权转让机制及其利弊分析

根据《城市公共客运交通经营权有偿出让和转让的若干规定》（以下简称《规定》）第6条：经营权有偿出让可以采取以下方式：（一）协议；（二）招标；（三）拍卖；（四）地方政府规定的其他方式。

1. 根据取得主体、方式、期限不同对经营权转让进行分类

（1）根据经营权取得主体不同，可分为企业和个人；

（2）根据经营权取得方式不同，可分为政府行政审批取得和有偿取得（20世纪90年代以前，经营权一般都是政府行政审批无偿给予的），目前，城市都实行有偿取得；

（3）根据经营权使用期限不同，可分为长期（永久）、中期（如10～15年等）、短期（如5～8年等）。

2. 根据出租车经营模式不同对经营权转让进行分类

出租车经营者取得经营权后还须购置车辆，办妥经营手续后方可营运。根据经营权与车辆产权出资人的不同，出租车经营模式可分四种，如表5-2所示。

表5-2　我国出租车经营权配置方式分类

经营权转让机制	经营模式
企业拥有经营权企业出租车	公司化经营
企业拥有经营权个人出租车	合作经营
个人拥有经营权个人出租车	个体经营
个人拥有经营权个人出租车挂名公司	挂靠经营

（1）经营权和车辆都是企业出资购买的，司机是承包经营

这种经营方式也就是平时所说公司化经营。相对来说，这种模式在管理与服务上更易规范，也更具规模经济效应。公司可将零散的出租车司机集中

起来，以便降低成本（公司和社会成本），保证司机的利益，提高管理水平，如统一安装 GPS 定位系统等，为乘客提供更好的服务。上海的经营方式基本上都属于这种。

当然这种经营转让方式也存在一些不足之处。公司化经营必定要求出租车行业要有完善的经营制度以及相当的出租车司机的话语权，否则，公司出于私利最大化，有可能直接或是间接地将经营成本转嫁给出租车司机。但是，目前有的出租车公司并没有实现规模经济效应，这就部分地解释了为什么有些地方采用这种经营方式时也遇到出租车罢运事件。

（2）经营权和车辆都是个人出资购买的，个人自己经营或雇人经营

这种经营方式也就是平时所说的个体经营，具有清晰的产权。社会主义市场经济体制要求建立归属清晰、权责明确、保护价格、流转顺畅的现代产权制度。季奇武也曾认为，出租车行业必须具有清晰的产权关系。这种经营方式浙江温州具有一定的代表性。

从长期来看，这种经营方式存在着一定的弊端：经营行为的不稳定性甚至混乱，如"黑车"的出现、经营权易私下炒卖等。而且个体服务由于没有规模经济效应，即服务质量好坏与个体收入多少没有关联性，缺乏提高服务质量的内在动因。

（3）经营权是企业出资购买的，车辆由司机出资购买

这种经营方式可称之为合作经营。企业可以减少资金投入，降低经营风险。这种情况一般都产生于资金实力不足的小企业，或经营目标短期化的企业。同时，这种经营方式加强了司机的责任感，防止车辆折旧过快、出险率过高等问题。

但是，这种经营方式产权不明晰，企业、司机间易引发矛盾，如"份子钱"按多少收取等。

（4）经营权和车辆都是个人出资购买，挂靠在企业名下从事营运

这就是平时说的挂靠经营，准确地说是托管经营。从理论上说，规范的托管经营比松散的个体经营有积极的一面，它至少在组织方式上前进了一步，有专人组织学习传递各种信息、代办日常事务、督促安全生产等，形式上做到"公司化"。

但是，市场很难保证托管公司有规范的经营行为。目前很多地方的出租

车行业以及城市运输等行业都是采用这种挂靠经营方式。一般公司都对该地区拥有强势的权利，不挂靠其公司名下，将采取多种手段阻止私自营运，但是挂靠到公司名下，除了每年收取所谓的管理费用等，也并没有其他形式的组织活动。

七、出租车经营模式

对各地出租车实行规模化、集约化经营的几种方式，比较并分析其利弊。

（一）企业"两权统一"

"两权统一"，即企业拥有出租车的经营权和所有权。出租车客运企业通过申请地方政府划拨或者通过参加投标方式取得了向客运市场投放车辆的指标以后，由企业全资购进符合标准的车辆，面向社会公开招聘司机，司机都是企业的员工，企业为他们投保"五险"。每个司机都要经过企业严格培训，成绩合格方可上岗。企业每月定期召开安全会和"文明服务"工作会。企业对违法违纪或违反企业规章制度的员工，有监督管理、批评教育、惩罚和辞退的权力，有收回营运车辆的权力。所属车辆的安全行车、技术管理、二级保养维护都有健全的组织。

"两权统一"的经营方式属于紧密型管理，这种方式在全国的出租车企业中可占50%左右。由于企业对产权和经营权有绝对的控制权，对司机个人有绝对的管理权，大多数司机不敢违反企业的管理制度，不敢聚众到政府部门无理上访。个别人与企业之间的矛盾都可以在企业内部解决。同时，"两权统一"的经营方式可以保证企业逐年形成一定资金积累，当企业肇事车辆无过错，保险公司拒绝赔付，另一方肇事车辆保额低无力赔付时，企业可以立即拿出资金，给付乘坐本企业出租车而受伤害的乘客一次性经济补偿，及时化解矛盾。这种经营方式，企业需承担全部经营风险，对企业发展不利，而对社会、对个人、对国家有利。

（二）企业经营权与个人产权合作方式

所谓企业经营权与个人产权合作方式，即企业通过申请政府划拨或参加社会公开招投标方式，取得一定数量的出租车经营权之后，由社会上个人出资购买符合标准的车辆，加入企业从事出租客运，企业与个人在市场经济中是两个平等主体，双方是合作经营关系。司机不是企业职工，各种保险由个人缴纳。企业按双方合同约定，向个人收取一定数量的经营权使用费和企业管理费。车辆收入归个人所有。由于企业收入少，个人收入多，企业对车辆产生的各种费用都不承担经济责任。如果发生重特大交通事故，企业仅在收取管理费幅度内承担连带责任。这种经营方式属于半松散性管理。在全国的出租车企业中可占20%左右。企业对司机的管理，主要靠双方合同约定。如果司机违反了双方合同的约定，企业可以按合同约定，收回个人使用企业的经营权，终止合同。但企业这种制约权，必须得到交通主管部门和人民法院的支持才能实现。否则，企业对个人便丧失了有效的监督管理权。这种经营方式对个人有利，对企业和国家不利。

（三）个人经营权和产权挂靠在公司

社会上个人取得了出租车特许客运经营权，并购买了符合标准的车辆以后，根据地方政府的规定，向出租车客运企业提出书面申请，并签订挂靠合同书，每月向企业缴纳50～100元的管理费用，这种管理方式在全国出租车客运企业中占30%左右。企业负责为挂靠车辆代收代缴税款和保险费，协助处理交通肇事的理赔。挂靠企业的车主，可以任意找个借口，说出对企业服务不满意的理由，随时都可以到其他企业挂靠，政府支持这种"自由流动"，并给办理相关手续。发生重特大交通事故，车主无责任，保险公司拒赔或免赔部分，在个人无力赔付的情况下，挂靠车主便弃车潜逃，受害人得不到经济补偿，就会到各级政府上访。政府为了社会稳定，只好"花钱买平安"代肇事车辆对受害人做出经济赔偿。

由于个人拥有经营权和车辆的产权，在旧车报废期满后，都是由个人申请购买新车延续经营。因此，在社会上形成了一种错觉，认为出租车经营权永远归个人所有。有人趁机炒买炒卖出租车经营权，从几千元炒到几十万元。社会上不明真相的人花几十万元购买经营权之后，在车辆报废期内微利经营或亏本经营。亏损后不在自身盲目高价购车上找原因，反而把自己经营亏损不挣钱的原因推给企业和国家。他们恶意串通集体上访，要求企业降低管理费标准，要求国家减少税收，从而影响社会的稳定。因此，个人经营权和产权挂靠公司经营的方式，是一种完全松散性的管理方式，对个人没有利，对企业和国家也没有利。

第三节　网约车政府监管现状及问题成因分析

（一）网约车政府监管现状

网络约租车市场涌入了大量的社会资本，依托完善的奖励机制，引入大量车辆，乘客可随时随地在网络约租车平台中打车，获得优质服务。网络约租车的出现不仅解决了乘客的打车难问题，其高质量的服务、低廉的价格赢得了乘客的青睐。除此以外，在网络约租车蓬勃发展阶段，在资本的大力支持下，网络约租车平台为乘客和司机分别提供了补贴政策，不仅吸引了更多的乘客和司机，也培养了乘客的消费习惯。传统出租车行业在网络约租车行业野蛮竞争的背景下受到巨大冲击，市场被挤占，份额被蚕食。

从准入管理、数量管理、价格管理等方面，现有《办法》的主要关注点在于以下几点：

一是国家层面提出原则性指导，实施细则由地方掌控。《办法》给予了网络约租车的合法地位，与巡游式出租车并列，将二者都归为出租车行业管理范围；要求网络约租车经营者必须符合相关的准入标准才能从事网络约租车营运，平台、车辆、司机都须取得相应的许可。有专家提出观点认为，这一规定增加了平台、车辆、司机三方的行政许可，违背了政府简政放权的改革方向，筑高了网络约租车行业的准入门槛。

二是对网络约租车的数量管制。《办法》规定，《道路运输证》的发放，地方政府必须综合性分析当地的出行市场规模、道路建设速度以及广大人民群众的消费能力，在此基础上，合理地规范网络约租车的运力规模。反对者认为，政府对于网络约租车实行数量限制是不恰当的，应交予平台和市场来调节。即市场存在超额利润，会吸引更多的网络约租车司机和车辆进入，反之，市场的利润被摊薄，自然将营运不佳或者处于观望阶段的网络约租车司机和车辆淘汰。

三是对网络约租车的价格管理。《办法》将网络约租车的价格开放给市场，但是又给地方实施政府指导价提供了法律依据，要求网络约租车服务不能低于成本价格营运，意味着靠短时期内平台补贴"烧钱模式"来赢得市场竞争优势的手段不再有效，出行市场的差异化发展和公平竞争的环境有了一定的保障。

（二）网约车行业管制现存问题分析

1. 监管制度不完善

（1）政府对平台的监管制度不健全

网约车的监管主体是监管政策的制定者和执行者，即政府监管部门和网约车平台公司。但网约车平台的互联网企业的经营方式，与传统企业大为不同，导致传统的监管手段有时会面临失灵的遭遇。自滴滴司机出现事故后，交通部等多部门组成的检查组进驻滴滴，对其展开安全专项检查。但这不是长期有效的监管政策，随着网约车市场各主体快速活跃发展，组织进驻平台展开专项检查等方法已不能解决目前严峻的监管形势。

（2）网约车平台对司机监管不力

网约车平台对司机审查不严。网约车平台为了增加平台司机的活跃度，对加入平台的司机和车辆都给予最大宽限。以司机向平台提供的信息为基础，不论其真假，但凡符合注册平台的部分资质，便能立即加入营运接单。而目前网约车司机主要来源于社会人员，有的司机文化素质不高或者隐瞒自身的一些不良信息而进入此行业，大大增加了网约车市场的风险。

对车辆审查不力。车辆性能合格与否严重影响着车辆运行安全。由于平台没有专门设置车辆审查地，其对车辆的审核都是在线上进行，因此会出现部分负有重大交通事故责任、来源不明或者质量存在严重问题的车辆投入使用，也有人车信息不对称或者套牌现象。平台未对相关信息进行一对一的绑定和定期检查整改，这种情况下，无法保证车辆的安全性，对网约车司机失去了监管和控制，导致其在运输使用过程中存在危险，加大了市场的不稳定性。

2. 缺乏完善的权利救济机制

（1）消费者面临个人信息泄露风险

从乘客的角度来看，网约车平台积累了大量个人信息，如果没有行业标准和规范来约束个人信息的管理问题，那么会造成信息泄露等许多潜在危险。在如今大数据的背景之下，如果网约车平台不能很好地保护使用者的个人信息，将严重危害消费者个人隐私安全，造成恶劣影响。

（2）乘客人身安全得不到保障

乘客安全，不仅关乎行业的可持续发展，还关乎着公众的人身和财产安全。2018年5月5日晚，一名空姐乘坐滴滴被害案在社会上引发了巨大的舆情，网约车乘客的人身安全保障问题也随之被人们愈发关注。人们总是在面对突发事件和侵害时缺乏合理的解决方式。特别处在陌生且偏远的环境下，往往加大了乘车的危险性，也为不良事件的发生提供了条件。

（3）司机的人身、财产安全得不到保障

在目前网约车市场的大环境下和公众舆论对网约车的司机的固有印象下，网约车司机处于舆论的风口浪尖上，人们更多地注重对司机的职业道德和社会道德的要求，却忽视了司机的人身安全。2019年3月25日，湖南一名19岁的大学生乘客杨某，因悲观厌世精神崩溃而将司机无故杀害。从目前网约车司机群体的分析来看，部分网约车司机是兼职司机，基于特殊的工作形式，关于其是否属于合格的劳动者、在接单过程中发生的交通事故等意外事件如何归责、第三方平台是否需要对其人身损害和财产损害进行赔偿等问题尚未解决。

（4）第三方平台赔偿的救济机制不够完善

消费者在网约车消费过程中会出现问题，目前各第三方平台都提供了相应的投诉平台，可以通过联系客服来解决问题。但是其不能及时处理消费者的投诉和举报，同时缺乏相应机构对其进行监督，无法对问题的处理情况进行相关的后续跟进，导致消费者维权困难。因此，目前网约车平台的服务质量和赔偿机制还有待提高和改善。

二、国外网约车政府监管经验及启示

（一）国外网约车政府监管经验

美国网络约租车的行业规范性在全球范围都处于领先地位，尤其是以Uber为代表的网络约租车平台。Uber在创立初期便受到广泛关注，其强调共享的出行服务理念受到用户的高度认可和欢迎。但是，在市场扩展和义务增加的过程中，一系列的后续问题也显现出来。针对网络约租车行业的过快发展，美国各州政府都采取了一系列的管制措施进行行业管制。就目前的网络约租车政府管制方面，加利福尼亚州和科罗拉多州的管制实践经验具有较高的借鉴价值。

1. 加利福尼亚州

在 Uber 创立以后，类似的平台公司也不断涌现，出现了 Sidecar、Lyft 等综合规模较大的平台。就目前而言，在市场准入条件、价格机制等各方面优势的推动下，网络约租车进入快速发展阶段，并不断压缩传统出租车的市场盈利空间，传统出租车行业受到极大压制。再加上由此引发的一系列社会问题，加州监管部门一度将其纳入非法经营的行列。2013 年 9 月，加州政府出台一系列专项法律，确定了网络约租车的合法性问题，并出台有效的措施加强网络约租车的监管，推动网络约租车的规范化营运。通过长时间的立法监督，加州针对网络约租车的政府管制取得良好的效果，网络约租车的发展也进入规范化轨道。

按照加州政府的监管要求，针对网络约租车平台，政府适当降低了行业准入条件，运营成本也大幅减少。网络约租车平台通过向监管部门申请并购买特定牌照，即可从事网络约租车服务。根据业务类型和经营所在地范围，收费标准也存在较大差异。通常情况下，这种特殊牌照的有效年限是三年。期满后，平台可以通过缴纳继续使用的费用，以保持牌照的有效性。在驾驶员和车辆管制方面，政府进一步简化了准入流程，驾驶员使用一般的民用驾照即可从事网络约租车的服务，而私家车只要满足平台要求的基本性能，即可投入网络约租车经营服务。市场的准入成本大大降低。在价格管制方面，加州没有制定统一的费率，而是由网络约租车企业根据市场供需关系自行定价，通过市场的调节机制确定网络约租车的最终服务价格。在质量管制方面，加州政府要求，网络约租车平台需要将运营数据包提交给公共事业委员会，以备查询，数据包内容包括收费标准、行驶里程、驾驶员培训证明等。

2. 美国科罗拉多州

科罗拉多州则主要通过立法的方式对网络约租车行业进行管制，按照科罗拉多州的法律规定，网络约租车行业在法律层面上的定位是交通网络公司（Transportation NetworkCompany，TNC），即通过搭建网络平台，在驾驶员和乘客间建立市场关系，还有为其提供配套服务的个体、企业以及其他组织。在司机管制方面，科罗拉多州采用的标准相对较低，从事网络约租车服务的司机既可以是平台雇员，也可以是普通的私家车车主。按照该州的法律要求，网络约租车平台需要通过公共事业管理委员会的批准，并获得相应的法律许可后，方可在法律规定的框架内为乘客和车主提供网络约租车服务，并在经营过程中履行正常的企业义务。网络约租车企业和传统出租车企业具有相同的法律地位，同样成为城市交运体系的重要内容。

科罗拉多州对网络约租车搭乘问题做出了具体规定。第一，平台要对车主资质进行严格的审核，包括身体条件、社会经历，重点审核是否存在不良和犯罪记录。同时，对平台接入车辆进行定期检查，并严禁司机酒后驾驶，平台须及时向监管机构报备车辆和驾驶员的信息。第二，平台应建立健全规范化的理赔机制，并向用户提供相应的保险服务。在营运细则方面，司机通过平台获得预约信息，在公示价格及计算方法后提供搭乘服务，在搭乘服务结束后，平台将电子数据提供给乘客。网络约租车服务作为一种新兴业态，具有一定的特殊性，因此，科罗拉多州在赋予该行业法律定位的同时，也具体规定了平台所需承担的法律责任和义务。科罗拉多州通过出台专项法律明确阐述了网络约租车经营服务中商业保险的适用范围，以便为保护乘客权益提供法律保障。

（二）启示

在美国，网络约租车的发展时间较长，相关的法律环境和配套制度都比较完善，在政府监管方面也取得了丰硕的成果。相对于美国，国内网络约租车政府管制的起步时间较晚，政府在网络约租车管制方面缺乏实践经验。因此，我们可以通过对比分析的方式，发现国内网络约租车行业管制措施和发达国家的差距，并以此明确改进方向。

在整体策略方面，美国各个州都强调规范化管理和市场化运作，并设置了相对较低的车辆和驾驶员准入标准，通过提供相对宽松的外部条件和环境，推动网络约租车的平稳发展。同时，通过加强事中和事后的管理，不断改善网络约租车服务水平。通过上述分析可以发现，其以平台为依托、以乘客为中心的管制策略值得学习，即政府管网络约租车平台、平台管司机和车辆，设立宽松的准入门槛，严格定义和划分网络约租车平台在乘客使用网络约租车营运服务期间的责任，以乘客安全为中心和重心的策略。

在网络约租车行业的立法方面，各个州都制定了专项法律，明确各项要求，尤其是针对实体性和程序性方面的规范做出了明确规定，并在网络约租车行业的发展实践中不断补充和完善。在协调和传统出租车行业的关系方面，美国通过采取差异化经营策略，推动不同业态的共生发展。

我国北京、上海、杭州等地实施的网络约租车行业监管方面各有其经验。北京是国内最早针对小客车合乘出行提出法律规定的城市，疏堵结合，引导网络约租车与巡游出租车和谐有序发展；上海对巡游出租车经营权的放松管制走在国内的前列，其对网络约租车巡游载客和在火车站、高铁站、机场等方面的候车行为认定实行严格的标准；杭州市在政府管制政策出台和行业有序发展之间达到很好的平衡和互动，有效地迈出了网络约租车政府管制实践的第一步，对国内其他城市的示范意义是非常大的。

三、完善网约车政府监管的对策

在社会主义市场经济体制下，发挥市场在资源配置中的基础性作用，处理好政府与市场的关系，结合"互联网＋便捷交通"行动计划，兼顾乘客、出租车公司及驾驶员等各方利益，改革创新现有的出租车行业政府管制制度，规范网络约租车的发展，放松传统巡游出租车的政府管制，并在出租车市场有效竞争基础上寻求管制与放松管制的平衡，实现适当管制，促进出租车行业健康有序发展，成为当前急需解决的一个问题。

1.创新管制，将网约车平台纳入管制体系

目前，网络约租车平台是网络约租车得以存在及运营的关键，大量私家车将车辆接入平台提供网约车服务，而平台则依托自身信息处理能力，整合闲置的车辆资源，并通过技术手段将车辆与乘客的出行需求相匹配。网约车与传统出租车类似，均提供有偿的运输服务，但其在营运方式、手段、车辆及司机性质等方面又区别于传统出租车。因此，与传统出租车一样，需对网约车实施政府管制政策，但在具体管制方式上，应该根据网约车的特征，创新管制，着重将网络约租车平台纳入政府的管制体系，明确平台主体责任。

首先，是要正式将网约车及平台纳入监管体系中，承认其合法性。2013 年，美国加州公共事业委员会将网约车平台定义为"交通网络公司"（Transportation Network Company，TNC），即"在加州境内，通过互联网应用或平台连接乘客和私家车主，提供交通服务的法人公司、合伙企业、个体或其他形式的企业组织"，承认网约车服务的合法性，TNC属于约租车承运人，公共事业委员会有权为保护公众安全而对TNC实施管制，并制定相应的管制规范。

政府和网约车平台合作，强化出租车行业的安全及服务质量管制。安全与服务质量问题一直是制约传统出租车行业发展的重要问题，也是网络约租车受到质疑的主要因素之一。在互联网信息技术快速发展的背景下，无论是传统巡游出租车还是新兴的网络约租车，都可与互联网平台相融合。网络约租车平台与车辆及司机是一种提供服务与租用服务的关系，就如同淘宝平台与其电商的关系，由平台的自我监管辅助行政机关的监管，并承担相应责任，即网络约租车司机租用平台的信息服务并接受管理，而平台则代表网络约租车向公众与政府负责，形成"政府管平台，平台管车辆与驾驶员"的平台管理模式。政府与平台合作，要求平台必须向政府有关机构申请许可证，而接入平台的网约车及司机则无须申请许可，政府可以直接通过管制平台而达到间接管制车辆及司机的目标。具体而言，可以借鉴美国加州的做法，由政府详细制定对网约车司机、车辆、保险的要求，平台主要义务则是按要求严格核查与实施，保证接入平台的车辆、人员以及保险符合管制要求。

2. 放松价格及数量管制，促进市场有效竞争

放松管制指放宽或取消原有的管制制度和政策，其主要目的在于引入竞争、降低管制成本、提高企业效率、提升行业服务质量。主张放松管制的观点认为，出租车市场能够产生有效的竞争，限制出租车数量并不是消除负外部性的有效方法。基于此，在市场化改革原则下，实行放松管制是我国出租车行业改革的基本思路。

在数量管制方面，对于传统巡游出租车，要根据各地的人口数量、经济发展水平、公共交通覆盖程度、出租车里程利用率、城市交通拥堵情况、环境容量等因素，科学合理地确定出租车运力规模，逐步放开数量控制；对于网络约租车，由于其借助互联网平台可以实现乘客与司机间的快速配对，相对于传统巡游出租车，所占用的道路资源较少，因此可以放开数量管制，利用市场手段合理调节网络约租车的供需状况，或是仅仅在特定区域、特定时间或者通过提高资质条件等方式对数量做出总体调控。

在价格管制方面，对于传统巡游出租车，由于现阶段乘客与司机信息不对称的客观存在，可以继续实行政府定价，同时健全运价动态调整机制，但在接入互联网平台后，逐步要交由市场定价；而对于网络约租车，政府可以放开价格管制，允许网络约租车平台根据不同地段和不同时段的出租车供求状况进行灵活的价格调整。目前，网络约租车的运价低于传统巡游出租车，因此，有部分专家认为网络约租车的低价策略会造成出租车市场的不公平竞争与混乱。

3. 适宜管制，降低准入壁垒

适宜管制是指在放松管制，促进市场有效竞争的基础上，在管制与放松管制的基础上寻求平衡。在准入管制方面，根据可竞争市场理论，消除或减少出租车行业的准入壁垒，允许潜在的企业进入和参与竞争，比传统的严格的政府管制更有效率。

我国传统的出租车行业准入管制主要集中在对经营主体及经营模式的限制，鼓励公司化经营。这造成了传统巡游出租车市场竞争的不足，也在一定程度上导致了行业垄断。由于出租车行业天生具有个体经营的特点，给予出租车司机产权激励，即让司机直接拥有出租车经营牌照的产权，有助于激励司机自发提高服务质量，提高个人收入。基于此，传统巡游出租车应逐步由现有的经营权有偿使用向经营权无偿、有期限使用过渡，对经营权主体不做限制，个人、公司都能参与到出租车行业的市场竞争中来。对于网络约租车，区别于原有的经营权及经营关系的严格规定，按照"政府管平台，平台管车辆与驾驶员"的思路，政府需要对网络约租车平台颁发许可牌照，并对网约车车辆、司机、保险等做出规定，交由平台核查与执行。

4. 科学定位，差异化经营

无论是传统巡游出租车还是新兴的网络约租车均不属于公共交通范畴，其定位应该是"为社会公众提供个性化的运输服务，是城市综合交通运输体系的重要组成部分"，而不应该将其纳入公共交通的范畴，主要原因在于：一是从服务对象来看，出租车重点是满足社会公众个性化需求，不属于政府为满足社会公众基本出行需求而必须提供的普遍性、基础性服务；二是从服务价格来看，出租车是按其成本加上合理利润定价，与城市公交实行低票价政策、承担社会公益性服务有明显区别；三是从服务方式来看，出租车相比大容量公共交通方式，载客量小，占用道路资源多，服务效率低。因此，要在坚持公交优先的发展战略之下，对传统巡游出租车与新兴的网络约租车实施差异化定位，适度发展。

具体来说，传统巡游出租车主要着眼于满足普通大众个性化的出行需要。而网络约租车，尤其是其中的中高档专车车型，应该主要针对较高收入的群体，满足其高品质、差异化出行需要。政府制定相应的管制制度，防止网络约租车巡游，错位经营，避免不同定位的出租车向对方市场渗透。

5. 地方试点，总结经验

当前，在我国出租车行业政府管制改革进程中，尤其是在规范网络约租车发展方面，存在着国家顶层设计与管制决策权地方化的矛盾。网络约租车作为"互联网＋"背景下兴起的一种全新的业态，原有的传统出租车行业管制框架已不适用，在规范、引导其发展方面也缺少可供借鉴的成熟的管制经验。

出租车管理属于地方事权，管理的责任主体在地方人民政府。由于城市交通的复杂性，各地方出租车市场的行业结构、市场类别以及经营模式等方面差别较大，统一的国家管制模式并不能有针对性地解决地方面临的具体行业问题。国家有关主管部门应主动按照法定程序做出授权，由地方先行先试，制定相关地方性法规；地方政府则可以充分利用自主权，先行改革探索，推进传统巡游出租车行业改革以及新兴的网络约租车管制方式的改革，总结经验，最终为国家网络约租车经营服务管理办法的正式出台提供参考。

6. 加强监管体系的系统化建设

不管是国家层面《办法》的颁布，还是西安市细则的实施，在给予网络约租车行业的发展提供合法身份的同时，也是给行业套上了各种枷锁。而多个部门联合实施对平台的监管，在实践的过程中，也必然会出现政出多门的情况，监管必然出现重复或空白的地方。因此，监管体系的系统化建设必须随着政府管制实践的深入进一步朝着标准化、去行政化、数据化、生态化的方向发展。

监管体系标准化建设的意义，在于对于不同平台、不同城市以及不同市场模式，采取最小耗费行政资源，最大发挥监管效应，避免出现不同城市出台不同标准造成资源浪费以及政府管制部门被部分平台"俘获"形成新的行业垄断等情况。

政府管平台、平台管车辆和司机的二重管理模式，从行政化管理向去行政化的方向迈进，监管和责任的下移，让政府部门把管制的重点聚焦在乘客出行安全上升到事中事后和应急监管上，赋予平台承担更大的监管责任，有利于发挥市场在资源配置方面的决定性作用，实现平台、司机、车辆、乘客等行业市场要素的良性互动，及时对市场变化做出调整和应对，能够实现对车辆和人员的灵活配置，做到因地制宜，因人而异，从而最大限度地减少行业运营成本，通过充分解放生产力，为城市拥堵问题提供新的解决路径，为提升网络约租车市场的规范化扩展新的思路。

对于平台而言，必须加大信息监管力度，采用大数据技术，对车辆准入、人员资质审核、保险等方面的资料进行统一的数据化管理，以便相关监管部门的审查；立足定位技术和通信技术，加强对客运过程的监控，保障乘客人身安全和财产安全；对于服务结束后的司乘评价，例如路线合理性、服务水平、连续工作时间等均可以实现数据化管理，从而降低客运过程中的风险；对网络约租车行进路线及乘客需求信息的大数据分析，并制定安全预案，以便提升应急能力，在出现自然灾害、人为犯罪、交通事故时可以有效应对。

通过明确网络约租车行业中主管部门、网络约租车、平台三方的主体责任，加强监管的生态化建设和规范化执行。通过明确责任制度，推动三方面主体在行业发展中的建设性作用，例如主管部门之于平台的服务、平台之于网络约租车的服务、网络约租车对乘客的服务以及主管部门对乘客权益的保护，通过形成一个良好的循环服务链条，最终落脚于乘客，满足乘客的多元化需求。监管体系的生态化建设需要从三方面入手。其一，数据对接，实现主管部门对平台的实时监管，确保平台合法合规的运营，推动行业的良性发展。同时，根据大数据系统，了解市场趋势，为制度创新和体现优化提供数据支持。其二，建设网络约租车反馈系统，了解网络约租车的运营需求，为政府的监管工作提供针对性目标。其三，建立乘客的信息反馈渠道，以便及时发现网约车经营服务的各种问题，进而构建良性的监管体系。整体而言，要推动网络约租车平台的发展，关键在于明确各方职能，通过构建完善的监管体系，确保网络约租车行业的规范化和有序化发展。

第6章

服务质量管理

第一节　服务质量管理现状

我国出租车行业处于一个高速发展的阶段，截至 2019 年年底，我国出租车总数量已经突破 139.16 万辆，客运量总规模达 347.89 亿人次，出租车行业作为公共交通的重要补充，属于民生行业，使得人们的日常出行更加的便捷、迅速和富有个性。出租车服务具有机动性很强，灵活性高，不受时间路段限制的特点，提供的是点到点的周到服务。随着人们对生活质量的要求逐渐提高，更加品质化的交通出行越来越受欢迎，在城市的交通体系中，出租车已经扮演了一个不可或缺的角色。所以，出租车的服务质量测评和研究已经引起专家学者们的关注，并将成为未来出租车运输的重要发展方向。

一、出租车服务质量的定义

出租车服务被市民投诉，多是由于服务质量不好，导致乘客对出租车服务不满意。比如驾驶员多收乱要、加减速凶猛及服务态度不好等，都反映出出租车的服务质量并不符合乘客心中的期望，到底服务与服务质量的定义与特性是怎样的，它们在乘客的心中如何形成一个评估标准？相较于实物产品而言，服务质量的探讨是一个比较新的课题，因此到目前为止，其衡量方法可谓是众说纷纭。帕拉索瑞曼（Parasuraman）、兹艾沙买（Zeithaml）及白瑞（Berry）三位学者在 1985 年对银行（retailing banking）、信用卡（credit card）、证券经纪商（securities brokerage）与产品修理与维护（product repair and maintenance）等四个行业的主管与顾客进行深度访谈（in-depth interviews），探索服务质量的意义，得到下列结论：所谓服务质量（service quality），是指顾客事先对服务者将提供的期望服务（expected service）与事后实际感受到的感知服务（perceived service）之间的相对关系。所谓期望服务指顾客在接受一项服务之前，心中对于将接受的服务有一个预设的期望；而感知服务是消费者在接受了服务之后，对该服务结果的评价。两者差距大表示消费者所感觉到的服务质量较低，反之则表示服务质量较高。上述服务质量是指消费者所感觉到的服务质量，称之为感知服务质量（perceived service quality）。另外帕拉索瑞曼认为服务业的质量有下列特性：

（1）对消费者而言，服务质量比产品质量更难估计；

（2）服务质量的认知，来自消费者事前期望与事后实际感受之间的比较；

（3）服务质量的衡量，不只是评估服务结果，亦须评估服务过程。

因出租车在宁波市是属于一种受限制的服务行业，所以出租车在规划与提供服务时将会因该限制而影响到服务的特性。参考相关文献关于服务的分类方式与分析探讨，整理出出租车的运输服务特性如下。

（1）服务人员与乘客的接触与互动性（乘客参与度）：指乘客参与及影响服务过程的程度。出租车乘客接受服务时间相对于其他服务业是较短的，虽就某些乘客而言，其使用频率稍高，但般情况下服务人员与乘客的接触相对较少，彼此熟悉程度较低，故其互动关系（指乘客参与服务的程度高低）与其他服务业（乘客不参与服务设计，但涉及服务传送过程）相比是较薄弱的。

（2）劳力密集程度：劳力密集程度是指劳动力成本与厂房、设备等固定成本的比例而言。出租车业的员工中，绝大多数是第一线的驾驶员，第二线的行政管理人员只属少数，因此是属于劳力密集程度较高的行业。

（3）乘客的需求与经营者的供给关系：依乘客的出行需求与整体交通环境而言，其服务的需求与供给量有高、低峰的变化，且营运时间较其他行业长。

（4）乘客化程度：乘客化程度（指经营者满足乘客个别需求与喜好的程度）较高，相对定线运行的公共汽车而言，出租车路线可根据乘客要求，行走特定路线。

（5）乘客与服务组织的关系：出租车经营者与乘客的关系较疏离（到达目的地之后即下车，无售后服务或质量保证等处理行为发生），不像其他行业（如餐饮、旅馆业）有"会员制"的关系，且是乘客主动接近服务。

（6）服务人员对服务方式的自我判断程度：一般而言，出租车所提供的服务内容较为单纯，相对于律师、会计师等须视乘客的个人需求而决定服务内容的服务业而言，出租车的驾驶员，不会像上述行业的服务人员那样面临较多样化的服务状况，故不需要视情况对所欲提供的服务进行修正。

（7）政府法律法规限制：因城市公共交通运输事业是属于受管制的行业，其相关业务或多或少与政府政策有关，如出租车的数量与运价的制定标准都基本没有弹性（由政府主管部门决定）。

（8）服务完整性与便利性：因出租车运输属于"门到门"的运输方式，其能够满足所有乘客的需求（提供到门服务），乘客无需转乘其他运输方式就能顺利到达目的地，充分体现了服务的完整性与便利性。

（9）乘客无品牌取向的消费趋势：在一般服务业中，消费者对于服务的选择，会有品牌取向的消费趋势。当消费者没有消费该类商品或服务的经验时，则一般消费者会依其认知或他人口中形象良好的品牌作为初次的消费对象，当其消费后肯定该服务或产品的质量后，则其后消费同一服务或产品时，会以该品牌的服务或产品为优先消费对象。但出租车乘客对于出租车服务的选择是以快速与便利为优先考虑，乘客最关心的是要车方便、能否快速安全地到达目的地，至于其他附加服务对其来说可能并非那么重要。故乘客的搭乘原则是：哪辆车先到则先搭乘，乘客并不会因为哪家出租车公司是评价优良或形象良好而非要搭乘该家公司的出租车不可，而且在宁波目前的出租车行业中，也不存在具有市场竞争力的品牌出租车公司，因此宁波市的出租车服务是一种没有品牌取向的消费情形。

（10）具有一般服务业的通性：与一般服务业相同，一样具有无形性、不可分离性（服务与生产同时发生）、异质性（服务的质量可能会因人员或地点的不同而改变）与无法储存性等服务业所共同具有的四大特性。

二、出租车服务质量的投诉机制

出租车服务作为城市公共交通服务的重要补充内容，在方便民众出行方面有着重要的作用，对其所服务的乘客进行满意度及投诉体验研究，在提升宁波市出租车服务水平、优化交通资源等方面有着非常重要的意义和价值。

建立不同以往的以乘客体验为起点的宁波市出租车投诉机制目标，因为当前的投诉机制忽视了乘客的体验感觉和反馈，缺乏交互性和透明度。这种不够重视的态度和尚未改进的服务降低了乘客对宁波出租车的忠诚度。将乘客体验管理引入出租车行业投诉奏效机制，意味着准确把握乘客对投诉机制的需求，对建立奏效的投诉机制有重要意义。基于乘客体验的视角，建立新的投诉机制需要考虑行业管理、投诉渠道、投诉程序、受理机构、受理时间和反馈形式等诸多问题，其具体措施如下。

1. 加强行业管理，完善法律法规

想要建立有效的宁波市出租车投诉机制，前提还是加强和完善行业管理。相关部门可定期定时地对出租车公司、司机和车辆进行规范性检查，检查内容应涵盖公司章程、执行力度、车辆状况、司机素质、投诉受理及法律法规的推行状况等方方面面，还可进行突击性检查，并建立严格的奖惩制度。

2. 拓宽投诉渠道，加大宣传力度

加大投诉渠道的宣传，规范投诉受理平台，相关部门应该要求出租车公司在车辆上及时更新和张贴出租车投诉热线，并标明是24小时服务。政府还可制作公益广告，通过网络、媒体等平台推广出租车投诉方式，让市民形成维权意识，并知道如何进行投诉。全面利用网络、移动媒体等平台，如设立官方微博投诉站，并通过微博的平台及时发布处理信息，与民众进行有效互动。

3. 提高受理比率，设立筛选制度

出租车投诉处理过程主要包括投诉受理之后对投诉内容进行核实，然后对投诉对象进行相关处罚等。出于客观公正的目的，有效证据是投诉被受理的关键因素。由于出租车服务过程中服务质量的核心是司机的表现，其主观性和随机性导致很多关于司机素质方面的投诉取证困难。此外，由于很多乘客并未养成下车索要发票的习惯，也错失了一个有效的证据。

另外，投诉涉及的内容繁多，受理机关还应做好投诉筛选工作。对于寻找失物、对计费有疑问等方面的投诉，一般应即时妥善处理解决；而对服务态度差、故意刁难乘客等的投诉，经过调查后应要求所在公司及时处罚并接受培训，并向受理机关提交处罚结果，及时反馈给投诉者；对绕路、议价、短途拒载等较重大的违规行为，则要求投诉人写出书面材料并提供车号等证据；对无证经营、恶意拒载、殴打乘客等重大违章的投诉，应责成有关部门立即核实查处；对政策、法规有疑义的投诉则要汇总后送交相关部门，供领导做出决策时参考。

4. 丰富反馈形式，后期跟踪调查

丰富反馈形式，增加反馈次数，处理过程中的主要环节都要向投诉者反馈，可利用多种形式进行反馈，如电话、邮件、视频等方式。出租车公司可根据自身的特点，利用物资补偿如乘车代金券、话费代金券等形式对乘客表示歉意，有必要时也可当面致歉。此外，对投诉过的乘客进行服务质量的后期跟踪十分必要。可以通过问卷、问询或访谈等多种形式，了解投诉者对处理结果的满意度以及投诉体验和投诉机制方面的意见和建议。

三、出租车服务质量的考核办法

近年来，"提升服务质量"已经成为宁波出租车行业管理的主题，出租车行业强调市场监管的加强，试图解决行业热点难点问题，从而全面提升行业服务质量。根据《浙江省道路运输条例》《宁波市出租车客运管理条例》等法律、法规规定，宁波市交通运输局制定了《宁波市出租车服务质量考评办法》。

1. 服务质量信誉考核等级

出租车企业和驾驶员服务质量信誉考核等级分为优良、合格、基本合格和不合格，分别用 AAA 级、AA 级、A 级和 B 级表示。

2. 出租车企业服务质量信誉考核指标

（1）企业管理指标：管理制度、合同管理、驾驶员权益保障、信息化建设、服务质量信誉档案、保险、企业文化、职工教育培训等情况；

（2）安全运营指标：安全责任落实、交通责任事故率、交通责任事故伤人率、交通责任事故死亡率等情况；

（3）经营行为指标：交通违法行为、经营违法行为等情况；

（4）运营服务指标：车容车貌、服务评价、乘客投诉及处理、媒体曝光等情况；

（5）社会责任指标：维护行业稳定、节能减排与环保等情况；

（6）加分项目：政府及部门表彰奖励、社会公益、新能源出租车使用等情况。

出租车企业服务质量信誉考核实行基准分值为 1000 分的计分制，另外加分分值为 100 分，考核周期为每年的 1 月 1 日至 12 月 31 日。

3. 出租车企业服务质量信誉等级

（1）考核周期内综合得分在850分以上，且其出租车驾驶员服务质量信誉考核等级为AA级及以上的比例不少于90%的，为AAA级；

（2）考核周期内综合得分在700分至849分之间的，或者综合得分在850分以上，但其出租车驾驶员服务质量信誉考核等级为AA级及以上的比例低于90%的，为AA级；

（3）考核周期内综合得分在600分至699分之间的，为A级；

（4）考核周期内有下列情形之一的，考核等级为B级。

① 综合得分在600分以下的；

② 出租车驾驶员有20%以上服务质量信誉考核等级为B级的；

③ 发生一次死亡3人以上交通事故且负同等或主要责任的；

④ 发生一次重特大恶性服务质量事件的；

⑤ 违反法律法规，组织或引发影响社会公共秩序，损害社会公共利益的停运事件的；

⑥ 损害出租车驾驶员合法权益，造成严重后果或引起重大信访事件发生的；

⑦ 不参加服务质量信誉考核工作的。

出租车企业在考核周期内经营时间少于6个月的，其服务质量信誉考核等级最高为AA级。

4. 出租车驾驶员服务质量信誉考核内容

（1）遵守法规：遵守相关法律、法规、规章等情况；

（2）安全生产：参加教育培训和发生交通责任事故等情况；

（3）经营行为：发生交通违法行为、经营违法行为等情况；

（4）运营服务：文明优质服务、维护乘客权益、乘客投诉等情况。

出租车驾驶员服务质量信誉考核实行基准分值为20分的计分制，另外加分分值为10分。计分周期为12个月，从初次领取从业资格证件之日起计算。取得从业资格证件但在考核周期内未注册在岗的，不参加服务质量考核。

违反服务质量信誉考核指标的，一次扣分分值分别为：1分、3分、5分、10分、20分五种，扣至0分为止。

出租车驾驶员服务质量信誉考核加分累计不得超过 10 分。

5. 出租车驾驶员服务质量信誉考核等级评定标准

（1）考核周期内综合得分为 20 分及以上的，考核等级为 AAA 级；

（2）考核周期内综合得分为 11～19 分的，考核等级为 AA 级；

（3）考核周期内综合得分为 1～10 分的，考核等级为 A 级；

（4）考核周期内综合得分为 0 分的，考核等级为 B 级。

出租车驾驶员在考核周期内注册在岗时间少于 6 个月，其服务质量信誉考核等级最高为 AA 级。

出租车驾驶员有见义勇为、救死扶伤、拾金不昧等先进事迹的，道路运输管理机构应予以相应加分奖励。

6. 企业服务质量信誉考核

出租车企业服务质量信誉考核工作应当每年进行一次，并在考核周期次年的 3 月 31 日前完成。

7. 奖惩措施

道路运输管理机构应当将出租车企业服务质量管理信誉考核结果作为配置出租车经营权指标的重要依据，并按以下规定执行：

（1）对近三年服务质量信誉考核等级连续被评为 AAA 级的出租车企业，在申请新增出租车经营权指标时可优先考虑，或在出租车经营权服务质量招投标时予以加分；

（2）对近三年服务质量信誉考核等级连续被评为 AA 级及以上的出租车企业，在申请出租车经营权延续经营时，在法定条件下，可优先予以批准；

（3）对服务质量信誉考核等级连续两年被评为 A 级的出租车企业，应当督促其加强内部管理；

（4）对服务质量信誉考核等级被评为 B 级的出租车企业，应当责令其限期整改，并不得参加出租车经营权服务质量招投标。

出租车企业有以下情形之一的，市交通运输主管部门应当按照职责分工，视不同情形，将其已评定的考核等级降级：

（1）发生一次死亡 3 人以上交通事故且负同等或主要责任的；

（2）发生一次重特大恶性服务质量事件的；

（3）违反法律法规，组织或引发影响社会公共秩序，损害社会公共利益的停运事件的。

出租车驾驶员有下列情形之一的，市道路运输管理机构应当将其列入不良记录名单：

（1）在考核周期内服务质量信誉考核综合得分为 0 分，且未按照规定参加培训的；

（2）连续两个考核周期服务质量信誉等级均为 B 级的；

（3）在一个考核周期内累积综合得分有两次以上为 0 分的；

（4）无正当理由超过规定时间，未签注服务质量信誉考核等级的；

（5）发生其他严重违法行为或服务质量事故的。

市道路运输管理机构应当建立不良记录驾驶员名单数据库，并加强对不良记录驾驶员的培训教育和管理。

第二节　国内外出租车服务质量研究经验及启示

改革开放以来，我国出租车行业发展迅猛，可以说得益于我国经济水平的提升和人民生活水平的提高，越来越多的人追求出行的个性化和服务质量，出租车需求日益增加。因此，对于传统出租车服务质量管理相关研究已很丰富，针对网约车服务质量管理的研究比较有限。面向这些服务质量管理，国内外各个地方的做法总结如下。

一、国外出租车服务质量管理经验

在国外，出租车行业发展起步较早，国外的许多交通学者和经济学家也对出租车市场进行了深入的研究，但这些大都是基于国外特定的交通环境和国情探讨的。

1. 美国

主要是政府管制形式，纽约市对出租车管制采取价格、时间、方式和数量的综合管制。为防止欺诈乘客、强行拉客、虚假宣传、偷窃和敲诈等情况发生，1925 年，纽约市出租车行业就被置于警察管制之下。1937 年，纽约市政当局为解决车辆投诉问题，专门制定法律。纽约市交通局针对出租车拒载事件提交了新案，对拒载乘客的出租车司机进行惩罚：拒载行为初犯者将面临 200～500 美元的罚款；如果当事人再受到投诉，则除了要接受 750 美元的罚款以外，还要被出租车公司停职 30 天；屡犯者则要面临吊销驾驶执照 36 个月的重罚。

在纽约，政府管制几乎涵盖了出租车行业的所有方面，包括严格的出租车许可证与负责制定资费标准，给司机和车辆发放资格证，发布司机和车主都必须遵从的规则，每年全面、严格地检查每一辆出租车达 3 次之多。同时，出租车行业由出租车和轿车委员会统一管理，其重要职能是对纽约出租车行业进行宏观调控。作为纽约出租车行业的管理部门，纽约出租车和轿车委员会的职能是制定纽约出租车行业的行业规范，指定允许使用的车型、制定服务标准，以及对保险和申请牌照的要求等，为纽约市民和游客的出租车投诉提供有效的解决办法。

美国政府通过对出租车行业运营价格、时间和方式、规模等的管制，使得出租车服务质量不断提升并且得到稳定。但是 2014 年以来，出现了类似"优步"这样经营打车软件的公司，这些公司被统称为交通网络公司（简称 TNC），他们对巡游出租车的竞争影响很大。美国华盛顿、西雅图、费城等多地都曾爆发出租车行业针对 TNC 的游行示威，不少出租车行业协会都在向当地立法机构施压，要求出台法律禁止 TNC 经营，指责其违反了出租车行业现有的法律法规，属于不公平竞争。但是，由于 TNC 在消费者中的受欢迎程度越来越高，加入 TNC 运营的私家车主越来越多，美国州和地方政府越来越倾向于制定法律规范其运营，而非采取"一禁了之"的简单做法。华盛顿 2014 年 10 月 28 日颁布了《车辆雇佣创新法》，成为最早制定法律承认 TNC 可以合法经营的美国城市之一。该法明确了 TNC 运营需要遵守的安全规定，如 TNC 被要求对参与提供出租车服务的私家车司机、出租车司机进行背景审查，驾驶员的最低年龄不能低于 21 岁；对于普通私家车司机，TNC 需核实驾驶员过去 7 年的犯罪和交通违章、肇事记录和终身的性犯罪记录；对于出租车司机，TNC 需核实驾驶员过去 3 年的犯罪记录、5 年的交通违章和肇事记录以及终身的性犯罪记录等；参与运营的车辆车龄不能超过 7 年，且每年需到独立的第三方汽修公司进行安全检测。TNC 还需为参加运营的私家车和出租车购买保险，以应对交通事故引发的赔付问题。对于私家车，当其未载客时，TNC 需要为每辆私家车投保最低额度各为 10 万美元的第三者责任险和司机责任险；当私家车载有客人时，相关险种的投保额度需升至100万美元。对于出租车，相关险种的最低投保额依不同情况分为2.5万美元、5万美元和10万美元，但不区分是否载有客人。

美国对TNC的服务质量管理主要从立法入手。华盛顿的立法带动了周边地区针对TNC的立法进程。目前，弗吉尼亚州已经出台规范TNC运营的法律，其内容与华盛顿大致相同，马里兰州也正在酝酿出台相关法律。据不完全统计，除弗吉尼亚州以外，加利福尼亚州、华盛顿州、内华达州已经批准了规范TNC运营的法律。除首都华盛顿外，美国另外16个城市，如芝加哥、西雅图、达拉斯、俄克拉何马城、德克萨斯州的奥斯汀等也已出台规范TNC运营的地方法规，在一定程度上规范了出租车的运营。

针对网约车，纽约交通部门也在2015年6月出台了一项新的规定，将从事网络约车服务商定义为"运输网络公司"。美国很多个州目前已经认可了网约车的合法地位，对于从事该行业的司机也有相关的要求，但并没有特别要求司机必须是本地人或者类似的要求。

在纽约，私家车想要从事载客服务，同样需要向纽约交通部门申请执照。按照要求，执照的申请者必须年满19周岁，且从最新一次违章记录之后的15个月内，驾照扣分不得超过5分。在申请时，需要向交通部门提供自己的驾照以及各项相关文件，包括驾驶技能证书等，同时还需完成药物测试，并前往相关部门录入指纹，申请者还需要接受一系列的培训课程。

2. 日本

日本出租车服务管理非常细致。比如，东京出租车几乎全是清一色的皇冠车，并且一尘不染，车内收拾得干净整洁，司机着装也非常职业化，全都戴着白色手套。此外，日本出租车还提供很多人性化的服务，如：东京的出租车不需要乘客开关车门，大多是全自动的，由司机操控；针对残疾人上下车不方便的问题，研发出残疾人专用出租车等。并且日本的交通系统高度信息化，每辆车都有定位系统，管理人员在办公室内可看到每辆出租车的位置，知道哪辆车是空驶，有乘客打电话就通知最近的车辆前去。客人上车后，出租车司机不知道客人要去的地方，可向管理人员询问，管理人员可立即告知行驶路线。

在日本车站、大商场等地，出租车都是排队候客。无论路程远近，出租车司机均不得拒绝搭载乘客，根据日本道路运输法规定，拒载属违法行为。为了尽量避免与乘客发生不快，在一些可能发生争议的计费环节，多由司机承担费用，如抵达目的地后计程表的费用刚好"跳字"，大多数司机都会主动提出按"跳字"前的数字收费。

在出租车价格上，东京出租车的起步价为2公里730日元（约合40元人民币），2公里之后超过280米增收90日元，按目前的汇率折合成人民币为每公里16元左右。另外，在晚上11点以后至次日清晨，很多出租车还要加收30%的深夜服务费。相对来说，日本的出租车费用较为高昂，但这也与之高品质的服务相适应。

日本的出租车分为个人和公司两种，公司出租车统一管理，只要取得载客用车驾驶执照，且被公司雇佣，都能从事出租车行业。虽然目前从业者收入水平不高，但日本的出租车行业向来保持良好的服务态度和严谨的行业品质，很大程度上取决于较为合理规范的收入分配机制。由于日本出租车没有"份子钱"，司机的收入主要分为固定收入和提成两部分。超出一定营业额后再进行分成，司机拿到的分成比例通常在50%～60%。司机按照规定时间运营，车辆的维修、保养、燃油等都由公司承担，还可享受各项社会福利。这些在提升日本出租车整体品质的过程中起到了关键作用。

日本政府禁止社会车辆从事网约车运营，从而保证了出租车市场的稳定和服务的优质化。

3. 英国

伦敦出租车的管理部门是出租车司机协会。按协会章程规定，凡是伦敦市内路程不超过10公里的乘客，司机不得拒载。特别是残疾人乘客在路旁扬招，司机不得无故不停，否则将受到严厉处罚。同时，由于严格按里程计费，汽车上装有计程器和人数变动表，因而很少出现多收费和乱收费现象。乘客如对出租车服务不满意，可以到市警察局专门设点的机构投诉。相关部门对多次违反交通规则或多次拒载乘客查有实据者，给予吊销执照的处罚。除了对出租车司机严格要求外，英国还加强对出租车的全面检查。伦敦警察局负责出租车的官员每季度对全市的出租车例行检查一次，一年进行一次全面严格检查，有时还要对出租车进行突击检查。伦敦对出租车驾驶员及出租车的管理和要求有着一整套行之有效的办法。严格的考核制度和科学的管理方式，使伦敦出租车司机被公认为是世界上最有礼貌的司机，专业水准毋庸置疑。出租车招手即停，没有拒载和乱收费现象。

伦敦交通局并不禁止私家车从事网络约车运营，只要符合相关的规定，私家车一样可以顺利地申请到网络约车驾驶执照。条件包括：必须服务于私人出租出行，以营利为目的，并且区别于公共服务车辆以及单一用途的礼宾车，车辆座位要少于9座，必须按照道路交通法案的要求购买保险，车辆的大小、类型和设计要符合法律规定，并且不得使用有可能会被误认为是出租车的设计和外观。对于网络约车的司机，首先要获得伦敦交通局颁发的网约车司机执照，其申请条件包括：申请时必须要年满21岁，但没有年龄上限要求，持有英国有效的驾驶执照，且具有3年以上驾龄，申请人必须有权在英国合法生活和工作，还要有良好的品行。为此，申请司机需要通过一个强化版的犯罪记录审查，还要通过专业机构主持的地理能力评估，包括看地图和规划路线的能力，还需要没有道路违法记录以及其他犯罪记录，更不能包括任何主要的暴力犯罪，以及不在任何个人安保机构的禁止名单之列。

4. 法国

由于出租车的多样化，搭车人需要根据车顶上的"TAXI"标志来分辨出租车。但是，在巴黎街头，"招手即停"的出租车较少。许多空车不是刚接了公司调度电话前往迎接客人的途中，就是已经到了下班时间。巴黎出租车的后窗内电子显示屏总显示着一串让人看不懂的数字，这些数字表示该车当日已行驶的总时间，以及尚可工作的时间。因此，在司机"拒载"时，乘客也有据可依。此外，在出租车站方圆50米的范围内，"招手即停"是违规行为，因为这会抢了在出租车站等客的司机们的生意。

法国出租车费算法非常复杂，即使司机自己也解释不清。从2012年1月9日开始实施的巴黎地区出租车收费标准，计费根据所行驶的区域和时间来决定，还要参考当时的车速，通过车顶灯下的白、橙、蓝三色灯来判断费用标准。目前，巴黎出租车的起步价是2.4欧元（1欧元约合人民币8.14元），周一至周六的10点至17点，执行A价位（白灯），每公里0.96欧元，周日的凌晨1点至早上6点，执行C价位（蓝灯），每公里1.47欧元，其他时间段执行B价位（橙灯），每公里1.21欧元。虽然出租车起步价为2.4欧元，但每辆出租车都有6.4欧元的最低消费。也就是说，只要上了车，即便不足

1公里，也要支付6.4欧元。

巴黎出租车资费虽然比较昂贵，但是相对于整体每月可支配收入在2000～3000欧元的法国工薪阶层来说，还是比较合理的，所以出租车在法国仍是比较受欢迎的出行方式之一。除了有时得不到"招手即停"的服务、"电招"偶然迟到、个别司机稍微多收一点行李费外，巴黎的出租车服务总体较好。司机会主动下车帮助客人安置行李，让客人得到宾至如归的服务。

法国的网约车由来已久，自2009年起，随着优步的进入，法国将网络预约租车命名为"带司机的旅游交通工具"，后来改名为"带司机的运输汽车"。法国政府对网约车司机的专业态度要求有：网约车司机必须持有警察局开具的上岗许可；必须持有驾照3年以上，并有1年以上司机驾驶经验；无犯罪证明；通过网约车司机资质考试。从事网约车运营的车辆需满足"高端车"要求，比如：功率高于84千瓦、座位数为4～9座、车龄在6年之内等。法国的网约车不可以在街上临时揽客，必须为提前预约载客，包括在机场、车站等候区，不可以在无预约的情况下长时间（超过1小时）停车。为了更好地服务于乘客，网约车可根据平台规则来自由定价，以固定套餐形式或时间路程自由计费形式均可。

5. 澳大利亚

澳大利亚地广人稀，汽车是出行首选，但出租车代步仍是很多人日常生活的一部分。澳大利亚出租车管理制度比较完善，但民众时常对服务不满意，对出租车投诉很多，其中包括价格昂贵、拒载或故意绕远等问题。

澳大利亚出租车运营牌照由政府发放，收取年费。为防恶性竞争，控制车量，严控发放数量，出租车牌照因此成为稀缺资源，价格居高不下。澳大利亚70%的出租车掌握在出租车公司手中，公司负责支付油费、维修费等车辆相关所有费用以及部分牌照费，规定司机上交当日收入的50%。

2015年10月30日起，澳大利亚首都堪培拉修法允许优步和其他拼车服务在当地运营合法化。由于优步价格便宜，全澳大利亚（人口约2300万）目前已有近100万人在使用优步。同时，全澳大利亚已有1.5万名专车司机，他们一周收入可达1200澳元（约6000元人民币），比出租车司机收入高出很多。优步等打车软件造成市场竞争，澳大利亚出租车司机已多次表示不满和反对。

为保持传统出租车司机的竞争力，堪培拉市政府宣布优步在当地经营合法化的同时，从 2015 年 10 月 30 日起，当地出租车牌照年费从 2 万澳元减至 1 万澳元，一年后再减至 5000 澳元。同时为加强打车软件运营管理，规定所有拼车司机必须登记，接受警方和车辆安全检查，并缴纳申请费和注册费。澳大利亚税务局也宣布，将强制要求通过优步提供拼车服务的澳大利亚驾驶员进行商业注册，并缴纳总收入的 10% 作为商品及服务税。

在澳大利亚，网约车一直是较有争议的话题，网约车司机的运行成本要比传统出租车司机的成本低得多，两者的竞争不在同一条水平线上。澳大利亚的首都特区堪培拉在 2015 年 10 月 30 日开始削减出租车牌照费，到 2017 年将减少到原先的 25%。另外，堪培拉规定网上预约车必须要进行注册，提供和传统出租车司机一样的无犯罪记录调查，以及必须要缴纳商业所得税。网上预约车司机不允许给车辆安装计价器，所有价格必须在网上预约的时候谈好，计价器将成为传统出租车司机的专属工具。堪培拉地区的做法一方面帮助传统的出租车司机减轻了运营负担，另外一方面又严格规范了网上预约车。

二、国内出租车服务质量管理经验

1. 国内巡游出租车服务质量管理

传统出租车行业拥有一定的服务质量管制。依据交通部《出租车客运服务规范》规定，出租车行业的服务质量有详细的要求。实际情况下，由于传统出租车服务质量处于一个统一的低于专车档次的水平，很难满足出行中乘客的个性化需求。大部分出租车车况差，不卫生，拒载情况很多，加上司机收入不高，导致很多司机宁愿开"黑车"也不愿意开出租车。出租车行业近二十年格局与服务都没有明显改善，市场与客户已经逐渐习惯这种状态。与其说打车软件的出现影响的是出租车司机，不如说是倒逼出租车行业改革。打车软件加入洗牌，一定会颠覆并重新规范整个出租车行业，有竞争就会有淘汰。打车软件提供的专车高质量服务，方便快捷的支付体验，一定会在深层次上迫使出租车行业进行提升品质的变革。

2. 国内网约车服务质量管理

2012 年，"互联网约车出行"这个新方式进入中国的百姓生活，在各种讨论和期待中，经过历时四年的发展，"网约车"出行方式已经被人们逐步认知和接纳。2016年5月31日，教育部、国家语言文字工作委员会在京发布《中国语言生活状况报告（2016）》，"网约车"入选十大新词。2016年7月28日，国务院办公厅发布《国务院办公厅关于深化改革推进出租车行业健康发展的指导意见》（国办发〔2016〕58号）；交通运输部联合工信部、公安部、商务部、工商总局、质检总局、国家网信办等七部门联合颁布《网络预约出租车经营服务管理暂行办法》（以下简称《暂行办法》），自2016年11月1日起施行，将网约车这种具有创新意义的事物纳入出租车管理范围，从国家法规层面首次明确了网约车的合法地位，开创了我国网约车发展的全新局面。

此次新政明确网约车合法地位，支持网约车平台公司创新规范发展；鼓励传统出租车企业转型提供网约车服务。这对于一直处于灰色地带的优步、滴滴来说，是一个极大的转折。

政策调整主要有以下几个特点：

（1）明确网约车性质为"预约出租客运"。《暂行办法》明确将网约车车辆登记为"预约出租客运"，既体现其出租车的性质，又反映其新兴业态的特征。

（2）网约车平台实行许可管理。网络预约出租车经营者、车辆和驾驶员实行许可管理。经营者应当承担承运人责任，具备线上线下服务能力。车辆和驾驶员应当符合相应资质条件。

（3）经营者要保证提供服务车辆和驾驶员具备合法资质，线上线下提供服务车辆、驾驶员须一致。

（4）网约车驾驶员准入条件。《暂行办法》严格驾驶员准入条件，应无交通肇事犯罪记录、无危险驾驶犯罪记录、无吸毒记录、无饮酒后驾驶记录、无暴力犯罪记录。

（5）私家车满足规定条件和程序可转化为网约车，并规定网约车行驶里程达到60万公里时强制报废。行驶里程未达到60万公里但使用年限达到8年时，退出网约车经营。

（6）相比原来的征求意见稿，新政在对网约车平台、驾驶员和车辆实行许可管理基础上，取消8年报废规定，改以行驶里程达60万公里时报废，更符合兼职为主的网约车分享经济新业态这一客观规律。

据观研网发布的《中国互联网专车消费市场格局分析及"十三五"发展环境分析报告》数据显示，在订单占比方面，滴滴专车从第一季度到第四季度持续增长，并以八成占比持续领先；优步在第二季度一度达到最高12.5%，之后连续两个季度下滑，半年累计下跌了3.8%；位居第三位的神州专车则持续成长，第四季度以7.8%的订单占比位居第三，与第二名的优步距离愈发接近。在活跃用户覆盖率方面，滴滴专车的市场份额在2015年第四季度达到了79%。

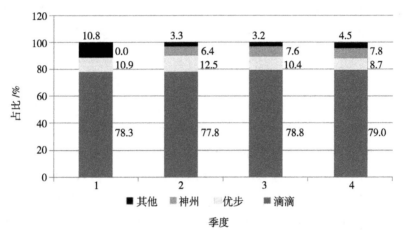

图6-1　2015年1—4季度我国网约车订单量占比

　　网约车服务是基于互联网大数据平台的新型服务。打车软件虽然可以帮乘客省钱、帮司机赚钱，但也有其最大的缺陷，就是影响行车安全与乘客安全。安全问题是乘车服务的首要前提与重点。由于打车软件平台是基于技术的虚拟运维平台，导致准入审核机制不够完善，运营初期甚至很多社会上一些"黑车"混入，严重扰乱着打车秩序，单身女性乘坐网络约车遇害的新闻屡见不鲜，类似问题在全球发生多起，严重威胁着乘客权益与安全。加之由于司机需要通过软件进行接单交易，就免不了在驾驶的过程中频繁使用手机，往往一辆出租车上会装两到三部手机，有的吸附在车体上，有的摆放在车厢里，司机为了能够迅速成功抢单，在行驶过程中时刻关注手机，查看是否有人约车，导致无法专心驾驶，这就给乘客的安全带来了巨大的隐患，尤其体现在交通高峰期间。另外，结算方式无论是微信支付还是支付宝支付、快捷支付等等，手机支付的安全问题仍然是打车软件发展道路上必须跨越的一道鸿沟，现金被盗刷现象让用户叫苦不迭，快捷支付下的财物丢失隐患是用户普遍担忧的问题，也是每个商户使用者应该关注和加强的隐患问题。倘若出现盗号、现金被刷现象，不仅严重损害网约车行业形象，平台企业也负有相关主体责任。

三、国内外研究对出租车服务质量管理的启示

出租车行业属于服务性质的行业，服务质量的好坏直接关系行业的发展。因此，怎样从服务质量的角度研究出租车行业规范是一个值得深入研究的问题。国外学者对出租车行业监管的研究起步早，研究结果相对完善，并有实践经验的辅助证实。对出租车行业监管的研究内容多集中于政府监管和营运制度改革上，如出租车驾驶员的管理、出租车数量控制、经营权转让制度、公司化经营等方面，对行业自身监管的研究相对较少。与西方发达国家相比，我国关于出租车行业规范的研究才刚刚起步，缺乏系统的体系探讨，往往局限于探讨几个问题。如政府监管、法规范度、社会观念、社会监督机制等。主要不足有：以往研究注重于怎样加强出租车行业规范，忽视了经济体验时代以用户为中心；在理论上缺乏系统性并且往往忽视中国实际的文化环境，通常研究模式采用调查、分析的方式，针对具体问题给出意见和措施，并没有给出一套完整的体系。因此，在研究出租车行业规范时，必须结合我国实际，在更多经验材料的基础上，运用理论联系实际的分析方法进行综合系统的分析，试图弥补已有研究的不足之处。

一些相对成熟的研究多以北京、上海等国际性大城市为对象，并不一定适用于其他城市。国内外对于出租车行业监管的研究多集中于政府监管和出租车营运制度上，对于行业自身监管的研究相对较少，且由于各个城市发展历史、相关组织结构的不同，针对北京、上海等地出租车行业管理相对成熟的研究，并不一定适用于所有城市，这使得一些相关研究成果对宁波市出租车管理制度改革来说，借鉴意义相对较小。鉴于此，在宁波市出租车行业监管的研究中，结合宁波实际，对前人的观点进行取舍和总结，在监管体制、政府监管、出租车营运制度，特别是行业自身监管所发挥的作用方面进行深入探讨，以期拓展具有可行性的新的管理方向。

第三节　巡游车服务质量满意度测评方法

一、测评指标构建原则

服务质量测评体系是由许多相互联系和制约的因素构成。由于消费者的需求具有多样性和多层次性，提供服务的主体为人，要求遵循交付服务的原则和满足消费者的服务需求，同时平衡需求和供给，所以，服务质量测评体系不仅能够协助和保证管理者便捷地分析、评估和控制企业服务质量状况，而且也利于管理层从全局层面有效地开展服务质量管理。构建巡游车行业服务质量测评体系的原则有以下几点。

1. 指标覆盖全面

所选取的指标体系必须能全面、系统地反映巡游车服务质量与乘客的满意状况，能帮助巡游车企业分析服务质量不高的原因，从而提升服务质量，使乘客满意。因此，该指标体系必须将影响巡游车服务质量满意度的各种因素综合考虑进去。

2. 有代表性地选取指标

影响因素有许多，但在实践过程中不可能选取全部指标进行测量，只能选取部分具有代表性的指标从综合性的角度测评巡游车乘客的服务质量满意度情况，保证每个指标有确切的指向性。

3. 各指标之间相互独立

用以测评巡游车服务质量中乘客满意度的各指标之间应该具有独立性，不存在相关关系，既不会相互影响，也不会彼此替代，否则会使巡游车乘客满意度测评结果出现误差，导致测评效果失真，无法达到测评的理想效果。

4. 指标要相对稳定

巡游车服务质量测评指标体系中的各级指标应该具有相对稳定性，指标一旦确定下来，不能轻易更改变动，这样得到的测评结果才具有科学性。

5. 选取的指标须便于操作

在实践过程中，指标应该便于调查操作，指标体系中的指标不宜过多也不能太复杂，选取的指标必须确保能帮助调查者观察和统计行为和现象，关于指标的陈述也应当尽量明了清晰，便于被调查者理解以及调查者收集、分析和处理。

6. 指标要与时俱进

巡游车乘客满意度指标体系会随着市场及乘客的变化而变化，今天巡游车乘客不在意的因素，有可能成为明天关注的"焦点"，因此对巡游车乘客的期望和要求应做连续跟踪研究，从而了解巡游车乘客期望和要求的变化趋势，并对巡游车乘客满意度指标体系做出及时的调整并采取相应的措施。

二、测评指标维度分析

目前，国内外学者对出租车行业的服务质量乘客满意度研究较少，有的学者直接运用 SERVQUAL 模型对出租车行业服务期望和服务感知进行测评，以此来评价出租车行业的服务质量。也有部分学者采用 ACSI 模型或 CCSI 模型直接对该行业服务质量进行测评。这两种方法都存在一些缺陷，使得评价结果不够准确。

出租车行业中服务质量会直接影响乘客满意度，在传统的 SERVQUAL 模型基础上添加了乘客满意度和乘客推荐意愿两个评价指标。为了使调查更加简便，将原模型中的服务期望删除，直接用乘客感知服务绩效来评价服务质量。在 SERVQUAL 模型中，其所使用的是五大维度：一是有形性维度；二是可靠性维度；三是响应性维度；四是保证性维度；五是移情性维度。但是具体到出租车行业中，我们可以发现，出租车服务是高接触型服务，所以将"有形性"维度改成"品质性"维度，本文的出租车行业服务质量模型如图6-2 所示：

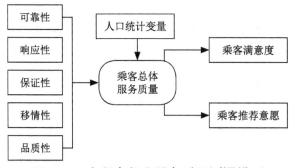

图 6-2 出租车行业服务质量测评模型

该模型包含了多个变量，下面对变量进行解释。

1. 可靠性维度

可靠性维度在出租车服务过程中是一种承诺服务维度。就是出租车司机为乘客所提供的服务承诺是否能够兑现。当出租车司机可以按照原先的承诺实现其全部的服务，那么其可靠性就比较高，反之则比较低。

2. 响应性维度

响应性维度，换言之，就是出租车司机是否能够及时地对乘客的需求做出反应，这一维度所表示的是整个出租车行业的服务质量水平。当出租车司机能够及时地、主动积极地做出相关的回应，那么乘客对其满意度也比较高，乘客的服务质量水平就比较高。

3. 保证性维度

出租车司机是否拥有足够的能力保证完成相关的乘客的需求。这包括出租车司机的礼仪知识等。礼仪就是其基本的礼貌素养，知识包括专业性的路线知识和通用性的服务素质。

4. 移情性维度

移情性就是指出租车行业时刻为客户着想，关心客户的需求，并且能够为客户提供相对个性化的服务。所谓移情性就是出租车行业对客户的关怀、细致入微的帮助。

5. 品质性维度

这一维度涉及两个方面的因素：第一方面因素是出租车的相关品质，包括出租车的整洁、内外舒适度等；第二方面因素是出租车司机的素质，即出租车司机是否具备相应的基本的素质。

6. 乘客总体服务质量

乘客感知服务质量是指乘客在接受出租车服务后对该次服务质量的综合绩效评价。

7. 乘客满意度

乘客满意度是指乘客对出租车服务的总体评价。

8. 乘客推荐意愿

乘客推荐意愿是指乘客向其他朋友推荐该出租车服务的意愿程度。

9.人口统计变量

人口统计变量是指关于被调查者个人信息，如年龄、学历、职业等。

三、测评指标体系建立

在之前提出的服务质量模型的基础上，遵循指标构建的代表性、独立性、可操作性等原则，可以构建出租车服务质量测评指标体系，测评的指标体系是模型的核心，指标体系由两级指标组成，一级指标为五大维度指标，二级指标为一级指标调查的具体问题，见表6-1。

表6-1 巡游车服务质量测评指标表

一级指标	二级指标
可靠性	司机不抢客源、不拼客
	司机服务过程中不使用电话
	司机在服务过程中遵守交通规则
	如遇突发情况，司机能有效解决
	司机不拒载、不绕路
响应性	司机会根据乘客的目的地选择最佳行车路线
	能及时处理投诉问题
	即使很忙，也会对乘客要求做出反应
保证性	司机了解市内交通路线及其状况
	使用计价器收费
	司机驾车技术熟练
	找零不使用假钞、能提供发票
移情性	司机关心乘客安全上下车
	司机会主动帮助乘客（搬运行李等）
	司机能拾金不昧、见义勇为
	能优先考虑客户利益
	提供的服务时间能够符合所有客户的需求

续表

一级指标	二级指标
品质性	车辆外观整洁
	司机对行业知识非常了解
	车牌号码、公司名称清晰醒目
	司机穿着得体、整洁
	电话预约、网上预约能及时到达预定地点

1. 可靠性

可靠性是指司机能准确无误地完成所承诺的服务，乘客认可的可靠性是最重要的质量指标，它与核心服务密切相关。包括司机不抢客源、不拼客，司机服务过程中不使用电话，司机在服务过程中遵守交通规则，司机能有效解决突发情况，司机不拒载、不绕路等二级指标。

2. 响应性

响应性主要指反应能力，即随时准备为乘客提供快捷、有效的服务。对乘客的各项要求能否予以及时满足，表明司机的服务导向，即是否把乘客的利益放在第一位。服务传递的效率是司机服务质量的一个重要反映，乘客往往非常重视等候服务时间的长短，并将其作为衡量服务质量好坏的一个重要标准。包括司机会根据乘客的目的地选择最佳行车路线，能及时处理投诉问题，即使很忙也会对乘客要求做出反应等三个二级指标。

3. 保证性

保证性是指司机良好的服务态度和胜任工作的能力，增强乘客对企业服务质量的信心和安全感。包括司机了解市内交通路线及其状况，使用计价器收费，司机驾车技术熟练，找零不使用假钞，能提供发票等五个二级指标。

4. 移情性

移情性是指司机能设身处地为乘客着想，努力满足乘客的需求，这便要求司机有一种投入精神，想乘客所想，急乘客所急，了解乘客的实际需要，千方百计予以满足，给予乘客充分的关心和体贴，使服务过程充满人情味，这便是移情性的体现。包括司机关心乘客安全上下车，司机会主动帮助乘客（搬运行李等），司机能拾金不昧、见义勇为，能优先考虑客户利益，提供的服务时间能够符合所有客户的需求等五个二级指标。

5. 品质性

品质性是指服务被感知的部分，如提供服务用的各种设施。由于服务的本质是一种行为过程，而不是某种事物形态，因而具有不可感知的特征。因此，乘客正是借助这些有形的、可见的部分来把握服务的实质。有形部分提供了有关服务质量本身的线索，同时也直接影响到客户对服务质量的感知。包括车辆外观整洁，司机对行业知识非常了解，车牌号码和公司名称清晰醒目，司机穿着得体、整洁，电话预约和网上预约能及时到达预定地点等五个二级指标。

四、评价方法

出租车行业服务质量是行业管理部门与乘客非常关心的问题。服务质量的评价不仅可为经营者提供有关乘客的信息，使经营者做出准确决策，而且能够激励服务提供者。因而许多学者在开展服务质量研究的同时，都将服务质量的评价方法作为其研究的一个重点内容。由于对服务质量的定义角度不同，关于服务质量的评价方法也是多种多样的，其中最具有代表性的是帕拉索瑞曼、兹艾沙买和白瑞（Parasuraman, Zeithalm and Berry，简称 PZB）提出的 SERVQUAL 方法。以下是对上述方法的简要介绍。

SERVQUAL 是英文 "Service Quality"（服务质量）的缩写。SERVQUAL 评价方法建立在服务质量 5 要素（有形性、可靠性、响应性、保证性和移情性）基础上，根据这五个方面设计了包括有 22 个问项的调查表，学者们将其称为 SERVQUAL 评价方法。

SERVQUAL 对乘客感知服务质量的评价是通过对乘客服务期望与服务体验之后的差距进行比较分析得到的。SERVQUAL 量表完全建立在乘客感知的基础上，首先了解乘客对服务的期望，然后了解乘客对服务的感知，计算得出二者之间的差异，可以将其作为判断服务质量水平的依据。但是有两点需要注意：一是将 SERVQUAL 方法应用于不同行业时，应该根据实际情况的不同对表中的问项做出适当调整，这样才能保证 SERVQUAL 评价方法的科学性；二是如果有必要，也可以对服务质量的五要素做出适当调整，以满足不同巡游车企业进行研究的特殊需要。

以下是 SERVQUAL 方法的计算步骤：

（1）统计问卷调查结果。按照性别、年龄、受教育程度、职业、每月使用出租车频率进行分类，统计乘客感知服务绩效描述结果，计算五维度的服务质量得分。

（2）进行信度与效度分析。信度分析部分分为整体信度检验和拆半信度检验，效度分析部分则对样本数据、样本主成分、样本旋转载荷矩阵进行计算。

（3）进行相关性分析。该部分内容包括：①出租车乘客满意、乘客推荐意愿与五维度的相关性分析；②乘客总体服务质量、乘客满意度、乘客推荐意愿的相关性分析；③人口结构变量与服务质量的相关性分析。

（4）计算服务质量得分。

维度权重及指标权重的确定方法如下。

1. 维度权重的确定

（1）确定回归方程式

第一至第五主因子分别用 A、B、C、D、E 来表示。SQ 的回归方程，具体如下文所示：

SQ ＝常数项＋$\alpha_1 \cdot A + \alpha_2 \cdot B + \alpha_3 \cdot C + \alpha_4 \cdot D + \alpha_5 \cdot E$，其中 α 为系数

（2）维度的具体权重计算

以可靠性维度的权重系数的求解公式为例：

$$X_1 = \frac{\alpha_1}{\alpha_1 + \alpha_2 + \alpha_3 + \alpha_4 + \alpha_5}$$

其余四个维度权重系数求解与上式一致。

2. 确定指标权重

（1）确定回归方程式

可靠性的回归方程具体可以通过下面的式子进行描述：

A ＝常数项＋$\beta_1 \cdot A + \beta_2 \cdot B + \beta_3 \cdot C + \beta_4 \cdot D + \beta_5 \cdot E$，其中 β 为系数

（2）维度的具体权重计算方法

可靠性维度下，A_1 权重具体可以通过下面的式子进行求解：

$$X_1 = \frac{\beta_1}{\beta_1 + \beta_2 + \beta_3 + \beta_4 + \beta_5}$$

其余四个常数项的求解过程与上式相同。

继续求解出五大维度的权重及相应指标的权重。

最后计算服务质量得分。

第四节　网约车服务质量满意度测评方法

一、网约车服务特性

网约车是一种高品质、乘客导向的交通系统，能提供快速、舒适的城市交通服务，是城市出租车运力的一种补充。网约车的出现，顺应了公众出行对城市交通多元化的需要，能够有效整合社会闲置资产，充分利用民众的零散时间，提高社会运行效率，降低供给成本，是"互联网＋"时代的一场带有创新意义的根本性变革。当下，网约车的服务质量测评和研究已经引起专家学者们的关注，可见服务质量提升对网约车的重要影响。网约车由用户叫车、系统派单、司机接单、开始行程、乘客上车、到达下车点、行程结算、车辆管理等构成，网约车将低门槛、跨界经营、互联网产品等服务特性体现得非常充分，因此有必要结合网约车的服务特性去考察乘客满意度。网约车服务并非简单的巡游出租车和网约车平台的叠加，而是在移动互联网科技和大数据信息技术下应运而生的新型出行服务，国外一些国家也将网约车平台定义为"网络交通信息供应商"，由此可见网约车在交通出行供需信息匹配上的优势。在评价网约车服务质量时，应当充分考虑网约车的自身特点，以及与传统巡游出租车的不同之处。

1. 依托移动互联网技术

网约车服务是依托移动互联网技术实现的。网约车平台提供信息整合服务，驾驶员与乘客在服务前需要在平台软件上进行注册、验证身份信息，并预留联系方式。当有用车需求时，乘客可通过网约车平台软件发布信息，随即平台根据技术手段对实时供需信息进行匹配，结合接驾距离、驾驶员服务状态等综合因素，随机派单给符合条件的驾驶员，并在乘客和驾驶员双方移动终端上显示包括地理位置、加密后的联系方式等信息。乘车过程中，通过卫星定位装置可实时查看位置。乘客到达目的地后，通过互联网平台支付车费，移动互联网技术贯穿网约车的全部服务过程。网约车的这一特点，一方面能够在乘车服务中提供给乘客更多的信息，解决了以往出现的绕路问题。网约车平台软件与移动互联网技术的结合，使得乘客对行程的距离、价格、路线可以预估和掌握。另一方面，给予了驾驶员提高服务质量的动力。以往传统巡游出租车，在"招手即停"完全随机匹配的情况下，其服务质量乘客无法预判，只有在体验服务后才能了解。对于出租车这类具有"凭信商品"性质的服务，想要提升其服务质量对服务提供者来说是缺乏动力的，在极大的随机性下，尽管乘客无法预判某次乘车过程的舒适度，但也依然会接受服务。驾驶员只需在符合要求的范围内提供服务且无违规行为，其服务水平的高低并不会影响载客率。在没有额外收益的情况下，大部分出租车驾驶员不会主动提升服务质量。而在移动互联网技术下，平台软件上的信用评分制度可以适当解决此类问题，乘客乘车前可以拒绝评分低的驾驶员。除此之外，网约车还解决了供需信息不对称的问题。像北京这样的特大城市，特定时段或特定区域内会有较多的乘车需求，因此在巡游模式下，为了能够降低空驶率，传统出租车会日益聚集于机会高的区域而抛弃机会低的区域，最终导致某些区域运力不足。乘客在以往的出租车出行方式下，不光是在用车高峰时难以找到车辆，低峰时段在非人群密集的地区也会出现打车难。网约车依托的移动互联网技术，缓解了这样的问题。车辆驾驶员能准确获得附近地区的用车需求，这样便大大降低了空驶率。对乘客来说，平台软件都是免费安装，无需付出成本，运用手机软件发出需求，比起站在路边招手等车，能获得更多回应机会，提高了出行效率。

2. 服务多样化

网约车平台提供的车型更为多样化，以滴滴出行为例，分为快车与专车等多个不同档次，其他网约车平台也都有类似的服务以供乘客选择。这与传统巡游出租车有很大不同，绝大多数网约车服务车辆都比巡游出租车的配置高，这也是高品质服务、差异化经营发展原则的体现。网约车满足的是更加个性化的交通出行需求。因此，在评价网约车服务质量时，应当有更加全面和细致的评价指标，而不能完全沿用巡游出租车行业的评价标准。

3. 平台具有中介性质

网约车平台利用技术手段，整合出行信息，将驾驶员与有需求的乘客匹配到一起。在这个过程中平台起到了连接的作用。网约车平台采取公司化的经营模式，对接入平台的车辆和驾驶员进行管理。想要从事运营服务的私家车辆，必须符合网约车服务车辆标准并经由相关部门进行车辆的性质变更才可以接入网约车平台。驾驶员收入来源于接单后的费用结算，而并非固定工资，每一次出行交易网约车平台均会抽取一定比例的费用。网约车平台在网约车运营服务过程中具有中介性质。

4. 费用计算动态化

传统巡游出租车的费用计算是在起步费基础之上，根据里程的长短阶梯式收费。除此之外还包括空驶费、等候费和夜间费，但在相同路段费用波动不会太大。而网约车平台的计费项目一部分与传统出租车相同，如里程费、低速费和远途费，按照车型档次，划分为不同价位。在市场供需规律下，还增加了另一部分新的项目如时长费、临时加价等。时长费的计算是根据用车的时间段来进行划分的，在高峰时段，如果周围车辆较少，车辆距离乘客较远时，平台会对订单适当加价。里程费方面，不同车型有不同的价位。因此，尽管是同样距离的路程，乘客在不同时间段或者选择不同类型的网约车，会出现价格浮动。

二、乘客出行决策过程分析

乘客选择网约车出行过程伴随着步行、候车等诸多衍生问题，出行过程主要由乘用车辆、候车过程、步行过程三项基本要素构成，在这些过程中，乘客会消耗费用、时间及体能。乘客的出行目的、经济收入、年龄不同，对各项消耗的重视程度不同。随着生活水平的提升及出行成本的下降，乘客对费用消耗的敏感程度逐渐减弱，相关研究表明，相对于出行费用，网约车出行过程中乘客对出行时间更加敏感，除了影响乘客的体能消耗，还会影响乘客的心理，使乘客厌倦和烦躁。不同乘客群体在出行过程中对出行消耗的关注及重视程度不同，进而对服务质量的需求和感知程度也不同（影响过程如图 6-3）。

在乘客出行决策过程中，通过分析网约车乘客的出行影响因素，可以为服务质量评价的研究提供基础。影响因素包括可用性因素、安全性因素、经济性因素、服务便捷性因素、品质高级性因素。网约车服务系统的可用性决定了网约车系统是否能被潜在的乘客作为备选的交通出行方式。当系统不可用时，不论系统在其他方面多好都无济于事。即首先需要满足信息可用，继而空间可用，继而时间可用，乘客才会将网约车作为潜在的出行方式。在可用性因素得到满足后，乘客会考虑其安全性和经济性是否符合自己的期望和要求，进一步决定是否将网约车作为出行方式。当上述条件得到满足后，影响乘客在网约车出行决策的主要就是系统所提供的基础服务质量，即乘客最关心的服务效率、运送速度、候车时间等，即网约车系统的便捷性。在便捷性得到满足后，部分乘客可能会进一步考虑一些高品质的服务质量，如网约车线路的准确性、候车时间可靠性、行程时间可靠性和车辆行驶平稳性等。部分乘客如小汽车拥有者往往对服务有更高的要求，因此，全面提高网约车服务质量使其符合高品质服务的要求，是增加网约车吸引力并提高网约车出行分担率的重要手段。

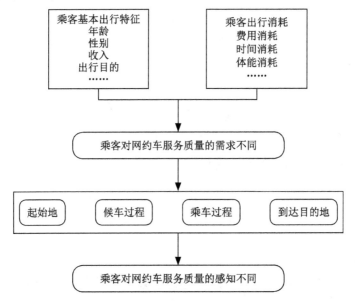

图 6-3　网约车乘客基本属性及对服务的要求

三、测评指标选择标准

网约车服务质量满意度指数测评的总目标是乘客对网约车服务质量的感知最佳。在此目标指引下，以可用性因素、安全性因素、经济性因素、服务便捷性因素、品质高级性因素等为要求，提出如图 6-4 所示五个层面标准。

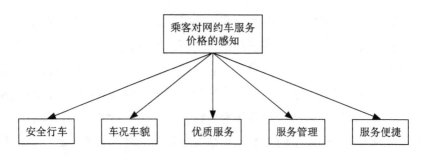

图6-4 乘客对网约车行业服务质量感知的测评层面

1. 安全行车

安全行车的要求首先是不违章驾驶，强调驾驶员的素养和可靠度；其次是规范停车，安全上下车；再次是操作的平稳性，熟练平稳的操作可以让乘客产生安全感；最后是精神面貌，拥有饱满精神的驾驶员容易让乘客感到放松和满意。

2. 车况车貌

车厢环境是否整洁、设施是否完整、外观是否完好、空气是否清新是乘客乘坐的第一印象，会极大地影响满意度。

3. 优质服务

司机的服务质量是乘客满意度的关键，司机的用语是否规范，是否主动提醒乘客携带好随身物品、不在车内吸烟，态度是否亲和，先起步后开始计费等行为会极大地影响满意度。

4. 服务便捷

司机对于路线等的感知和熟悉度，乘客搭乘、等待时间也是影响乘客满意度的极重要因素。

5. 服务管理

接电话态度、对于投诉处理的态度、效率以及方式都会影响乘客的满意度。

四、测评指标选择结果

以上述五大标准为要求，按照候车过程、车内服务、乘后环节三个维度进行指标凝练。建立指标体系如图6-5所示。

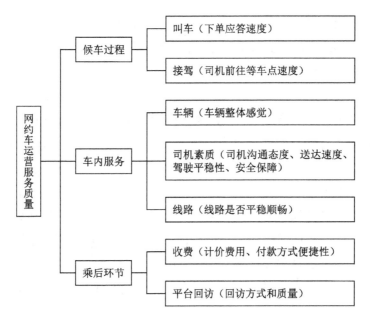

图 6-5　网约车服务质量测评体系的构建

1. 候车过程

研究表明，候车 1 分钟乘客感觉是车上的 2.1 倍。候车时间是网约车运营服务质量评价的重要指标之一。因此，乘客平均候车时间的优化一直被认为是网约车运营服务研究的关键。本小节将候车过程分为两个环节，一是叫车环节；二是接驾环节。

叫车环节指的是选择网约车出行的乘客通过网约车平台预约车辆，到网约车司机接单的全过程，叫车环节的时间长短极大地影响网约车出行的成功率。

接驾环节指的是网约车驾驶员接单后前往接驾点的过程，接驾时间会影响乘客的满意度。

2. 车内服务

车内服务是网约车出行的最重要环节，是影响乘客满意度的最关键过程。网约车车内服务研究角度选取了车辆、线路和司机素质三个方面来进行评价。车辆方面主要体现在乘客对车辆整体感觉，包括外观、空间、配置等细节。司机素质方面覆盖了司机沟通态度、送达速度（反映了网约车车辆运送乘客的快慢程度，是乘客在车上所感受到的最直接的服务）、驾驶平稳性、安全保障（网约车出行决策基础考虑因素）四个指标。线路方面则要求所选择线路是否平稳顺畅。

3. 乘后环节

乘后环节所涉及指标有收费以及车辆所属公司的满意度回访。对于收费方面，选取了计价收费费用以及付款方式的便捷性作为评价指标进行研究。收费费用是决定乘客出行决策的一个重要因素，若收费过高而服务质量不能相应匹配，通俗来说，就是性价比不高，那么乘客的满意度就会下降。付款方式的便捷性满意度则是调查乘客对网上支付方式的接受程度和满意度。车辆所属公司的满意度回访则很大程度上体现了对乘客的尊重和重视，是找出不足，提升服务质量的首要方式。据现有调查发现，大部分老用户的回访只停留在支付系统对当下司机服务的评分上，新用户则具有短信、电话等较多形式的回访。

五、综合评价方法

1. 指标体系评价方法

现有的综合评价方法有主成分分析法、专家评分法、聚类分析法、模糊评定法、层次分析法等，如表6-2所示。

表6-2 国内外常用综合评价方法

常用综合评价方法					
方法类别	方法名称	方法描述	优点	缺点	适用对象
定性评价法	专家评分法、Delphi法	组织专家对评价对象划分等级、打分，再进行处理	操作简单，可以利用专家知识，结论易于使用	主观性较强，多人评价时结论难以收敛	战略层次的决策分析对象，难以量化的大系统，简单的小系统
运筹学方法	层次分析法、数据包网络分析法	以相对效率为基础，按多指标投入和多指标产出，对同类型单位相对有效性进行评价，基于一组标准来确定有效生产前沿面	可评价多输入输出的大系统，并可用窗口技术找出单位薄弱环节加以改进	只表明评价单元的相对发展指标，无法表示出实际发展水平	经济学中生产函数技术、规模的有效性，产业的效益评价，技术部门的有效性

常用综合评价方法					
方法类别	方法名称	方法描述	优点	缺点	适用对象
统计分析法	主成分分析法、聚类分析法	相关的经济变量间存在起支配作用的共同因素，可研究原始变量相关矩阵内部，找出影响某经济过程的几个不相关的综合指标来线性表示原来变量	全面性、可比性、客观和理性	需要大量的统计数据，没有反映客观发展水平	对评价对象进行分类
模糊数学方法	模糊评定法	引入隶属函数，是先把人类的直觉确定为具体系数（模糊综合评价矩阵），并将约束条件量化表示，进行数学解答	可克服数学方法中"唯一解"弊端。根据不同可能性得出多层次问题解，具备可扩展性	不能解决评价指标间相关信息造成的信息重复问题，隶属函数等的确定有待进一步研究	消费者偏好识别、决策中的专家系统、证券投资分析、对象识别等，拥有广泛的应用前景

通常采用定性评价法和统计分析法相结合的综合评价法来对网约车服务质量进行一个测评和研究。定性评价法是在调查问卷设计发放之后，通过调查者对评价对象划分等级、打分来实现；统计分析法进行处理的方法就是运用数学方式，建立数学模型，对通过调查获取的各种数据及资料进行数理统计和分析，形成定量的结论。统计分析方法是目前广泛使用的现代科学方法，是一种比较科学、精确和客观的测评方法。

2. 指标权重评价选择方法

对于指标权重的加权，有许多的计算方法，总结来说，可以分为主观法和客观法两大类，表6-3主要介绍权重加权方法。

表6-3　权重确定方法比较

方法名称	主客观	内容
层次分析法	主观	将影响问题的多个因素进行"两两比较"，然后对这些因素的整体权重进行排序，最后确定这些因素的权重。
主成分分析法	客观	运用较少的因子来代替原有的指标，一般是按照因子方差贡献率来赋值。

续表

方法名称	主客观	内容
回归分析法	客观	通过对问题各因素的重要性调查结果进行回归分析来得出各因素的权重。
灰色关联度法	客观	对系统动态发展过程进行量化分析，对各因素的相关联程度进行分析。

本章节主要是研究乘客感知服务质量，挖掘乘客内心对各个指标的重视程度，所以采用客观评价法中的回归分析法对指标进行加权。在问卷设计中加入对各指标重要性的调查，然后利用调查数据、运用 SPSS 软件的回归分析得出各维度回归方程，再对回归系数进行归一化处理，最终得出各维度以及各指标的权重。

第五节 宁波市区出租车服务质量测评分析

一、测评结果分析

（一）巡游车服务质量测评结果分析

1. 调查结果

主要采用线上和线下两种方式发放问卷调查，线上问卷发放方式主要通过实力问卷网、QQ 邮箱等进行问卷发放，线下问卷发放方式主要是采用蹲点方式发放问卷。一共发放 500 份问卷，成功回收了 410 份，其中无效问卷 46 份，剩余 364 份为有效问卷。问卷有效率达到 86.77%。

表 6-4 问卷的发放与回收情况

发放方式	发放问卷（份）	回收问卷（份）	有效问卷（份）	回收率（%）	有效率（%）
各大商场前蹲守	100	100	91	100	91
出租车停靠点蹲守	50	38	31	76	80.05
网上补充	350	272	242	66	89.52
统计	500	410	364	82	86.77

表 6-5　调研样本统计表

项目	类别	频数	比例（%）	累计总的百分比（%）
性别	女	198	54.40	54.40
	男	166	45.60	45.60
年龄	18 岁以下	40	11.99	11.99
	18～30 岁	144	38.56	50.55
	31～40 岁	106	29.12	79.67
	41～50 岁	66	18.13	97.80
	50 岁以上	8	2.20	100
受教育程度	专科及以下	47	12.91	12.91
	本科	189	51.92	64.83
	硕士	86	23.63	88.45
	博士及以上	42	11.55	100
职业	公务员	40	11	11
	教师／科研／技术人员	72	19.80	30.80
	学生	90	24.73	55.53
	自由职业者	56	15.40	70.93
	企业人员	82	23.47	94.40
	其他	24	6.60	100
每月乘坐出租车频率	20 次以上	30	8.24	8.24
	15～20 次	64	17.58	25.82
	10～15 次	172	47.25	73.07
	5～10 次	78	21.42	94.49
	5 次以下	20	5.51	100

　　由上表可以看出，在 364 份样本中，女性比例略高，占 54.40%，男性比例为 45.60%；年龄层次方面，18～30 岁的消费者占 38.56%，31～40 岁

的消费者占 29.12，这些消费者正处于事业的飞速发展阶段，有一定的消费能力，对时间控制要求较高，所以他们会经常乘坐出租车；在受教育程度上，51.92% 的被调查者为本科，本科及以上学历达到了 87.09%；企业人员所占的比例为 23.47%，这也进一步证实了年龄层次上的推测，企业人员因工作需要会经常乘坐出租车；在每月乘坐出租车频率中，47.25% 的消费者每月乘坐 10 ～ 15 次，21.42% 的消费者每月乘坐 5 ～ 10 次，这说明随着社会的发展，出租车已经渐渐普及并且逐渐成为主要的公共交通工具。

由表 6-6 可得，由问卷数据所计算出来的出租车乘客感知服务质量的均值为 5.508，服务质量水平为一般满意，这说明宁波地区乘客对出租车行业存在不满之处。从各指标的均值来看，品质性维度均值最低。

表 6-6　服务质量得分总表

一级指标	得分均值	二级指标	得分均值
可靠性	5.552	司机不抢客源、不拼客	1.837
		司机服务过程中不使用电话	1.163
		司机在服务过程中遵守交通规则	0.892
		如遇突发情况，司机能有效解决	1.064
		司机不拒载、不绕路	0.596
响应性	5.562	司机会根据乘客的目的地选择最佳行车路线	1.848
		能及时处理投诉问题	1.431
		即使很忙，也会对乘客要求做出反应	2.282
保证性	5.517	司机了解市内交通路线和情况	1.150
		使用计价器收费	1.340
		司机驾车技术熟练	0.546
		找零不使用假钞、能提供发票	1.481

一级指标	得分均值	二级指标	得分均值
移情性	5.558	司机关心乘客安全上下车	1.414
		司机会主动帮助乘客（搬运行李等）	1.045
		司机能拾金不昧、见义勇为	1.157
		能优先考虑客户利益	0.656
		提供的服务时间能够符合所有客户的需求	0.926
品质性	5.217	车辆外观整洁	1.091
		对行业知识非常了解	1.425
		车牌号码，公司名称清晰醒目	0.977
		司机穿着得体、整洁	1.162
		电话预约、网上预约能及时到达预定地点	0.562
总体服务质量 $=5.552 \times 0.337 + 5.562 \times 0.134 + 5.517 \times 0.283 + 5.558 \times 0.137 + 5.217 \times 0.109$ $=5.508$			

表 6-7 为以性别、年龄、月乘车频率分类的出租车服务质量得分，在人口统计变量中，男性乘客的服务质量得分略高于女性乘客；年龄在 18 ~ 40 岁的乘客对出租车服务质量的评价相对较高，而 18 岁以下乘客评价相对较低；月平均乘坐 20 次以上出租车的乘客对出租车服务的评价得分最高。

表 6-7 以性别、年龄、月乘坐频率分类的服务质量得分

类别		服务质量得分
性别	男	5.88
	女	5.21
年龄	18 岁以下	4.97
	18 ~ 30 岁	5.36
	31 ~ 40 岁	5.39
	41 ~ 50 岁	5.69
	50 岁以上	5.52

续表

类别		服务质量得分
月乘坐出租车频率	20次以上	6.02
	15～20次	5.56
	10～15次	5.38
	5～10次	5.33
	5次以下	5.45

根据表6-8数据可得，宁波市出租车总体服务质量为5.401，与上一小节中计算出来的服务质量得分接近，都属于"一般满意"范围；而总体推荐意愿得分为4.674，得分相对于其他指标明显较低，说明乘客的推荐意愿不高，标准差为1.88也说明乘客对该指标的看法分歧较大；宁波市乘客总体满意度为5.218，略微低于总体服务质量而高于乘客推荐意愿得分。

表6-8　宁波市巡游车总体指标得分

指标	样本数	极小值	极大值	平均值	标准差
宁波市巡游车总体服务质量	364	3	7	5.401	1.22
宁波市巡游车总体推荐意愿	364	2	7	4.674	1.88
宁波市巡游车总体乘客满意度	364	3	7	5.218	1.01

2. 巡游出租车服务质量测评结果分析

根据表6-6的结果，在可靠性维度中，司机不拒载、不绕路这个二级指标得分最低（0.596），此类现象在人流量大，经常堵车的地方或者是距离很近的地方尤为严重。巡游车经营模式中涉及利益相关方主要政府、巡游车公司、司机个人和经营者，经营权的转让或承包都造成了层级剥削，最终导致一线驾驶员缴纳"份子钱"过重，从而出现各种行业不稳定问题。现存的几种主要经营模式中，除了公司自营外（也就是与司机签订劳务合同，公司发放工资和福利），其他的经营模式都是将成本和风险转移到一线驾驶员身上。拒载的原因是因为司机在短程订单中几乎无法赚取太多收益。巡游车"份子钱"压力是比较重的，可以说比网约车平台的抽成更高。一个巡游车司机一个月的"份子钱"需要交5000～7000元，不开车也是需要交钱的，不像网约车只有接单才抽成。所以巡游车司机的压力非常大，为了多赚点只能拒绝那些路线不好走，容易堵车，路途太近的乘客。只有保证每单都能有几十块钱的车费，一天下来才能不亏本，这也是无奈的选择。少部分司机绕路是为了赚取更多收益，对于大部分司机来说，绕路并不是为了提高车费，而是为了节约时间，不堵车。

在响应性维度中，二级指标"能及时处理投诉问题"得分最低（1.431），这与四方面的因素有关，分别为：出租车投诉渠道不通、投诉处理过程不透明、投诉所需时间过长、投诉反馈形式的缺乏。具体为：①出租车投诉渠道是出租车投诉机制的第一个环节，也是最为基础的一个环节，是出租车投诉机制能否使乘客便于表达自己心声、有效提升出租车服务的关键。只有通畅的投诉渠道才能为出租车投诉机制提供更多的信息来源与监督建议，才能更公正地处理投诉案件。虽然宁波市已经建立了 24 小时的出租车投诉受理制度，但是目前的出租车投诉渠道仍存在一定的问题。②出租车投诉处理过程主要包括投诉受理后对内容的核实，以及对投诉对象进行相关处罚等。如何公正地处理投诉事件是投诉机制的关键所在，否则就会产生出租车司机受委屈或乘客认为投诉难的情况，而目前的出租车投诉机制的投诉处理过程仍存在一定的问题。③一般的出租车投诉受理时间为 5 天，受理后投诉处理时间为 10～15 天，这就造成了出租车投诉会经历 10 多天才可以得到回复。不仅乘客需要长时间的等待，也会为投诉处理中的调查取证带来一定的困难，时间的延长会使得出租车司机与乘客对于投诉事件记忆模糊，使得本来就困难的调查取证"雪上加霜"。因此，需要缩短出租车投诉所需时间，尤其是投诉受理时间，受理时间越短对于还原投诉事件的真相越有利。④出租车投诉处理后，应及时将处理情况向乘客反馈，而目前的投诉反馈形式比较缺乏，仅仅给乘客一种"通知书"的感觉。调查显示：有 41.03% 的被调查者认为出租车公司可以给予一定的物质补偿，也有 38.46% 的乘客更愿意接受电话或当面道歉。乘客的投诉行为只有通过有效反馈才能得到支持与鼓励，目前这种非人性化的投诉反馈形式会极大地打击乘客的投诉动机，只有充分调动乘客积极性的投诉反馈形式才能为出租车投诉机制带来活力，提高乘客的满意度。

在保证性维度中，二级指标"司机驾车技术熟练"得分最低（0.546）。从全国范围来看，我国巡游车驾驶员以及相关服务人员文化层次普遍较低，大多数在高中文化程度以下；人员较为复杂，从业人员主要以下岗人员、进城务工人员等为主；很多城市外地人员占从业人员的大多数。宁波市巡游车司机文化程度情况，初中文化占 84.29%，接受过大中专教育的仅占 2.56%。文化程度过低，已经影响到了从业人员的服务水平和文明程度，使得从业人员在接受巡游车行业培训的效果不尽如人意。

在移情性维度中，二级指标"能优先考虑客户利益"得分最低（0.656）。原因是多方面的，除了司机整体文化层次低下、服务理念差之外，甚至也与车容车貌等相关。巡游车的移情性包括与乘客主动沟通和关心提示。主动沟通指的是驾驶员能够与乘客主动进行交流，对乘客的目的地和乘车要求进行确认，了解乘客真正的需求，尊重乘客，并能根据不同需求提供个性化的服务。首先，巡游车服务与传统巡游出租车不同，它利用了移动互联网终端，乘客上车之前，驾驶员便获得乘客的目的地信息。关心提示的做法则包括：下车时对乘客进行安全提示和财物提示。在交通事故中，因突然打开车门导致的危险并不少见。作为驾驶员，有义务在乘客下车时观察周围车况并告知乘客有关安全事项，安全提示能降低安全事故发生的概率，保护乘客的生命安全。财物提示是驾驶员告知乘客不要遗落钱包、手机等贵重物品，避免乘客出现不必要的损失。安全提示与财物提示都能够体现出驾驶员是否站在乘客角度，为乘客着想，是服务移情性的要求。简单的关心与提示体现了驾驶员服务人性化的一面，同时能够提升乘客的好感度和对巡游车服务的认同感。

在品质性维度中，二级指标"电话预约、网上预约能及时到达预定地点"得分最低（0.562），这主要与平台派单不合理有关。无论乘客出于何种目的，都希望能够获得快速乘车服务，对于大部分乘客而言，系统的响应速度显得很重要。在服务响应时间较长的情况下，就很少会关心其他的请求。因此，快速乘车可以说是巡游车乘客的最基本的需求。通过对巡游车乘客进行调研分析，我们发现 65% 的乘客都对乘车的时效性有着很高的要求，选择乘坐巡游车都是因为能够更快地满足自己到达目的地的需求。

（二）网约车服务质量测评结果分析

1. 调研目的

本次调研主要是对具有宁波网约车乘坐经验的乘客采取问卷调查的方式，获取有关宁波网约车服务质量和乘客满意度的相关信息，以此来了解宁波网约车服务质量及乘客满意度情况，并试图分析出服务质量五大维度与乘客满意度之间的关系，找出宁波网约车服务质量方面可能存在的问题，并在此基础上对宁波市改善网约车服务质量，提升乘客的服务质量感知和满意度水平，增强他们再次乘坐宁波市网约车的意愿并提出一些营销建议。

2. 调研问卷调查设计

用于调研的问卷主要分为三个部分：

第一部分为人口统计指标，调查受访个人的性别、年龄、职业、受教育程度、每月使用网约车频率等基本信息。其中年龄分为18岁以下、19～30岁、21～40岁、41～50岁以及50岁以上五类；职业分为公务人员、企业人员、教学科研人员、学生以及其他五类；受教育程度分为专科及以下、本科、硕士、博士及以上四类；每月使用网约车频率分为20次以上、15～20次、10～15次、5～10次以及5次以下四类；受访者根据自身的实际情况，在给出的相应答案中勾选即可。

第二部分为网约车服务质量影响因素，直接测量乘客对网约车服务感知质量。首先对网约车服务质量总体概况进行了调查，调查了打车前后乘客的满意度以及叫车、等车、接驾、坐车、收费、安全程度等网约车出行各个环节乘客的满意度。

第三部分为乘客对滴滴、优步、神州专车、易达等网约车公司各因素服务质量满意度的对比。

以下的问卷分析，将会采用李克特量表法来估算出总体的满意度分值，作为满意度测评的主要依据。

表6-9　调研问卷的发放与回收情况表

发放方式	发放问卷（份）	回收问卷（份）	有效问卷（份）	回收率（%）	有效率（%）
商场休息区	60	60	45	100	75

续表

发放方式	发放问卷（份）	回收问卷（份）	有效问卷（份）	回收率（%）	有效率（%）
高校门口	80	76	65	95	81
网上补充	60	60	40	100	67
总计	200	196	150	98%	75

在本次调研中，一共采用了三种方法进行问卷发放：第一种是商场休息区发放；第二种是高校门口发放；第三种是网上问卷。通过这三种方法，共发放调查问卷200份，收回问卷196份，回收率为98%，其中有效问卷150份。调查问卷中涵盖了被调查对象的一些基本信息，同时涵盖了其对于网约车的乘车价格、车辆状况、候车时间、驾驶员素质等诸多指标的评价。通过对150份调查问卷的分析，全面认识乘客需求，抽象概括需求类别，对乘客需求进行分类，并确定各项需求的重要度，重要度范围为1～5，1表示重要度最低，5表示最高。此外，设有主观评价题，一些反映较好的调查结果如图6-6所示。

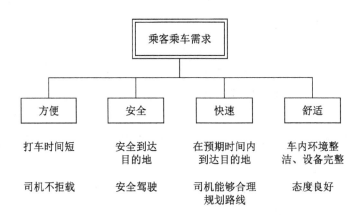

图6-6　主观评价中反映的网约车服务优良感受

网约车总体服务质量调查结果如表6-10所示：

表 6-10　网约车服务质量总体概况评价表

过程	方面	因素	非常满意	满意	一般	不满意	非常不满意	总得分
候车过程	叫车	下单应答速度	35	57	50	5	3	3.77
	接驾	司机前往等车点速度	30	40	65	10	5	3.53
	综合		35	57	52	4	2	3.79
车内服务	车辆	车辆整体感觉	50	60	30	5	5	3.97
	司机素质	司机沟通态度	28	66	51	3	2	3.77
		送达速度	45	65	37	2	1	4.01
		驾驶平稳性	55	50	40	3	2	4.02
		安全保障	35	55	54	4	2	3.78
	线路	线路是否平稳通畅	40	60	46	3	1	3.90
	综合		50	70	20	8	2	4.05
乘后环节	收费	计价费用	34	56	50	8	2	3.75
		付款方式快捷便利性	54	65	26	4	1	4.11
	平台回访	回访方式和质量	30	40	60	15	5	3.50
	综合		50	62	36	1	1	4.10
总体满意度			45	68	34	2	1	4.03

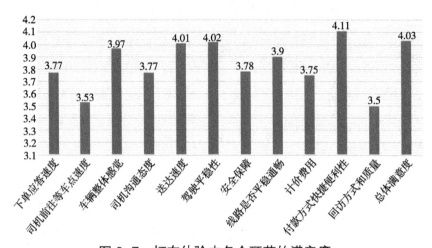

图 6-7　打车体验中各个环节的满意度

图 6-7 反映了打车体验中各个环节的满意度，在乘客对网约车的服务评价中，其对付款方式的便捷评价最高，达到了 4.11 分，而对于等车过程、安全性以及回访程度评价，打分都低于 4 分。由此可见，我们需要尽可能地通过减少叫车和等车时间，来进一步提高乘客对网约车服务质量的满意度。

理论分析部分已经指出出租车服务质量的评价应是从乘客的角度出发，在评价指标体系中就有必要充分体现乘客对服务的感知以及其出行决策的依据。最终确定的测评指标包括 3 个方面：候车过程、车内服务、乘后环节。对于候车过程我们最终确定的指标有叫车环节（下单应答速度）、接驾环节（司机前往等车点速度）；车内服务的评价体系选取的指标有车辆（车辆整体感觉）、线路（线路是否平稳通畅）和司机素质（司机沟通态度、送达速度、驾驶平稳性、安全保障）；乘后环节评价体系选取的指标有收费以及车辆所属公司的满意度回访两个方面。对于收费方面，选取了计价收费和付款方式的便捷性两个评价指标进行研究。以下将对这些因素进行进一步的探讨和分析。

（1）候车过程满意度

调查发现，候车时间 1 分钟乘客感觉是车上的 2.1 倍。因此，候车时间是网约车运营服务质量评价的重要指标之一。在网约车出行中可以把候车过程切分为叫车环节和接驾环节来探讨，以下便是候车过程满意度的分析。

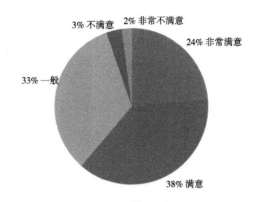

图 6-8 叫车过程满意度分析

虽然相比于其他环节，叫车环节的得分较低，但在问卷中，五成以上乘客对于叫车过程的评价都达到了满意以上，只有 5% 的人评价为不满意及以下。说明叫车环节存在的一些问题可能是出于偶然性，比如定位出现错误、同时刻叫车人数过多等特殊原因导致了司机没能及时响应。

此外，本项测试对网约车 4 种软件打车方式的应答速度进行横向测评，使用李克特量表法对其进行测评，随着应答时间的增加，得分分别为 5 分、4 分、3 分、2 分、1 分，结果如表 6-11 所示。

表 6-11 消费者下单到司机应答的速度测评表

平台	1 分钟内	1～3 分钟	3～5 分钟	5 分钟以上	失败数	样本数	总得分
滴滴	54	74	18	1	3	150	4.17
易到	35	91	15	5	4	150	3.99
优步	45	85	12	3	5	150	4.08
神州	43	83	16	4	4	150	4.05

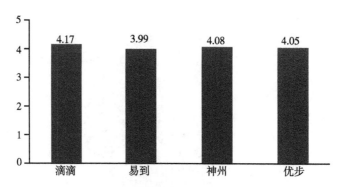

图 6-9 应答时间平均得分率

由图 6-9 可知，在应答时间方面，滴滴和优步做得最好，其中滴滴拿到了 4.17 分，相比于易到和神州优势明显，易到在应答时间上应加强管理改进。

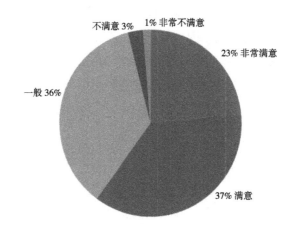

图 6-10 接驾过程满意度分析

在接驾过程中，4% 的乘客评价为不满意及以下，73% 的人选择了一般和满意，表明在接驾过程中乘客对于网约车服务还是普遍满意的，但仍存在一些特殊情况影响满意度，例如司机的口音、司机的表达能力、接驾速度等。

综上所述，影响候车时间的两个环节——叫车环节和接驾环节相比，叫车环节对于乘客满意度的影响更明显，说明在出行中，叫车环节是造成乘客不满意的主要原因，应该引起各出租车企业以及网约车公司、政府的重视，在法规政策的规范下促进其更健康地发展。

（2）车内服务满意度

从乘客的角度看，驾驶员的状态、座椅的舒适性、车内环境、驾驶速度都是衡量舒适度的重要指标。在问卷中我们对这些影响因素都做了调查分析，并综合得出了乘客对坐车服务的满意度。

出租车内的服务指标我们选取了车辆、线路和司机素质三个方面来进行评价。其中对车辆的评价指标主要是车辆整体感觉、对线路的评价指标则是对线路的平稳性和通畅性的要求、对司机素质的评价指标覆盖了司机沟通态度、送达速度、驾驶平稳性、安全保障四个方面。

① 车辆

对出租车车辆的整体感觉是乘客采用出租车出行的基础条件，是乘客对出行行为分析的第一印象，对整个服务质量满意度起着至关重要的作用。

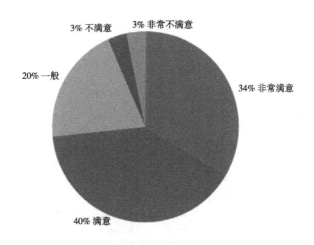

图 6-11　车辆整体感觉满意度分析

由图 6-11 可知，乘客对于车辆整体感觉方面给予了较高的评价。综合得分达到 3.97，75% 的乘客评价为满意及以上，但仍有 6% 的乘客对车辆整体感觉给出了差评，表明仍有一小部分网约车辆没有做好，今后在网约车认证上应该加强监管，为乘客出行提供更好的保障。车辆外观是车辆整体感觉的组成之一，设计了选填问题，部分网约车平台评分如下。

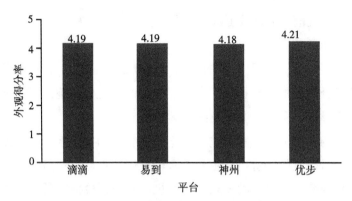

图 6-12　车辆外观平均得分率

如图 6-12，在车辆外观上，优步用户满意度最高，得到了 4.21 分，领先其他的网约车公司，但 4 家公司差距并不是很大，说明在车辆外观上这 4 家公司并没有明显的差距。

②司机素质

对于司机素质的评价指标覆盖了司机沟通态度、送达速度、驾驶平稳性、安全保障四个方面。

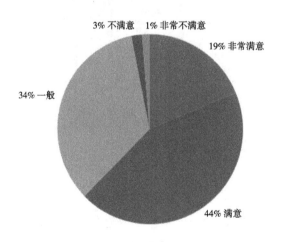

图 6-13　司机沟通态度满意度分析

如图 6-13，在司机沟通态度方面，虽有 3% 的乘客评价为不满意及以下，但也只有 19% 的乘客评价是非常满意。由此可见，乘客对于司机沟通态度有着一定的要求，政府以及网约车公司应该对司机加强素质培训，从而提升乘客满意度。

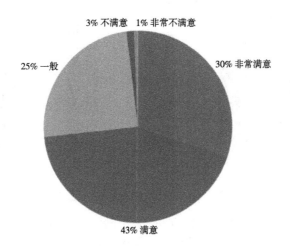

图 6-14 送达速度满意度分析

图 6-14 我们可以看出，作为出行分析最重要的考量因素之一，在送达速度方面，73% 的乘客对此评价都在满意及以上，说明网约车出行在时间和速度上占据一定的优势，给大家带来了便利。

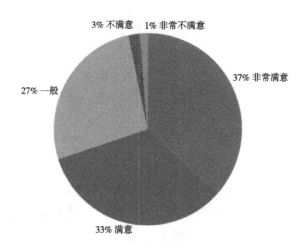

图 6-15 驾驶平稳性满意度分析

图 6-15 由我们可以看出，网约车出行在平稳性方面占有一定的优势，仅有 3% 的乘客对此不满意，今后在对驾驶员考核内容中仍应做好驾驶技术的考量。

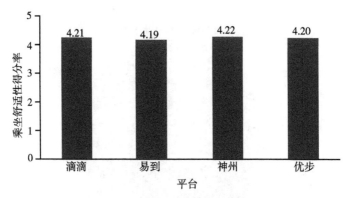

图 6-16 乘坐舒适性平均得分率

如图 6-16，在乘坐舒适性方面，4 个网约车平台差距不大，乘客相对都较为满意，但神州用户满意度最高，达到 4.22 分，表明在乘坐舒适性上用户满意度普遍较高，这是网约车出行的优势。

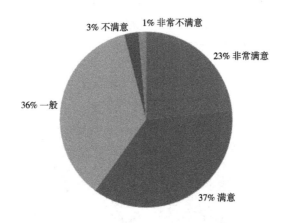

图 6-17 安全保障满意度分析

如图 6-17，在安全保障方面，96% 的乘客对此评价在一般及以上，其中满意及以上只占了 57%，表明在安全保障方面，网约车仍有较大的问题，需要引起关注。

综上，分析了乘客对于网约车司机素质的各方面评价，其中对于沟通态度、送达速度以及驾驶平稳性的满意度普遍较高，但对于安全保障的满意度相对低，总体得分只有 3.78。由此可见，一直以来，网约车进入门槛低，第三方平台提供的网约车服务乱象丛生，由于把关不严，导致网约车司机素质技能参差不齐，埋下严重的安全隐患。所以，在政府的监管下，提升网约车服务质量的满意度，首先要加强对司机的审核监督，提升安全性。

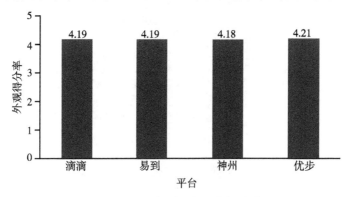

图 6-18　司机素质平均得分率

总结分析各个平台司机素质排名，发现优步用户满意度最高，达到 4.21 分，表明优步对司机的培训监管更到位，神州专车用户满意度最低，应加强规范。（如图 6-18）

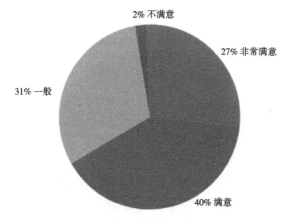

图 6-19　线路是否平稳通畅满意度分析

如图 6-19，乘客对于线路的平稳通畅性总体打分达到 3.90，表明网约车出行对于线路选择有着更多的自由，相对其他出行方式，能够相对自由地调整出行线路，更好地选择平稳路段，更好地避免交通堵塞。

（3）乘后环节满意度

对于乘后环节满意度评价，选取的指标有收费以及车辆所属公司的满意度回访两个方面，我们将对其展开分析。

收费方面，选取了计价收费以及付款方式的便捷性两个评价指标进行研究。

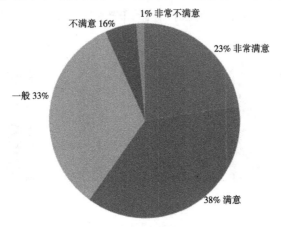

图 6-20　计价收费方面

如图 6-20，在计价收费环节上，61% 的乘客评价都为满意及以上，但仍有 6% 的乘客对此持不满意或者非常不满意的态度，考虑到这个现象，网约车公司应该加强规范行业收费标准，并加强对乘客的跟踪回访。

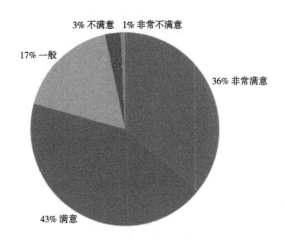

图 6-21　付款方式快捷便利性满意度分析

如图 6-21，网约车作为互联网经济下出行新方式，具有互联网经济的优点，即便捷的电子付款方式。调查发现，乘客对支付方式的评价是所有指标评价中最高的，达到 43%，表明付款方式深受大家喜爱。

乘后环节满意度分析的第二个评价方面是网约车公司的满意度回访。

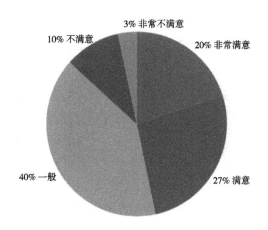

图 6-22　回访方式和质量满意度分析

由图 6-22 可以看出，网约车公司的回访质量和方式仍存在一定的问题，需要改进和加强。根据调查，我们发现网约车公司对于服务态度的评价普遍不够全面，体现不出不足的方面，并且部分网约车公司没有对乘客做后续的回访。

（5）打车体验的总体满意程度

综上分析，网约车乘客对司机沟通态度、送达速度和驾驶平稳性、付款方式快捷便利性四个方面满意度最高，而不满意则主要体现在候车过程的两个环节（叫车环节和接驾环节）以及回访方式和质量上。为了提高网约车服务质量，网约车公司应该在薄弱的方面加强监管和培训，通过各个方面的提升来尽量缩短候车时间，并且要更加关注乘客满意度，更全面细致地进行回访调查。

表 6-12　打车体验的总体满意程度测评表

评价对象	非常满意	满意	一般	不满意	非常不满意	总得分
滴滴	55	70	21	3	1	4.17
易到	42	75	27	4	2	4.00
神州	45	76	25	3	1	4.07
优步	56	68	23	2	1	4.17

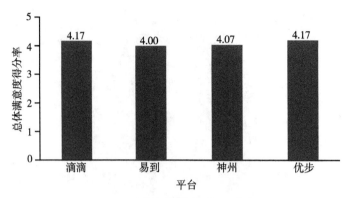

图 6-23　总体满意度得分率

如图 6-23，从乘客对 4 个网约车平台总体服务质量的满意程度来看，滴滴和优步并列第一，易达专车满意度最低。在政府规范网约车政策出台以后，各家网约车公司都应该加强行业规范，提高总体的服务质量。

二、服务质量问题原因总结

（1）乘客对出租车服务中车辆外观、司机着装以及服务态度方面有较大负面情绪，这也是出租车行业提高服务质量的突破口。从表 6-6 乘客感知服务绩效可以看出，得分最低的三项中有两项属于"品质性"，这也进一步说明出租车行业在"品质性"维度的服务质量较低，需要进一步加强从业人员的培训和保持车辆清洁，让乘客能获得更好的服务感知。乘客感知服务质量是服务质量五维度的基础。运用相关性分析方法研究服务质量五维度和乘客满意度以及乘客推荐意愿之间的关系，结果发现五维度与乘客满意度和乘客推荐意愿都存在显著相关关系，其中五维度对乘客满意度的影响比乘客推荐意愿影响力更大；而乘客感知总体服务质量、乘客满意度、乘客推荐意愿之间存在相关关系。根据实证检验，发现乘客感知服务质量与乘客满意度、乘客感知服务质量与乘客推荐意愿以及乘客满意度与乘客推荐意愿都呈显著正相关关系。这是因为乘客感知服务质量的提升，会导致乘客对整个服务好感度的增加，从而使得乘客更愿意向其他消费者进行推荐。

（2）平价型网约车在平台服务方面需要对车辆调度能力、投诉处理能力进行提升。车辆调度评分较低，说明在驾驶员与乘客进行匹配时不能满足需求，成交率下降，在算法精确度上需要改进。如远距离派单会使候车时间增加，有时会导致乘客和驾驶员无法达成出行共识，但在乘客重新下单后，平台依旧会派单给同一类驾驶员，如此网约车的便捷性优势则无法体现。

（3）网约车的发展原则是与巡游出租车形成差异化经营，高品质是其核心标签之一。尽管由于市场定位的不同，平价型网约车不像高端型网约车那样对车内配置，甚至是车内香氛等有明确的规定和要求，但至少应当与传统巡游车的服务水平持平，从车辆整体感觉满意度的得分情况来看，仍有26%的乘客未达到心中满意指标，其车内卫生环境和配置还需要改善。同时，兼职驾驶员占很大比例，因此会出现对路况不够熟悉，行车依靠电子地图导航的情况。在驾驶员和乘客都不熟悉目的地的情况下，判断失误、跑错路、选择了拥堵路段等情况时有发生，降低了出行效率，影响了乘客的满意度评价。

（4）平台要在高端型网约车费用计算方面加以改进。在费用计算方面，高端车型得分情况不容乐观，低于平价车型。在计费时，由于网约车运价实行市场调节价，具有动态性，平台在高峰期会采取加价措施，但在非高峰时段存在的加价行为，被质疑为网约车平台利用技术手段进行"涨价"，不仅损害了乘客利益，同时也降低了出行效率与载客效率。除了乘车前的加价行为外，还存在实际价格与预估价格偏差大的问题。

三、服务质量提升对策

1. 做好门到门、点对点服务，巩固出租车行业优势地位

加强出租车从业人员岗前、岗中的培训和管理，大力发挥出租车行业的自律作用，不断提高出租车从业人员整体素质和服务水平。努力通过为乘客提供更优质、便利的门到门和点对点个性化服务，切实实现优质、优价、差异化经营，以增强出租车行业综合竞争实力。

2. 加强出租车行业全方位研究

引入先进的、科学的管理理念和发展理念，有效借助现代科技发展成果，改进管理技术和管理方法，不断提高管理效能；在积极树立先进的出租车行业典型的同时，不断推进出租车行业快速和健康发展。

3. 明确出租车行业管理机构，健全出租车行业政策法规

纵观伦敦、东京等城市的出租车行业管理，出租车行业管理机构各不相同，但有一点却是相同的，即它们都有专门的、高效的行业管理机构具体负责制定管理措施并实施检查，责任明确，同时也都有相应的行业法规作为保障。目前，我国出租车行业由多个部门管理，行业法规还不太健全，在实际管理中显得比较混乱。鉴于此，应加快出租车行业全国性法规的建设，各省市可以根据各地的不同情况尽快出台新的出租车行业管理条例，特别是加强关于服务质量管理方面法规的制定。同时政府应尽快理顺现行出租车管理体制，依法行政，加强出租车管理多部门间的协调与配合。

4. 加强出租车司机岗前培训，严把出租车司机入门关

众所周知，出租车司机的综合素质、职业道德水平、服务意识是影响出租车服务质量的重要因素之一，因此加强出租车司机岗前培训就显得尤为重要。和以上提及的几个城市一样，我国各城市也必须想方设法把好出租车驾驶员入门关。目前，我国大多数城市出租车司机准入门槛较低，岗前培训尚未得到应有的重视，这也是产生各种服务质量问题的根源之一。因此，我国各城市出租车管理部门应坚持不懈地做好出租车司机的业务培训和职业道德教育，建立严格的上岗考试制度，用竞争机制来提升司机的服务质量，同时出租车经营者也应该重视司机的定期培训，不断提高司机的服务意识。

5. 合理引导出租车经营者规范经营

最近随着出租车行业的发展，很多不文明，甚至危险的事情屡屡发生。不难看出，伦敦、香港、新加坡等城市出租车行业法规比较健全，加之出租车经营者的法制观念比较强，这些城市的出租车市场秩序相对来说比较公正、公平。目前我国出租车行业正处在一个由多转好的阶段，这个阶段行业法规还在不断完善，出租车经营者的法律意识还比较淡薄，难免会形成恶性竞争，阻碍市场健康发展。那么作为城市出租车管理部门，就要积极采取各项措施，合理引导出租车经营者规范经营，既要防止垄断，又要避免过度竞争，为出租车营造良好的营运环境。

6. 充分发挥行业协会的作用

行业协会制度在国外已是一种相对比较成熟的制度，而在我国的许多行业还是一个新兴事物，或者说并没有发挥其应有的作用。出租车行业协会应该由出租车客运公司代表、司机代表、乘客代表、交通运输业以及法律界的人士组成，该协会应具备部分的监管职能，主要是行业的基础培训和相对的

交流功能、协调功能，定期或临时召开行业协会会议，倾听各方利益代表的心声，制定行业规则，以规范司机和公司的行为。同时，协会可以发挥集团优势，提高抵御风险的能力。当出现司机服务质量差或侵犯乘客利益时，乘客可以向协会进行投诉，协会依据行业规则对司机做出处罚或是教育培训的处理，这样协会可以履行消费者权益保护的职能。总之，行业协会具有可观的监管潜能，其作用的充分发挥有待于各有关部门的协调和开发。总之，实现高效率、高水平的出租车服务质量管理需要政府发挥主导作用、主管部门加强监管力度、企业规范经营行为、从业人员提高综合素质，共同创造良好的营运环境。在借鉴国内外出租车服务质量管理经验的同时，也应尽可能结合各个城市的实际情况，积极进行探索、思考，逐渐形成一套行之有效的服务质量管理方法，进而形成一种长效的服务质量管理机制，以促进网约车行业健康、有序地发展。

7. 完善利益分配机制，调动劳动积极性

可以考虑在驾驶员所在的出租车企业中以员工的形式给出租车驾驶员进行社会投保，完善驾驶员的工资福利待遇，减轻驾驶员的工作压力，同时使驾驶员能够感受到利益的分配均衡，从而调动驾驶员劳动的积极性，进而能够提高驾驶员绩效水平。

8. 完善软件功能与奖惩机制

司机等待中的时间成本成为引发司机与乘客之间矛盾的一大原因。乘客使用打车软件叫车有时无故或是因故爽约也会引起司机的不满，当矛盾被触发时极易引发纠纷。这就需要软件平台企业注重合理的动态调价机制，包括与当地路政和气象部门合作，把修路与天气因素考虑进去，完善软件功能。以及完善相关司机与乘客之间的互评诚信记录，让乘客与司机在交易发生前就知晓对方信誉记录。同时，应积极借鉴西方发达国家对打车软件功能的优化技术，例如新加坡的接单预订技术，美国的灰屏技术等，强制网约车司机在行车的过程中不能接单，以此保证行车安全；舍去打车软件的加价辅助功能，以保证网约车市场的公平性；强化在线移动支付的安全性，积极应用网络安全维护技术等。另外，打车软件应完善事后评价机制，以优惠券或者积分形式鼓励乘客进行服务评价，从而了解司机行车态度、该路段路况、等待时长等情况，以确定奖惩机制，对司机予以一定的奖励或惩戒，以更好地规范网约车运行。

9. 驾驶员推荐转岗或提拔

当经营指标或工作岗位有空缺时，公司对相关信息进行公示，由工作绩效较好、口碑较好的驾驶员对新驾驶员进行推荐上岗，促使人岗匹配工作的开展，同时由优秀驾驶员进行提名，使得工作积极性高和荣誉感使命感强的驾驶人员容易得到提拔晋升，这样才能够有效提升其工作满意度和工作积极性。

参考文献

[1] 白金辉，郭宇晴，刘奥，张月琦，陈贤聪.出租车行业及其规制理论起源与发展 [J]. 中国市场，2020(10):62-63.

[2] 蔡赫，赵昕.考虑供需变化的城市出租车运力投放优化研究 [J]. 武汉理工大学学报 (交通科学与工程版)，2020(4):698-701.

[3] 常丹丹，段雅馨.城市出租车运力现状及需求研究——以陕西省咸阳市为例 [J]. 交通财会，2017(9):58-64.

[4] 陈丽贞，陈丽珊."互联网 +" 时代出租车补贴效果实证研究 [J]. 赤峰学院学报 (自然科学版)，2015(24):109-111.

[5] 陈金川，陈燕凌，张德欣.北京市出租车系统服务水平评价 [C]. 北京交通发展研究中心.第一届（2004）同济交通论坛——城市交通系统设计学术会议.上海：2004.312-318.

[6] 陈炼红.基于 GPS 浮动车采集数据的出租车运行特点研究 [D].同济大学，2008.

[7] 陈漫漫.大连市出租车行业政府规制问题研究 [D].东北财经大学，2012.

[8] 陈明艺.出租车数量管制的合理性分析及评估机制研究 [J].中国物价，2006(8):45-49.

[9] 陈文龙.网约车模式下基于轨迹数据的出租汽车运力规模测算 [D].长安大学，2018.

[10] 陈文强，顾玉磊，吴群琪，等.出租汽车行业管理制度变迁、政策演变

与效应评析 [J]. 公路交通科技，2020(4)：148-158.

[11] 崔庆安，肖甜丽. 基于 DANP 和 IPA 的网约车服务质量评价研究 [J]. 工业工程与管理，2017(6).

[12] 董美辰. 西方发达国家城市出租车市场政府监管的经验与启示 [J]. 广东广播电视大学学报，2013(4):83-88.

[13] 樊桦. 交通运输现代化评价指标体系初探 [J]. 综合运输，2008(5): 19-23.

[14] 冯晓梅. 供需平衡状态下的出租车发展规模研究 [D]. 成都：西南交通大学，2010.

[15] 顾海兵，郑杰. 出租车价格制度的经济学剖析——以北京为例 [J]. 价格理论与实践，2002(4):18-20.

[16] 郝世洋，陈艳艳，赖见辉. 面向服务水平评价的出租车服务指数模型 [J]. 交通科技与经济，2018(1): 31-35.

[17] 何贵勇，郝亚. 试论对出租车行业管制 [J]. 科技创业月刊，2008(1):113-114.

[18] 何湘锋. 城市出租汽车运营现代化评价指标体系分析 [J]. 交通科技与经济，2009(6): 28-31.

[19] 洪麟琳. 基于合乘模式的出租车定价研究 [D]. 哈尔滨：哈尔滨工业大学，2012.

[20] 洪志生，苏强，霍佳震. 服务质量管理研究的回顾与现状探析 [J]. 管理评论，2012(7):154-165.

[21] 胡骥，胡万欣，蒋晶尧. 放松规制下的出租车服务定价博弈模型 [J]. 公路交通科技，2014(10):148-153.

[22] 胡静敏，黄正锋. 巡游出租汽车运力规模动态监测机制探析 [J]. 内蒙古科技与经济，2018(16):96-97.

[23] 胡姗姗. 以乘客需求为导向的出租车服务质量评价指标体系研究 [J]. 物流工程与管理，2015(4): 129-130.

[24] 蒋洪，陈明艺. 我国出租车行业价格管制的必要性及模式选择 [J]. 中国物价 . 2005(4) :17-22.

[25] 蒋曙东. 运用矩阵方法评定出租汽车服务质量水平 [J]. 上海：上海质量 . 2004(8): 49-52.

[26] 江德斌 . 网约车投诉增多是 "成长的烦恼" [J]. 社区，2017(12):4–4.

[27] 菅文涛，朱吉双 . 考虑供需平衡的旅游城市出租车运力优化模型——以长白山出租车行业为例 [J]. 综合运输，2019(9):33–37.

[28] 金春良 . 基于供需平衡的城市出租汽车数量确定方法研究 [D]. 长安大学，2016.

[29] 计斌 . 城市客运出租汽车基本费率制定研究 [D]. 西南交通大学，2013.

[30] 康文渊 . 基于管制强度的城市客运出租汽车数量配置研究 [D]. 长安大学，2011.

[31] 李刚 . 中国出租汽车发展问题理论研究 [M]. 人民交通出版社，2013.

[32] 李静，杨子帆，张可，等 . 北京市电动出租车运营指标体系及特征分析 [J]. 公路交通科技 (应用技术版)，2014(1): 283–287.

[33] 李金龙，乔建伟 . 改革开放以来出租车行业政府规制政策变迁及其启示——以倡议联盟框架为视角 [J]. 中国行政管理，2019(12):80–86.

[34] 李利群 . 出租车业数量管制效应分析——基于租值消散理论的视野 [J]. 交通企业管理，2012(12):34–37.

[35] 李荣光，朱艳 . 共享经济视阈下网约车监管法律问题研究 [J]. 沈阳工程学院学报 (社会科学版)，2018(4):481–488.

[36] 李晓峰 . 出租车客运市场准入模式的选择 [J]. 综合运输，2005(3):31–34.

[37] 李仪灵 . 2016 年中国城市智能交通发展情况 [J]. 中国公路，2016 21:69–69.

[38] 沈华 . 出租车乘客满意度指数测评的方法、意义 [J]. 江苏交通，2003(12):31–32.

[39] 李艳红，袁振洲，谢海红等 . 基于出租车 OD 数据的出租车出行特征分析 [J]. 交通运输系统工程与信息，2007(5) : 85–89.

[40] 李玉娟 . 出租车行业面临问题及其价格矫正 : 贵阳个案 [J]. 重庆社会科学 .2010(1) .

[41] 林思睿 . 机场出租车运力需求预测技术研究 [D]. 电子科技大学，2018.

[42] 刘鸿婷 . 出租车运力规模评价与优化研究 [D]. 大连海事大学，2011.

[43] 刘亮明，向坚持，李要星 . 乘客视角的新型网约车与传统出租车商业模式对比分析——以滴滴出行为例 [J]. 特区经济，2017(3):116–119.

[44] 刘荣 . 出租车合理规模研究与应用 [D]. 长沙理工大学，2013.

[45] 刘新，贾松 . 城市出租车运力规模投放计算方法研究 [J]. 公路与汽运，2012(4):57–59.

[46] 卢杰 . 城市出租车需求量预测与数量规制 [D]. 东北财经大学，2012.

[47] 陆建，王炜 . 城市出租车拥有量确定方法 [J]. 交通运输工程学报，2004(1): 92–95.

[48] 吕航 . 基于系统动力学的城市客运出租车定价研究 [D]. 哈尔滨工业大学，2011.

[49] 马亮，李延伟 . 政府如何监管共享经济：中国城市网约车政策的实证研究 [J]. 电子政务，2018(4):4–4.

[50] 蒙志宏 . 深圳市出租车市场规制方法及实施方案研究 [D]. 天津大学，2014.

[51] 牛丹丹，段宗涛，陈柘，等 . 城市出租车乘客出行特征可视化分析方法 [J]. 计算机工程与应用，2019(6):237–243.

[52] 潘龙生，贝艳 . 关于宁波市出租汽车经营权制度的法律分析 [J]. 商场现代化，2012(1):64–66.

[53] 任紫微 . 出租车市场准入制度规范化体系研究 [D]. 长安大学，2017.

[54] [日] 植草益 . 微观规制经济学 [M]. 朱绍文，胡欣欣，等，译 . 北京：中国发展出版社，1992.

[55] 沈娜 . "互联网 +" 时代出租车行业规制问题研究 [D]. 上海交通大学，2019.

[56] 石顺江 . 日本出租车的 "龟速模式" [J]. 财会月刊 (上): 财富文摘，2015.

[57] 孙茂棚 . 基于轨迹数据的出租汽车运力规模测算方法研究 [D]. 长安大学，2016.

[58] 特蕾西 . 法国出租车司机为啥 "牛" [J]. 半月选读，2008(7):72–72.

[59] 王贝贝 . 基于北京市载客热点区的出租车出行需求研究 [D]. 北京：北京交通大学，2018.

[60] 王成钢 . 城市出租车客运市场车辆总量调控问题研究 [J]. 武汉职业技术学院学报，2005(5):29–31.

[61] 王克 . 城市出租车保有量研究 [D]. 大连交通大学，2014.

[62] 王磊，张锦 . 基于网约车新政的政府监管平台建设探索——以长沙市网约车政府监管平台建设为例 [J]. 电脑与信息技术，2017.

[63] 汪尧 . 出租车行业政府管制的法律经济学分析 [D]. 山东大学，2011.

[64] 吴毅洲 . 城市出租车运力投放区域及其增量策略 [J]. 交通标准化，2011(12):106–110.

[65] 吴明琏 . 上海市郊出租汽车运价调整影响分析及建议 [J]. 交通与港航，2015(3):47–51.

[66] 吴伟，吴承明 . 基于 SERVQUAL 的出租车客运服务质量评价研究 [J]. 交通与运输 (学术版)，2007(2): 83–86.

[67] 谢国栋 . 出租车行业政府管制的困境与对策分析 [J]. 运营与管理，2009(5):15–16.

[68] 谢仙明 . 广州市出租车运价改革研究 [D]. 西南交通大学，2009.

[69] 肖林 . 市场进入管制研究 [M]. 经济科学出版社，2007.

[70] 徐凤 . 城市交通运行效率指标体系的构建与应用 [J]. 交通科技与经济，2018(2): 18–22.

[71] 徐炜 . 深圳市出租小汽车运力投放研究 [D]. 吉林大学，2005.

[72] 徐星，吴群琪，李永平 . 网约车情境下出租车运力投放政策的风险评估分析 [J]. 综合运输，2020(8):19–27.

[73] 许飒，杨新征，彭嫭 . 网约车与巡游出租车抽成比例研究——基于网约车司企分配模式视角的分析 [J]. 价格理论与实践，2019(10):137–140.

[74] 晏远春 . 我国城市出租汽车发展规划研究 [D]. 长安大学，2001.

[75] 杨帆 . 我国出租车行业当前的经营监管模式及其未来发展思路的思考 [J]. 城市，2007(11) : 46–50.

[76] 杨芬娟 . 城市客运出租车定价问题的研究 [D]. 西南交通大学，2012.

[77] 杨海霞，张晶晶，张克险，秦果 . 网约车监管存在的问题及对策研究 [J]. 法制与社会，2020(1):46–47.

[78] 杨仁法 . 宁波市客运出租车行业监控体系研究 [D]. 陕西：长安大学，2007.

[79] 杨仁法，杨铭 . 基于服务质量招投标的出租车市场准入与退出机制 [J]. 交通运输工程学报，2006(2): 118–124.

[80]　杨泽民，石怡 . 基于数学建模的城市出租车供需分配方案设计 [J]. 山西大同大学学报（自然科学版），2016(3):1–4.

[81]　于左，高玥 . 出租车行业规制的困境摆脱及其走势判断 [J]. 改革，2015(6):119–129.

[82]　袁长伟，吴群琪 . 城市出租车运价管制与改革路径选择 [J]. 价格理论与实践，2013(5):35–37.

[83]　曾繁华，刘兴茂 . 中国城市出租车经营权转让问题研究——关于建立出租车新公司化经营体制 [J]. 财经政法资讯，2009(2)：27–30.

[84]　曾丽莎 . "互联网 +"背景下出租车行业的政府管制研究 [D]. 西北大学，2019.

[85]　翟垒，张帅 . 国际出租车管制改革研究 [J]. 科技经济导刊，2018，26(11):146–147.

[86]　张晨辉 . 出租车行业动态监测指标体系研究——以宁波为例 [D]. 浙江：宁波大学，2020.

[87]　张朝霞，秦青松，张勇 . "互联网 +"时代客运出租车管理改革方向探讨 [J]. 价格理论与实践，2015(7):17–20.

[88]　张玲玲 . "互联网 +"背景下出租车行业政府管制研究 [D]. 浙江大学，2016.

[89]　张爽 . 城市出租车拥有量的确定方法研究 [D]. 西南交通大学，2009.

[90]　张月，杨亚璪 . 网约车与巡游车的成本对比研究 [J]. 西部交通科技，2017(8): 110–114.

[91]　张志诚 . 城市出租汽车运力合理规模研究 [D]. 陕西：长安大学，2014.

[92]　张俊麟 . 对当前出租车运力过快增长的思考——浅议武汉"的士"市场运力过快增长的负效应及对策 [J]. 市场经济管理，1997(4):14–17.

[93]　张绍阳，焦红红，赵文义等 . 面向出行者的城市出租汽车服务水平评价体系及指标计算 [J]. 中国公路学报，2013(5):148–157.

[94]　张薇，何瑞春，肖强，马昌喜 . 出租车合乘定价多目标优化研究 [J]. 武汉理工大学学报（交通科学与工程版），2015(6):1105–1109.

[95]　张霞，蒋晓川，黄承锋 . 城市出租车运价结构优化探讨 [J]. 交通企业管理，2010(7):8–10.

[96] 章亮亮 . 对出租车行业特许模式的经济学和行政法学分析 [J]. 上海经济研究，2012(2):70–76.

[97] 赵报春 . 三种出租车经营方式的利弊 [J]. 中国道路运输，2011(10):46–47.

[98] 赵子玉 . 大城市网络约车服务质量评价研究 [D]. 重庆交通大学，2018.

[99] 赵永芳 . 网约车与传统出租车的演化博弈研究 [D]. 大连海事大学 . 2017(06).

[100] 郑家杰 . 出租车运营模式的指标体系构建与评价模型研究 [D]. 广州：华南理工大学，2018.

[101] 周登奎，朱文君 . 绍兴市出租车运力模型研究 [J]. 城市建设理论研究 (电子版)，2019(22):52–54.

[102] 周家高 . 英国出租车的经营和管理 [J]. 城市公用事业，2002(5):41–42.

[103] 周晶 . 城市交通系统分析与优化 [M]. 东南大学出版社，2001.

[104] 周萌萌，王林 . 出租汽车运力规模研究 [J]. 武汉理工大学学报，2009(19):117–121.

[105] 朱晏瑾 . 深圳市客运出租汽车运力规模合理化研究 [D]. 西安科技大学，2015.

[106] 朱珍龙 . 出租车运营模式与运力规模优化研究 [D]. 兰州交通大学，2016.

[107] 中国产业调研网 . 2020—2026 年中国出租车行业市场深度评估及战略咨询研究报告 .

[108] Arnott R . Taxi Travel Should Be Subsidized [J]. *Journal of Urban Economics*, 1996(3):316–333.

[109] Berry L L , Zeithaml V A , Parasuraman A . Quality Counts in Services, too [J]. *Business Horizons*, 1985(3):44–52.

[110] Fan M. Study on the Application of Computer in the Taxi Intelligent Management System [J]. *Advanced Materials Research*, 2014, 945–949.

[111] Fernandez J., Joaquin D., J., Briones M.A Diagrammatic Analysis of the Market for Cruising Taxis [J].*Transportation Research Part* E.2006(6):498–526.

[112] Flores–Guri D . Studies on Taxicab Markets (New York City，Massachusetts). [D]. Boston University 2002.

[113] Gilovich L. To Do or to Have? That is the Question [J]. *Journal of Personality & Social Psychology*, 2003(6):1193.

[114] Gremler D D. Discovering the Soul of Service: The Nine Drivers of Sustainable Business Success [J]. *Journal of the Academy of Marketing Science*, 2000.

[115] Hyunmyung K, Junseok O, Jayakrishnan R. Effect of Taxi Information System on Efficiency and Quality of Taxi Services [J]. *Transportation Research Record*, 2005(1): 96–104.

[116] Jean W, Marcelo O. Impact of Underreporting on VMT and Travel Time Estimates:Preliminary Findings from the California Statewide Household Travel Survey GPS Study [J]. *Transportation Research Record*, 2003(1):189–198.

[117] Jinjun T, Fang L, Yinhai W, Hua W. Uncovering Urban Human Mobility from Large Scale Taxi GPS Data [J]. *Physica A—Statistical Mechanics and Its Applications*, 2015: 140–153.

[118] Kim Y, Hwang H. Incremental Diseount Poliey for Taxi Fare with Price Sensitive Demand [J] *International Journal of Production Economics*. 2008(2): 895–902.

[119] Ladhari R. A Review of Twenty Years of SERVQUAL Research[J]. *International Journal of Quality & Service Sciences*, 2009(2):172–198.

[120] Lunde B S . When Being Perfect Is not Enough [J]. *Marketing Research*, 1993.

[121] Robert D C, Catherine L. Competition and Regulation in the Taxi Industry [J]. *Journal of Public Economics*, 1996(1): 1–15.

[122] Suresh M. A Study of Carpooling Behaviour Using a Stated Preference Web Survey in Selected Cities of India [J]. *Transportation Planning and Technology*, 2016(5): 538–550.

[123] Yang D , Yu K . "Internet +" Epoch Social Management Innovation: Challenge and Response – To the Case of Shanghai Taxi Operations Management [J]. *International Journal of Social Science Studies*, 2015(6).

[124] Yuan J, Zheng Y. Driving with Knowledge from the Physical World [C]. Knowledge Discovery and Data Mining, 2011, 316–324.

[125] Yu N. How can the Taxi Industry Survive the Tide of Ridesourcing? Evidence from Shenzhen, China [J]. *Transportation Research Part C*, 2017, 242–256.

图书在版编目（CIP）数据

　　出租车改革与发展：基于宁波的实践 / 黄正锋，郑彭军，叶晓飞著. 一杭州：浙江大学出版社，2021.11
　　ISBN 978-7-308-21960-0

　　Ⅰ．①出… Ⅱ．①黄… ②郑… ③叶… Ⅲ．①出租汽车－汽车行业－研究－中国 Ⅳ．①F572.7

　　中国版本图书馆CIP数据核字(2021)第236372号

出租车改革与发展：基于宁波的实践

黄正锋　郑彭军　叶晓飞　著

责任编辑	赵　静
责任校对	胡　畔
封面设计	林智广告
出版发行	浙江大学出版社
	（杭州市天目山路148号　　邮政编码　310007）
	（网址：http://www.zjupress.com）
排　　版	杭州林智广告有限公司
印　　刷	广东虎彩云印刷有限公司绍兴分公司
开　　本	710mm×1000mm　1/16
印　　张	17.5
字　　数	300千
版 印 次	2021年11月第1版　2021年11月第1次印刷
书　　号	ISBN 978-7-308-21960-0
定　　价	68.00元